Bioethik: Disziplin und Diskurs

Kultur der Medizin

Geschichte – Theorie – Ethik

Herausgegeben von Andreas Frewer

Band 4
Editorische Mitbetreuung:
Andreas Frewer und Claudia Wiesemann

Johann S. Ach, Dr. phil., war zwischen 2000 und 2002 wissenschaftlicher Mitarbeiter im Sekretariat der Enquete-Kommission Recht und Ethik der modernen Medizin des Bundestages. *Christa Runtenberg*, Dr. phil., ist wissenschaftliche Mitarbeiterin am Institut für Philosophie der Universität Rostock.

Johann S. Ach, Christa Runtenberg

Bioethik: Disziplin und Diskurs

Zur Selbstaufklärung angewandter Ethik

Mit einem Vorwort von Kurt Bayertz

Campus Verlag
Frankfurt/New York

Die Deutsche Bibliothek – CIP-Einheitsaufnahme

Ein Titeldatensatz für diese Publikation ist bei
Der Deutschen Bibliothek erhältlich
ISBN 3-593-37127-8

Copyright © 2002 Campus Verlag GmbH, Frankfurt/Main
Satz: Satz-Studio Rolfs, Dreis-Brück
Druck und Bindung: PRISMA Verlagsdruckerei GmbH
Gedruckt auf säurefreiem und chlorfrei gebleichtem Papier.
Printed in Germany

Besuchen Sie uns im Internet: www.campus.de

Inhalt

Kapitel III
Bioethik als angewandte Ethik

Kapitel IV
Institutionalisierung der Bioethik

Kapitel V
Zur öffentlichen Kritik an der Bioethik

Danksagung

Das vorliegende Buch ist aus einem von der Deutschen Forschungsgemeinschaft geförderten Forschungsprojekt »Zur Selbstaufklärung der Bioethik« hervorgegangen. Die Autorin und der Autor danken der Deutschen Forschungsgemeinschaft für die Förderung dieses Projekts.

Darüber hinaus bedanken wir uns bei Simon Dickel und Dr. Christian Lenk, die auf vielfältige Weise zum Zustandekommen dieses Buches beigetragen haben.

Unser besonders herzlicher Dank gebührt Prof. Dr. Kurt Bayertz, der das Forschungsprojekt geleitet und die Arbeit an diesem Buch durch wertvolle Anregungen und konstruktive Diskussionen begleitet und gefördert hat.

Rostock, im September 2002

Johann S. Ach
Christa Runtenberg

Vorwort von Kurt Bayertz

Warum »Selbstaufklärung der Bioethik«?

Die medizinische Ethik hat sich seit jeher mit Fragen von Leben und Tod beschäftigt. Dies hat sie aber meist in kleinen Zirkeln von Fachleuten getan, vor dem Hintergrund beschränkter Handlungsmöglichkeiten und mit der Unterstellung eines vergleichsweise stabilen Systems geteilter Werte. Die *moderne Bioethik* kann nichts von dem mehr voraussetzen. Ein Konsens über die Werte, die unseren Umgang mit Leben und Tod leiten sollten, existiert ebenso wenig wie ein Konsens etwa darüber, was ›Gerechtigkeit‹ im Steuerwesen bedeutet. Die technischen Möglichkeiten zur Manipulation von Lebens- und Sterbeprozessen erweitern sich in immer kürzeren Zeitperioden und erzeugen damit einen kaum stillbaren Orientierungsbedarf. Schließlich: Was im Bereich des biotechnologischen Handelns als ›richtig‹ oder ›falsch‹ zu gelten hat, kann heute nicht mehr von Chefärzten, Bischöfen oder Philosophieprofessoren entschieden werden, sondern nur noch in einem öffentlichen – und das heißt »politischen« – Prozess.

Die Bioethik ist *Teil* dieses öffentlichen Prozesses, nicht mehr aber auch nicht weniger. Diejenigen, die sich mit Bioethik befassen unterscheiden sich von anderen Bürgern dadurch, dass sie mehr fachliche Kompetenz erwerben konnten und mehr Zeit haben, über die entsprechenden Probleme nachzudenken; sie können Problemlösungen entwickeln und der Öffentlichkeit unterbreiten. Ex cathedra diktieren können sie sie ebenso wenig wie sonst jemand. – Und doch ist die bioethische Kompetenz nachgefragt; werden Problemlösungen erwartet und erhofft. Die Öffentlichkeit (z.B. in Gestalt der Medien) wendet sich an Bioethiker und fordert sie zu Stellungnahmen oder zu Gutachten auf; und da die meisten von ihnen ihre Tätigkeit nicht als pure Theorie verstehen, sondern als Beitrag zur Lösung der entsprechenden Probleme, kommen sie solchen Aufforderungen gern nach.

So kommt es, dass unter dem Begriff ›Bioethik‹ heute ein breites Spektrum unterschiedlicher Aktivitäten firmiert, die man grob in drei Gruppen aufteilen kann. Zunächst bezeichnet ›Bioethik‹ eine Subdisziplin des akademischen Fachs ›Ethik‹; jenen Teil der Ethik nämlich, der sich speziell mit dem medizinischen Umgang mit dem menschlichen Leben und dem menschlichen Tod befasst. Hier werden Aufsätze und Bücher geschrieben, Lehrveranstaltungen abgehalten und Dissertationen verfasst wie es in der akademischen Welt üblich ist. Zweitens bezieht sich ›Bioethik‹ auf die Fülle von öffentlichen Stellungnahmen zu den Problemen von Leben und Tod: Auf Zeitungsartikel und Fernsehinterviews, Volkshochschulkurse und Festvorträge. Drittens werden Bioethiker zunehmend in Ausschüsse und Gremien berufen, in denen sie beratend oder mitentscheidend an der Lösung konkreter Probleme mitwirken. Solche Gremien existieren auf lokaler Ebene (z.B. Ethikkomitees in Krankenhäusern), auf nationaler Ebene (bei der Bundesärztekammer, beim Bundesgesundheitsministerium oder beim Bundeskanzler) und auf internationaler Ebene (etwa bei der EU oder der UNESCO).

Von den Bioethikern ist diese Entwicklung vor allem als ein *Erfolg* verzeichnet worden: Endlich ist es gelungen, aus dem Elfenbeinturm auszubrechen; das ethische Denken ist nicht nur in der Aktualität angekommen, sondern dort auch erwartungsfroh aufgenommen worden. Die Subdisziplin ›Bioethik‹ hat die Grenzen der akademischen Welt überschritten und ist in eine öffentliche, in eine ›politische‹ Rolle hineingewachsen. Ethik ist plötzlich ›gefragt‹ – und damit auch die Personen, die sich professionell mit ihr befassen. Man wird öffentlich wahrgenommen und erhält die Chance, auf die gesellschaftliche Wirklichkeit einzuwirken, zu ihrer rationalen und humanen Gestaltung beizutragen.

Dies ist ohne Zweifel ein Fortschritt. Doch die (berechtigte) Zufriedenheit mit dieser Entwicklung sollte nicht zur Selbstzufriedenheit verleiten. Die Erfolge, die die Bioethik weltweit in der jüngeren Vergangenheit erzielen konnte, dürfen durchaus mit Genugtuung registriert, sollten zugleich aber auch als Anlass zur Selbstreflexion wahrgenommen werden. Der wichtigste Grund dafür ist: Bioethik hat Folgen nicht mehr nur in Gestalt von Büchern und Aufsätzen, sondern auch von Entscheidungen und Handlungen; sie ist *praktisch wirksam* geworden und sie hat diese praktische Wirksamkeit nicht mehr nur gelegentlich und zufällig, sondern *regelmäßig* und *systematisch*. Es liegt auf der Hand, dass ihr damit auch eine Verantwortung zugewachsen ist, die sie in ihrer traditionellen Form (als bloß akademische Subdisziplin) nicht hatte.

Besonders für die Philosophie, die seit jeher durch einen starken Selbstbezug gekennzeichnet ist, sollte diese Verantwortung Anlass genug für eine eingehendere Selbstreflexion und Selbstaufklärung sein. Doch systematisch elaborierte Ansätze dazu finden sich in der internationalen Diskussion kaum; meist bleibt es bei punktuellen Überlegungen und gelegentlichen Äußerungen. Vor allem ist die Frage nach den (möglichen) Konsequenzen, die sich aus der neuen institutionellen Rolle für die Funktion und die Struktur des bioethischen Denkens selbst ergeben, bislang kaum gestellt worden.

Dabei sind diese Konsequenzen durchaus erheblich. Bioethisches Denken im Rahmen von Kommissionen und Gremien unterscheidet sich erheblich von akademischer Bioethik. (1) Das paradigmatische *Subjekt* institutionalisierter Bioethik ist kein Sokrates, der auf dem Marktplatz interessierte Mitbürger zur gemeinsamen Reflektion anstiftet; kein Gelehrter, der sich auf eigene Initiative hin Gedanken über ein Problem macht; und auch kein Volkstribun, der öffentlich gegen die Autoritäten rebelliert. Das Subjekt ist vielmehr ein Professor (d.h. ein Beamter), der in eine Kommission berufen wird, die einen bestimmten Auftrag zu erfüllen hat. (2) Das *Ziel* der Kommissionsarbeit ist in der Regel nicht die Erweiterung unseres Wissens oder Vertiefung des Verständnisses *per se*, sondern eine praktisch verwertbare Empfehlung, eine Richtlinie oder eine Entscheidung. (3) Der Arbeits- und Reflexions*prozess* selbst erfolgt nicht in Einsamkeit und Freiheit, sondern im Rahmen eines Gremiums, an dem Vertreter anderer Professionen beteiligt sind und das bestimmten Verfahrensregeln unterliegt; die Philosophie ist nicht Herrin des Verfahrens, sondern nur eine Stimme unter mehreren anderen. (4) Als *Produkt* steht am Ende dieses Prozesses kein Text, der nach den Regeln und Gepflogenheiten wissenschaftlicher Publikationen verfasst ist, sondern ein Protokoll, ein Gutachten, eine Empfehlung, eine Richtlinie, die anderen Maßstäben (z.B. dem der praktischen Relevanz, der Machbarkeit, der rechtlichen Abgesichertheit etc.) verpflichtet ist. (5) Der *Adressat* dieses Produkts sind nicht Fachkollegen, sondern ein außerwissenschaftliches Publikum, das in erster Linie nicht an einer Erweiterung seiner Einsichten, sondern an irgendeiner Form praktischer Verwertung interessiert sein dürfte. Dieses Interesse an praktischer Verwertung war bereits bei der Formulierung des Auftrages maßgeblich.

Das vorliegende Buch von Johann S. Ach und Christa Runtenberg gehört zu den wenigen gründlichen und umfangreichen Untersuchungen, die sich mit dem hier skizzierten Problemkomplex beschäftigen. Es ist hervorgegangen aus einem von der Deutschen Forschungsgemeinschaft geförderten Projekt »Zur Selbstaufklärung der Bioethik«, das in den Jahren 1998 bis 2000 am Philosophischen Seminar der Universität Münster unter meiner Leitung durchgeführt wurde. Ziel des Projekts war es, Grundlagen für eine Selbstreflexion und Selbstaufklärung der Bioethik zu legen. Dabei standen zwei Fragenkomplexe im Vordergrund. Erstens das *Selbstverständnis* der Bioethik: Welche Aufgaben und Ziele werden der Bioethik in zentralen Arbeiten und programmatischen Texten zugesprochen, welche Kontroversen gibt es darum und wie haben diese sich verändert? Zweitens sollte die *öffentliche Rolle* der Bioethik untersucht werden, sowie die Einflüsse, die sich aus ihrer praktischen Funktion für den jeweils bevorzugten Denk- und Argumentationstypus ergeben.

Im Rahmen der kurzen Förderzeit konnte die Thematik nicht in der wünschenswerten Breite und Tiefe bearbeitet werden; es galt Schwerpunkte zu setzen. Überdies mussten einige Teile in der vorliegenden Publikation aus Platzgründen entfallen. Die Darstellung konzentriert sich daher vor allem auf drei Bereiche:

- Nach einer kurzen Rekapitulation der Geschichte des Begriffs ›Bioethik‹ und einigen Schlaglichtern auf ihre Entwicklung in den USA und in Deutschland wird in Kapitel II der Wandel in den akademisch-philosophischen Debatten dargestellt. Im Vordergrund steht dabei die Frage nach den Faktoren, die den Wandel im theoretisch-methodischen Selbstverständnis der Bioethik hervorgebracht haben.
- In den Kapiteln III und IV wird die Frage zu beantworten versucht, welche Selbstreflexionsprozesse die Professionalisierung und Institutionalisierung der Bioethik bei den Akteuren selbst freigesetzt haben. Neben theoretischen Fragen zum Status der angewandten Ethik allgemein und der bioethischen Expertise im besonderen steht dabei die Frage im Mittelpunkt, ob und wie sich die Argumentations- und Begründungsstrategien der institutionalisierten Bioethik von der traditionellen akademischen Denkweise unterscheiden.
- Die Untersuchung endet mit einer knappen Darstellung und Einschätzung der öffentlich geübten Kritik an bestimmten bioethischen Auffassungen, die in Deutschland (und anderen deutschsprachigen Ländern) bisweilen zu einer Kritik *der* Bioethik verallgemeinert worden ist.

Den Autoren des vorliegenden Buches ist es gelungen, einen wichtigen ersten Schritt auf dem Weg zu einer ›Selbstaufklärung der Bioethik‹ zu tun – und es ist zu hoffen, dass andere sich dadurch herausgefordert oder ermuntert fühlen, ihm weitere Schritte folgen zu lassen.

Kapitel I
Entstehung der Bioethik: Begriff und Geschichte

1. Zum Begriff der »Bioethik«

Zwei Verständnisse von Bioethik

Der Begriff »Bioethik« wurde zu Beginn der siebziger Jahre in den USA geprägt.[1] Von Beginn an konkurrierten dabei zwei unterschiedliche Verständnisse von Bioethik miteinander. Der Onkologe Van Rennselaer Potter hatte 1971 die Etablierung einer neuen Disziplin Bioethik vorgeschlagen, die auf eine Synthese von Naturwissenschaft und Moralphilosophie abzielte.[2] Die neue Bioethik sollte Potters Auffassung zufolge eine globale »Überlebenswissenschaft« sein. Vor dem Hintergrund der sich abzeichnenden ökologischen Krise sollte sie eine »Brücke in die Zukunft« bauen und die Überlebensbedingungen der Menschheit auf der Basis eines ganzheitlichen Verständnisses von Welt, Wissenschaft und Mensch formulieren. Aus diesem Grund sollte die Bioethik nach dem Verständnis Potters in einem dreifachen Sinne global sein: in Bezug auf ihren thematischen Gegenstand, in Bezug auf die Disziplinen und Begriffe und in Bezug auf die in Anspruch genommenen Methoden. Sie sollte eine auf das Überleben und das fortschreitende Wohlergehen der Menschen und die Harmonie der Mitwelt gerichtete weltweite Ethik sein, die alle relevanten Themen der Biowissenschaften umfasst und interdisziplinär und methodenkritisch ausgerichtet ist.

Im selben Jahr wurde der gleiche Begriff von dem Physiologen und Sozialmediziner Andre Hellegers auch am *Kennedy Institute of Ethics* an der Georgetown-University in Washington eingeführt. Der Begriff sollte bei Hellegers

---

1 Reich 1994.
2 Potter 1971.

zwar ebenfalls die Medizin und die Naturwissenschaften mit der Ethik verbinden. Anders als Potter beabsichtigte Hellegers jedoch eher eine auf konkrete Problemlösungsstrategien abzielende, professionalisierte Kombination von wissenschaftlich-medizinischer und ethischer Expertise. Die Bioethik sollte dieser Auffassung zufolge eine im engeren Sinne angewandte, biomedizinische Ethik sein, die zur Lösung konkreter Probleme und Fragen beitragen sollte. Diese Begriffsverwendung hat sich durchgesetzt; auch wenn manche Autoren am Konzept einer »umfassenden Bioethik«, wie sie Potter vorschwebte, weiterhin festhalten.[3]

Unter Bioethik versteht man seither, folgt man der von Warren T. Reich in der Einleitung der von ihm herausgegebenen *Encyclopedia of Bioethics* gegebenen Definition, »the systematic study of the moral dimensions – including moral vision, decision, conduct and policies – of the life sciences and health care, employing a variety of ethical methodologies in an interdisciplinary setting.«[4] Ähnlich, näher an die beiden Komponenten des Wortes Bioethik selbst anknüpfend, heißt es im einführenden Kapitel zum deutschsprachigen *Lexikon der Bioethik*: »Unter Bioethik wird (…) die ethische Reflexion jener Sachverhalte verstanden, die den *verantwortlichen Umgang des Menschen mit Leben* betreffen.«[5] Folgt man dieser weiten Definition des Begriffs Bioethik, dann ist Bioethik keine Sonderethik mit eigenen Regeln oder Prinzipien und auch keine Spezialethik für Biologinnen und Biologen oder Medizinerinnen und Mediziner, sondern der Versuch, generelle moralische Prinzipien in einem speziellen Gegenstandsbereich anzuwenden. Sie ist damit eine Subdisziplin der Angewandten Ethik bzw. eine »Bereichsethik« wie zum Beispiel auch die Wirtschaftsethik oder die Technikethik.[6] Ihr Thema ist die begründete Stellungnahme zu und moralische Bewertung von Eingriffen aller Art in menschliches, tierliches und pflanzliches Leben. Zur Bioethik gehören entsprechend neben der *biomedizinischen Ethik* die *Tierethik*, die *ökologische Ethik* sowie eine auf diese Bereiche bezogene Forschungsethik.[7] Zu den typischen Fragen der Bioethik gehören damit nicht nur die Fragen nach der Erlaubtheit oder Nicht-

---

3 Altner 1991.
4 Reich 1995: xxi.
5 Korff 1998: 7.
6 Nida-Rümelin 1996: 63.
7 Gaidt/Ach 1993: 11.

14

erlaubtheit von Embryonenforschung, Abtreibung oder Sterbehilfe, sondern zum Beispiel auch die Frage, wie eine Verantwortung für zukünftige Generationen begründet werden kann und wie weit sich eine solche erstreckt, ob sich der Schutz von Arten begründen lässt, ob und in welchem Umfang Tiere für die humanmedizinische Forschung herangezogen werden dürfen, ob die Natur einen eigenen moralischen Status hat und was dies für den menschlichen Umgang mit der Natur bedeutet u.v.a.

Diesem weiten Begriff von Bioethik steht in der gegenwärtigen Diskussion ein engerer Begriff von Bioethik gegenüber, der die Bioethik auf eine medizinische Ethik beschränkt. Der Ausdruck *bioethics* wird hier als Kurzbezeichnung für *biomedical ethics* verwendet. Unter Bioethik wäre entsprechend, um noch einmal aus dem *Lexikon für Bioethik* – das dieser Einschränkung im übrigen nicht folgt – zu zitieren, »medizinische Ethik unter besonderer Berücksichtigung der neueren Entwicklungen und Möglichkeiten der biologisch-medizinischen Forschung und Therapie«[8] zu verstehen. Auch wenn uns diese Einschränkung der Bioethik auf biomedizinische Ethik aus verschiedenen Gründen unglücklich scheint, werden wir uns ihr in dieser Studie anschließen und unter Bioethik im Wesentlichen Bioethik im Sinne einer biomedizinischen Ethik verstehen.

Bioethik vs. Arztethik

Die moderne Bioethik ging u.a. aus der traditionellen medizinischen Ethik hervor, die vor allem eine *ärztliche Ethik* war. Im Zentrum der traditionellen medizinischen Ethik standen Überlegungen zur moralischen Natur des Arzt-Patient-Verhältnisses. Die Beiträge der Arztethik waren damit weitgehend auf die Frage beschränkt, was Ärztinnen und Ärzte zum Wohl ihrer Patientinnen und Patienten tun bzw. nicht tun sollten. Vom Hippokratischen Eid bis zu den medizinethischen Ansätzen der sechziger Jahre des 20. Jahrhunderts war die medizinische Ethik vor allem eine Standes- bzw. Berufsethik, die in der Regel von Ärzten geschrieben wurde und die Ordnung der ärztlichen Profession regelte.[9]

---

8   Korff 1998: 7.
9   Zur Geschichte der medizinischen Ethik siehe auch v. Engelhardt 1997: 6-13; Frewer/Neumann 2001; Loewy 1995: 10-18.

Von dieser traditionellen ärztlichen Ethik unterscheidet sich die Bioethik in mehreren wichtigen Hinsichten: Erstens werden Handlungen weiterer Akteure, etwa der Pflegenden, der medizinischen Forscherinnen und Forscher, aber auch der Kostenträger und Verteilungsinstanzen im Gesundheitswesen in die ethische Reflexion stärker mit einbezogen. Zweitens hat sich auch das Themenspektrum erheblich erweitert. Gegenstand der bioethischen Reflexion sind alle aus dem Fortschritt der Biowissenschaften und aus den neuen Technologien erwachsenden Fragestellungen. Eine besondere Rolle spielen hierbei neue medizinische Technologien wie zum Beispiel die Organtransplantation oder die In-vitro-Fertilisation, aber zum Beispiel auch Probleme bei der Allokation knapper Ressourcen u.a.m. Drittens wird die biomedizinische Ethik, im Unterschied zur traditionellen Arztethik, als öffentliche Reflexion über medizinisches Handeln verstanden. Dies bedeutet nicht nur, dass der Sichtweise der Individuen im Sinne der Patientenautonomie größeres Gewicht beigemessen wird, als dies in der traditionellen, paternalistisch geprägten ärztlichen Ethik noch der Fall war, sondern führt auch dazu, dass die Bioethik sich als eigenständige Disziplin zu etablieren beginnt und keine Standes- oder Berufsethik mehr ist.[10] Die traditionelle ärztliche Ethik wird vielmehr tendenziell ersetzt durch ein Verständnis biomedizinischer Ethik, das die Ideen der Autonomie und des *informed consent* in den Mittelpunkt rückt und moralische Fragen in der Medizin generell zu öffentlichen Fragen erklärt. »The medical profession should no longer believe«, so programmatisch Paul Ramsey in seinem 1970 erschienenem Buch *The Patient as Person*, »that the personal integrity of physicians alone is enough (…) No man is good enough to experiment upon another without his consent.« Auch könne man, so Ramsey wiederum in Bezug auf Humanexperimente, nicht länger »go on to assume that what can be done has to be done or should be, without uncovering the ethical principles we mean to abide by. These questions are now completely in the public forum, no longer the province of scientific experts only.«[11]

---

10 Einen Eindruck von den über die in der Bioethik diskutierten Fragen und Probleme geben beispielsweise die von Kuhse/Singer 1999 oder Veatch 1989 herausgegebenen Anthologien.
11 Ramsey 1970.

Bioethik und klinische Ethik

Unterscheiden muss man die Bioethik darüber hinaus auch von den sog. *clinical ethics.* Der Ausdruck »klinische Ethik« entstand in den frühen achtziger Jahren und bezeichnet eine praxisbezogene Ethik der Gesundheitsfürsorge. Diese entwickelte sich im Wesentlichen als eine Reaktion auf die Erfahrung vieler heilberuflich Tätiger, dass die täglichen praktischen Entscheidungen in der klinischen Tätigkeit eine ethische Dimension beinhalten, die einerseits zwar eine inhaltliche Ausfüllung und Konkretisierung theoretischer medizinethischer Prinzipien, andererseits jedoch auch eine umfassende klinische Erfahrung erfordern. Im Mittelpunkt der klinischen Ethik steht die Reflexion der Probleme der klinischen Praxis und der Konsultation.[12]

Bioethik als Disziplin und Diskurs

Bioethik beschränkt sich jedoch nicht darauf, die Probleme der modernen Gesellschaft zu reflektieren und sich theoretisch mit ihnen auseinander zu setzen. Sie versteht sich vielmehr selbst »als Moment des gesellschaftlichen Problemlösungsprozesses.«[13] Als Subdisziplin der angewandten Ethik ist sie seit geraumer Zeit zwar auch aus der philosophischen Lehre und Forschung nicht mehr wegzudenken; sie war jedoch von Beginn an nicht auf diesen Bereich beschränkt. Schon bei dem 1969 gegründeten *Hastings Center* (in New York), einer der bedeutendsten Institutionen, an denen Bioethik betrieben wird, handelte es sich von Beginn an um eine interdisziplinäre Einrichtung, die außerhalb der Universität angesiedelt war. Inzwischen gibt es weltweit Ansätze in Richtung einer Institutionalisierung der Bioethik in Form von Zentren und Instituten, die sich mit bioethischen Fragestellungen befassen. In Deutschland gehören dazu beispielsweise das *Institut für Wissenschaft und Ethik* in Bonn oder das *Interfakultäre Zentrum für Ethik in den Wissenschaften* in Tübingen und eine Reihe weiterer Institute und Einrichtungen. Seit geraumer Zeit gibt es auch – mehr oder minder intensive – Anstrengungen, die Medizinethik und die

---

12 Jonsen et al. 1982.
13 Bayertz 1999: 76.

17

Bioethik zum festen Bestandteil der Ausbildung von Ärztinnen und Ärzten sowie des Pflegepersonals zu machen. In zahlreichen Kommissionen und Gremien, die – wie die Mehrzahl der Ethikkommissionen – der professionellen Selbstkontrolle der biomedizinischen Wissenschaften ebenso dienen können wie der Politikberatung, wird die Bioethik in Anspruch genommen. Die Ergebnisse bioethischen Nachdenkens schlagen sich in Kommissionsberichten, in standesethischen Dokumenten und politischen Konventionen nieder. Seit geraumer Zeit genießt die Bioethik auch in den Medien öffentliche Aufmerksamkeit. Es ist nicht zu bestreiten, dass es inzwischen einen ebenso ansehnlichen wie anhaltenden öffentlichen Diskurs über bioethische Fragestellungen gibt.[14] Die Bioethik ist damit, wie Jonathan Moreno zu Recht feststellt, zu einem Konfliktbearbeitungsinstrument der demokratischen Gesellschaft geworden:

»Understood as a social institution, bioethics is not only a field of study but also a set of social practices. As such, it participates in the dominant social forms of its culture. In particular, as an institution it participates in the mechanisms that a diverse, liberal, democratic society has devised to deal with uncertainty about moral concerns that arise in studying the life sciences and in applying the knowledge that is gained from those studies.«[15]

2. Zur Entstehung der Bioethik in den USA

Die »Geburt der Bioethik« und ihre Geschichte sind zu komplex und zu umfangreich, als dass sie im Rahmen der vorliegenden Untersuchung umfassend und detailliert dargestellt werden könnten. Wir beschränken uns daher im Folgenden auf einen knappen, schlaglichtartigen Abriss der Geschichte der modernen Bioethik und eine kurze Darstellung einiger wichtiger Quellen, aus denen sich die bioethische Diskussion speist. Inzwischen liegen mit den Monogra-

---

14 Kettner (2000: 402) bezeichnet die angewandte Ethik und damit auch die Bioethik sogar als »im Wesentlichen eine bürgerschaftliche Aktivität, eine besondere unter vielen anderen Formen der Selbstorganisation einer *civil society*« und stellt Institute wie das erwähnte *Institut für Wissenschaft und Ethik* oder das *Hastings Center* und das *Kennedy Institute of Ethics* in den USA in eine Reihe mit *Amnesty International*, *Greenpeace* und anderen Nichtregierungsorganisationen.

15 Moreno 1996: 6.

phien von Rothman[16] und Jonsen[17], der die Geschichte der Bioethik gleichsam aus einer Innenperspektive heraus beschreibt, wichtige Beiträge zu einer Aufarbeitung vor, auf die wir uns verschiedentlich beziehen werden.

Der soziokulturelle und philosophische Hintergrund

Die Gründe für die Entstehung der Bioethik in den USA sind vielfältig. Albert R. Jonsen hat in seiner umfassenden Geschichte der Bioethik verschiedene Facetten des, wie er sagt, »american ethos« für die Entstehung der Bioethik in den USA und die konkrete Ausgestaltung der amerikanischen Bioethik verantwortlich gemacht. Dazu gehören seiner Auffassung nach vor allem ein Moralismus, der dazu tendiert, Auseinandersetzungen und Probleme generell zu »moralisieren«, also in moralische Fragestellungen zu übersetzen, ein Meliorismus, der auf eine bessere Zukunft abzielt, und schließlich ein ausgeprägter individualistischer Grundzug.[18] Die amerikanische Bioethik sei geprägt, so Jonsen, durch »a destiny to make life better than it is and a conviction that it is possible to do so, a faith in the value of individuals and their capacity to reach consensual agreements, and a vague but genuine commitment to a conventional morality.«[19]

Das kulturelle Klima, aus dem heraus die moderne Bioethik in den USA entstand, war durch ein Konglomerat verschiedener Erfahrungen bestimmt: Der zurück liegende Zweite Weltkrieg und die Situation des Kalten Krieges, die bittere Einsicht, dass auch in den USA »well into the 1960s, the American research community considered the Nuremberg findings, and the Nuremberg Code, irrelevant to its own work«[20], das zunehmende Engagement von Teilen der Gesellschaft für eine »offene Gesellschaft«, in der die Rechte und Interessen der Individuen bestimmend sein sollten – alle diese Erfahrungen fanden auch in der jungen Bioethik ihren Widerhall und trugen zu ihrer spezifischen Ausprägung bei.[21]

---

16 Rothman 1991.
17 Jonsen 1993; 1998.
18 Jonsen 1998: 389f.
19 A.a.O.: 395; vgl. auch Jonsen 1991.
20 Rothman 1991: 31.
21 Jennings 1998: 259.

Das medizinische Ethos wurde in der Entstehungsphase der Bioethik zunächst durch religiöse Denker geprägt – vor allem protestantische, römisch-katholische und jüdisch orientierte Theologen und Philosophen, darunter Joseph Fletcher[22], Paul Ramsey[23], Richard A. McCormick[24], Hans Jonas[25] und andere, nahmen zu medizinethischen Problemen Stellung und prägten die Grundlagen der Bioethik. Jonsen erläutert hierzu:

»The Catholic and the Protestant traditions entered the era of bioethics with a rich heritage of theoretical reflection and practical admonition about moral life. Both traditions brought an indelible conviction that all humans are uniquely valued by their Creator and Redeemer, that each person is responsible for his or her life and choices, and that human choices can be designated as right or wrong, according to certain norms. Both traditions called for serious engagement in political, social, and economic life, bringing Christian inspiration into daily life. Theologians, in contrast to philosophers, speak about morality not in the abstract, but within particular communities seeking the right way to live. The traditions differed in their view of the authority of the church over individuals, in the details with which moral problems were analyzed, and in their resolution of many moral issues. Yet both traditions brought bioethics a wisdom of the moral life and a dexterity in discourse about moral behavior.«[26]

Der religiöse Einfluss auf das bioethische Denken verlor im Laufe der siebziger Jahre jedoch zunehmend an Bedeutung. Ein Grund dafür kann darin gesehen werden, dass die theologische Reflexion der siebziger Jahre sich stärker auf die Armutsproblematik und den zunehmenden Rassismus in den USA sowie auf die Probleme des Weltfriedens im Zeitalter der nuklearen Aufrüstung als auf bioethische Fragen bezog. Zudem führte die Pluralisierung und Individualisierung der Gesellschaft auch zu einer Säkularisierung der Weltanschauungen und ethischen Vorstellungen: diese lösten sich mehr und mehr von einem religiös geprägten puritanischen Moralismus ab. Seit Ende der siebziger Jahre wurde der bioethische Diskurs – an dem Theologen und theologisch inspirierte Denker weiterhin teilnahmen – stärker durch die Sprache der Philosophie als der Theologie geprägt. Man war jetzt darum bemüht, zur Reflexion ethischer Probleme eine säkulare Art und Weise der Problembeschreibung und Problemanalyse zu finden.[27] Der Einfluss der Philosophie und des Rechts auf

---

22 Fletcher 1954; 1979.
23 Ramsey 1970.
24 McCormick 1973.
25 Jonas 1974; 1979.
26 Jonsen 1998: 41.
27 Kass 1990: 6; Jonsen 1994: 2f.

die Bioethik nahmen gegenüber der Theologie zu. Von Seiten mancher Ethiker wurde an Religion und Theologie kritisiert, dass sie nichts Wesentliches und Charakteristisches zu bioethischen Streitfragen beizutragen hätten – die moderne Bioethik sollte sich ihrer Auffassung nach durch weltanschauliche Neutralität und einen kultur-unabhängigen Universalismus auszeichnen.[28] H. Tristram Engelhardt sieht gerade in dieser, in gewisser Weise die Hoffnungen der philosophischen Aufklärung wiederholenden Entwicklung, einen entscheidenden Aspekt für den Erfolg der modernen Bioethik:

»Bioethics and the philosophy of medicine were regarded as of one fabric with the endeavor to disclose and sustain a core set of commitments proper to humans. In particular, they claimed that a universal human community could be articulated and justified around a universal set of moral commitments. Given the considerable variety of Roman Catholic and Protestant bioethics, given the disarray into which these religions were falling, and given the pressing need to frame policy regarding the proper approach to organ transplantation, third-party-assisted reproduction, and critical care, secular philosophical bioethics appeared to offer what was very much needed. A common moral theory that was demanded; although traditional sources appeared unable to supply that ethic, philosophy promised to unite all around a set of fundamental moral commitments.«

Engelhardt unterstreicht seine Position und führt weiter aus:

»While religious bioethics remained plural in their numerous approaches and moral understandings, secular bioethics was an academic endeavor that could provide reliable moral guidance. The shift of interest in bioethics from a focus on religious bioethics to secular bioethics seemed vindicated. Secular bioethics appeared able to provide what religious bioethics could not: a neutral, but still content-full, vision of proper moral deportment that all could endorse and that would constitute the bioethics of the human community. On the basis of this success, bioethics could take its place not only in the academy but in the public policy arena.«[29]

Die Säkularisierung und Pluralisierung der Gesellschaft sowie die technischen Innovationen und die von diesen aufgeworfenen neuen Probleme erforderten darüber hinaus eine Philosophie, die praktische Entscheidungen unterstützen konnte. Rückblickend stellt daher Daniel Callahan fest, dass jene Philosophinnen und Philosophen, »who had started to realize that philosophy should have something to say about real life, brought different sets of concepts and strate-

---

28 Einige religiös gebundene Philosophen und Theologen ihrerseits versuchten weiterhin, die Bedeutung der Theologie und des Glaubens für die Bioethik stark zu machen; so z.B. MacIntryre 1979: 435-43; McCormick 1985: 95-113; 1989: 5-10; siehe auch Hastings Center Report, Special Supplement, Juli-August 1990
29 Engelhardt 1997: 89f.

gies, a different vocabulary than theological ethics.«[30] Die vorherrschenden philosophischen Denkrichtungen in den USA waren der logische Positivismus und die analytische Philosophie. Im Zuge dieser Ausrichtung war die Ethik weitgehend auf Fragen der Metaethik reduziert worden, d.h. auf eine Theorie der Bedeutung der moralischen Wörter und der moralischen Urteile und eine Theorie der Begründung von normativen Aussagen. Anfang der siebziger Jahre war die Moralphilosophie in den USA weitgehend von metaethischen Fragen und Diskursen bestimmt.[31] Unter dem Ansturm moralisch-praktischer Probleme, allen voran dem militärischen Engagement der USA in Südostasien, wurde die nahezu ausschließliche Konzentration auf die Metaethik jedoch Ende der sechziger Jahre allmählich zurückgenommen – normativ gehaltvolle Ethiken und deren politisch-praktische Implikationen gewannen zunehmend an Bedeutung.[32]

Im Zuge dieser Entwicklung erhielten liberale, egalitaristische, anti-autoritäre und emanzipatorisch orientierte philosophische Ansätze und auch der Kontraktualismus als Weiterentwicklung der sozialen Vertragstheorien neues Gewicht.[33] Gemeinsam ist diesen Ansätzen die Auffassung, dass die freie und informierte Zustimmung eine notwendige Bedingung für die moralische Akzeptabilität von Entscheidungen oder Handlungen ist. Die Ideen einer allgemeinen Zustimmung und der Autonomie des Einzelnen werden zum zentralen Inhalt der Ethik. Ethik sollte im Verständnis dieser Philosophen unparteilich und allgemeingültig, öffentlich und konsensorientiert sein.

Neben der Tradition der analytischen Philosophie und des logischen Positivismus, die die akademisch-philosophische Diskussion beherrschten, konnte die Bioethik dabei aber auch an eine originär amerikanische philosophische Tradition anschließen, deren Wurzeln auf den philosophischen Pragmatismus von Charles Sanders Peirce, William James und vor allem von John Dewey zurückgehen. Der »Geist« der amerikanischen Philosophie ist, folgt man John Edwin Smith, von der dreifachen Auffassung geprägt, dass erstens theoretisches Nachdenken eine Antwort auf konkrete praktische Situationen mit dem

30 Callahan, zit. nach Jonsen 1998: 65.
31 Wolpe 1998: 40; Jonsen 1994: 8; Winkler 1993: 343.
32 Jonsen 1998: 75, der u.a. darauf hinweist, dass auch die 1971 erfolgte Gründung von *Philosophy and Public Affairs* in diese Zeit fällt.
33 Zu den Theoretikern, die sich auf den Kontraktualismus berufen, gehören u.a. Rawls 1971, Nozick 1974, Dworkin 1977, Gewirth 1978, Gauthier 1986, Scanlon 1982.

Ziel der Lösung von Problemen sei, dass zweitens Ideen und Theorien im Leben derjenigen, die sie haben, einen Unterschied machen sollen, und dass drittens die Welt zivilisiert und Fortschrittshemmnisse durch die Applikation von Wissen überwunden werden könnten.[34] Albert R. Jonsen charakterisiert den Beitrag der Philosophie in der »Geburtsphase« der Bioethik folgendermaßen:

»The philosophers who immigrated into bioethics, then, were unlikely to bring an orthodoxy or a common methodology. They would bring, however, two characteristics of mind that philosophical study has always fostered: a desire for clarity in definitions of terms and in logic of argument, and a desire to work down to the foundations of knowledge and experience. This talent was a valuable addition to the emerging bioethics, for it started to give articulate shape to the thoughtful but random conversations of conferences. The philosophers, almost unknowingly, brought another contribution: as they plunged into practical problems, they shed the metaethical speculations that was so unsuited to the resolution of moral quanderies. They reinvented, in an unconscious atavism, the style of public philosophy that William James and John Dewey had invented decades before. The bioethics that was to come engaged the facts of the case, explored alternative solutions, tested these against the opinions of many participants and worked to turn principles into practice.«[35]

Gründe für die Entstehung der Bioethik

Konkreter lassen sich eine Reihe von gesellschaftlichen und politischen Entwicklungen und Veränderungen im Gesundheitssystem selbst als Gründe für eine Ablösung der traditionellen, am hippokratischen Verständnis orientierten Arztethik durch die Bioethik benennen. Zu diesen Gründen gehören nicht nur ein zunehmender, moderne Gesellschaften kennzeichnender Pluralismus an Wertvorstellungen und Lebensplänen, in dem an geteilte Normen und Werte nur noch in sehr beschränkter Weise appelliert werden kann, sondern auch eine im Ganzen besser über technologische und politische Entwicklungen unterrichtete und sensiblere Öffentlichkeit.

Insbesondere durch die auch einer breiteren Öffentlichkeit bekannt gewordenen, eindeutig gegen grundlegende moralische Standards verstoßenden Experimente an Menschen, die in den USA während und auch nach dem Zweiten Weltkrieg durchgeführt worden waren, wuchs das Misstrauen innerhalb der Bevölkerung gegenüber bis dato anerkannten Autoritäten. Eine Reihe kriti-

---

34 Smith, zit. nach Jonsen 1998: 71.
35 Jonsen 1998: 83.

scher Publikationen hatten deutlich gemacht, dass in den USA trotz der im *Nürnberger Kodex* und der *Helsinki-Deklaration* des Weltärztebundes festgelegten Regelungen unfreiwillige, risikoträchtige oder rassistisch motivierte Humanexperimente in der biomedizinischen Forschung keine Seltenheit waren.[36] Dazu gehörten unter anderem die berühmt-berüchtigte *Tuskegee Syphilis Study*[37] oder auch medizinische Experimente mit radioaktivem Material, die in den USA unter strikter Geheimhaltung bis in die siebziger Jahre hinein durchgeführt und erst vor kurzer Zeit bekannt wurden.[38] Jonsen hält insbesondere die sich an das Bekanntwerden der Tuskegee Studie anschließenden Auseinandersetzungen und Diskussionen für folgenreich:

»The Tuskegee story propelled the ethics of experimentation into the public view. Other events that had taken place in the latter half of the 1960s also cast suspicion on the probity of scientific researchers, including the incident at the Jewish Chronic Disease Hospital and the story of Willowbrook State Hospital. Both these events, when publicized in the media, shocked the public, but no event had more impact on the public conscience than the Tuskegee Study. Its revelation appeared at a time of heightened concern and anger about racial discrimination and of heightened sensitivity to the abuse of the poor and powerless. The study had been perpetrated by the government through officials of the Public Health Services, whose sworn duty it was to protect the health of Americans, not to exploit them, even for science's sake. The revelations seemed to bring the horrors of the Nazi medical experiments, which many had judged impossible in the United States, into our benign scientific and medical world. The ethics of research, which had been under quiet scrutiny for a decade, now broke into public view.«[39]

Der »Buchenwaldgeruch«[40] haftet diesen Versuchen nicht nur wegen ihrer Grausamkeit an und weil die meisten Opfer wohl entweder nur unzureichend oder überhaupt nicht darüber aufgeklärt worden waren, was mit ihnen geschah, sondern insbesondere auch, weil es die selben Bevölkerungsgruppen waren, die für die Versuche vor allem missbraucht wurden: Behinderte, Schwangere, Gefängnisinsassen. Dies führte nicht nur zu der Auffassung, dass die professionelle Selbstkontrolle im Gesundheitsbereich versagt hatte und daher nicht ausreichend sei und dass Fragen der Medizinethik daher nicht mehr länger innerhalb der ärztlichen Zunft allein geregelt werden konnten. Statt dessen wurde eine interdisziplinäre und öffentliche Diskussion sowie eine öffentliche,

---

36 Beecher 1966.
37 Siehe hierzu auch Pence 1990: 184-205.
38 Annas/Grodin 1992; Moreno 2001.
39 Jonsen 1998: 148.
40 Kater, Michael H. 1994: Der Buchenwaldgeruch, In: Die Zeit vom 14. Januar.

demokratische Kontrolle für erforderlich erachtet. Das Versagen der ärztlichen Profession in diesem Bereich zog vielmehr auch einen Verlust der moralischen Autorität und »Unanfechtbarkeit« der Ärzte und Forscher generell nach sich und bestärkte die Forderung nach der Wahrung der Autonomie von Patientinnen und Patienten. Zudem wurden dadurch die Prinzipien der Selbstbestimmung sowie des *informed consent* in den Mittelpunkt der Diskussion gerückt.[41]

Gleichzeitig hat das Gesundheitssystem in den Jahren vor 1960 drastische Veränderungen erfahren. Zum einen hat sich, wie Pellegrino feststellt, der Charakter des Gesundheitssystems grundlegend in Richtung einer Spezialisierung, Fragmentierung, Institutionalisierung und einer damit einhergehenden Anonymisierung der Medizin verändert.[42] Die »alte« Medizin war abgelöst worden von einer wissenschaftlichen Medizin, in der die Ärztinnen und Ärzte ihren Patientinnen und Patienten zunehmend als »Fremde am Krankenbett« gegenübertraten.[43] Schließlich nahmen die medizinethischen Probleme in ihrer Anzahl ebenso wie in ihrer Komplexität infolge neuer medizinisch-technischer Eingriffsmöglichkeiten massiv zu. Die Einführung der künstlichen Beatmung, die Möglichkeit der Transplantation von Organen und die sich abzeichnenden Möglichkeiten der genetischen Diagnostik und Manipulation setzten die tradierten Wertvorstellungen unter Druck und warfen neue Fragestellungen auf, wie zum Beispiel das Problem der Allokation knapper Spenderorgane in der Transplantationsmedizin.

Darüber hinaus spielten bald auch wirtschaftliche Faktoren eine entscheidende Rolle bei der Umgestaltung der medizinischen bzw. ärztlichen Ethik, denn der Kostendruck im Gesundheitswesen hatte neue Probleme und Zielkonflikte zur Folge. Sozioökonomische Gesichtspunkte drangen aufgrund des Kostendrucks im Gesundheitswesen mehr und mehr in die Beziehung zwischen Arzt und Patient ein und führten zu Konflikten zwischen der Wahrung oder Herstellung von Gerechtigkeit und den ökonomischen Geboten der Wirtschaftlichkeit und Effizienz. Ärztinnen und Ärzte sahen sich dazu gedrängt, im Sinne einer erforderlichen Kostendämpfung im Gesundheitswesen unternehmerisch zu handeln, und gerieten so in einen Interessenkonflikt zwischen der Pflicht zur Fürsorge ihren Patientinnen und Patienten gegenüber einerseits und

---

41 Faden/Beauchamp 1986.
42 Pellegrino 1993: 1159.
43 Rothman 1991.

ökonomischen Rücksichten andererseits. Die Gesundheitsversorgung wurde zur Ware, das Arzt-Patientenverhältnis zum Dienstleistungsverhältnis. Zudem sahen sich Ärztinnen und Ärzte genötigt, tendenziell als Agenten der Sozialpolitik zu fungieren; ihre gesellschaftliche Rolle gewann gegenüber ihrer Verantwortung für einzelne Patientinnen und Patienten eine zunehmende Bedeutung.[44] Fragen der Verteilungsgerechtigkeit, der Rationierung und Allokation von Ressourcen, aber auch Kriterien für die Bewertung von Lebensqualität u.a.m. gerieten auf diese Weise ins Zentrum der ethischen Reflexion.

Eine nicht unwesentliche Rolle spielte schließlich auch die amerikanische Bürgerrechts-Bewegung, die nicht nur den Gedanken der demokratisch-politischen Partizipation in den Vordergrund rückte, sondern auch die öffentliche Sensibilität für die Diskriminierung von Minderheiten (etwa bei der Durchführung von Humanexperimenten) stärkte sowie generell zu einem wachsenden Misstrauen gegenüber Autoritäten und Institutionen beitrug, dem sich auch Ärztinnen und Ärzte zunehmend ausgesetzt sahen. Führende »Pioniere« der neuen Bioethik waren in jungen Jahren aktive Mitglieder der *civil rights*-Bewegung oder standen dieser zumindest nahe. Jonsen zitiert beispielsweise Robert M. Veatch mit dem Satz: »I moved easily from civil rights to patient's rights.«[45]

Transformation der medizinischen Ethik
und der Triumph des Autonomieprinzips

In Folge dieser Entwicklungen veränderte sich die bis dato vorherrschende Diskussion über medizinethischen Probleme in grundlegender Weise. Diese Veränderungen lassen sich vor allem anhand von drei Aspekten verdeutlichen: Dem von manchen Bioethikerinnen und Bioethikern beobachteten »Triumph des Autonomieprinzips«[46], einer Transformation der ärztlichen Ethik in Richtung einer moralphilosophisch bzw. moraltheologisch angeleiteten Reflexion und schließlich einer zunehmenden Institutionalisierung des bioethischen Diskurses in Form von Ethik-Kommissionen und ähnlichen Einrichtungen.

---

44 Sass 1988: 5-8; zum Kostendruck im Gesundheitssystem siehe auch Dougherty 1988: 15-20.
45 Jonsen 1998: 387.
46 Veatch 1984.

Gegenüber der Autorität von Ärzten, Pflegenden, Forschern, Kostenträgern oder Verteilungsinstitutionen wurde der Begriff der »Patientenrechte« zu einem neuen Schlüsselbegriff. Dies bedeutet vor allem, dass der Sichtweise der Individuen im Sinne der Patientenautonomie größeres Gewicht beigemessen wurde, als dies in der traditionellen, paternalistisch geprägten ärztlichen Ethik der Fall gewesen war – das Prinzip der »Autonomie« wurde zum Leitmotiv der bioethischen Diskussion.[47] Im Zuge dieser Entwicklung veränderte sich auch die traditionelle Arzt-Patient-Beziehung. Zum einen wurde dem bislang vorherrschenden paternalistischen Modell der ärztlichen Ethik ein partnerschaftliches Modell zwischen Patientinnen und Patienten bzw. Ärztinnen und Ärzten gegenübergestellt, das mit einer Umgewichtung der medizinethischen Prinzipien einherging: dem Wohl der Patientin bzw. des Patienten, dem die paternale, gütige, autoritäre Figur der Ärztin bzw. des Arztes verpflichtet war, stand nun das Recht des Patienten auf Selbstbestimmung gegenüber. Die ärztliche Fürsorgepflicht konnte unter modernen Bedingungen nur noch als formale Verpflichtung verstanden werden, deren inhaltliche Ausgestaltung weitgehend der Patientin bzw. dem Patienten überlassen bleiben musste.[48] Diese Veränderung im Verhältnis von Patientenautonomie und Fürsorgepflicht des Arztes führte auch zu einem Wandel im Hinblick auf grundsätzliche Aspekte der hippokratischen Tradition: So wurden beispielsweise Schwangerschaftsabbrüche – forciert nicht zuletzt durch die Forderungen der Frauenbewegung – nicht länger als prinzipiell »unärztlich« angesehen[49] und das Arztgeheimnis durfte in gesetzlich geregelten Ausnahmefällen zum Schutz Dritter gebrochen werden.

Der für die US-amerikanische Bioethik zentrale Begriff der *autonomy* ist stark durch die von John Locke und John Stuart Mill stammende Tradition der angelsächsischen Philosophie geprägt. Locke, der seinen Begriff von Autonomie im Kontext staatsphilosophischer Fragen formuliert hat, betont in seinem Ansatz die Selbstbestimmung des Einzelnen sowie dessen individuellen Rechte gegenüber der Gewalt des Staats. Entscheidend ist nach Locke die Willensfreiheit des Menschen als das Vermögen, Handlungen auszuführen oder zu unterlassen. Locke fordert individuelle Autonomie und einen grundlegenden Anspruch auf Nicht-Einmischung, den jeder einzelne vor der Einmischung

---

47 Vgl. Wolpe 1998.
48 Wiesing 1998.
49 Siehe Pence 1990: xix.

durch staatliche Ordnung und Gewalt besitzt.[50] In der bioethischen Diskussion betonen Autorinnen und Autoren, die sich der auf Locke zurückgehenden Tradition verpflichtet fühlen, das Prinzip der Autonomie von Individuen und erheben einen grundlegenden Anspruch auf Nichteinmischung bezüglich aller Prozesse medizinischen Handelns, die ohne ausdrückliche Zustimmung des Einzelnen erfolgen. Die Bioethik wird in den Augen vieler Bioethikerinnen und Bioethiker in den USA infolgedessen weniger als eine Standes- und Verantwortungsethik, sondern als eine Vertragsethik aufgefasst – sowohl der heilberuflich Tätige als auch die Bioethikerin bzw. der Bioethiker werden als Vertragsethikerin bzw. als Vertragsethiker verstanden. Die Ärztin bzw. der Arzt stehen im Dienst der Patientinnen und Patienten und haben diesen in aller Offenheit die medizinische Diagnose, den Behandlungsverlauf und die Prognose sowie auch Alternativen darzulegen.[51] Die Beziehung zwischen Ärztinnen und Ärzten einerseits und Patientinnen und Patienten andererseits wird als ein »medizinisch-ethischer Bund«[52] beschrieben, in dem die Prinzipien der Autonomie und der Selbstbestimmung höchste Priorität haben. Die Patientinnen und Patienten werden also als autonome, über sich selbst bestimmende (*self-governing*) Individuen betrachtet, deren Rechte weder durch fürsorgliche, am Wohl der Patientinnen und Patienten orientierten Ärztinnen und Ärzte, noch durch gesellschaftliche Interessen beschnitten werden dürfen.

Dieser Trend zur Stärkung der Patientenautonomie kam insbesondere im Konzept des *informed consent* zum Ausdruck, das zu einem grundlegenden Prinzip auch in der klinischen Medizin avancierte.

»Although discussion of disclosure and justified nondisclosure have played a role in the history of medical ethics, the term *informed consent* emerged only in the 1950s, and discussion of the concept as it is used today began only about 1972. Concomitantly, a revolution was occuring in standards of appropriate patient-physician interaction. Medical ethics moved from a narrow focus on the physician's or researcher's obligation to disclose information to the quality of a patient's or subject's understanding of information and the right to authorize or refuse a biomedical intervention«.[53]

---

50 Vgl. Richter 1992: 31; Gracia 1993: 99.
51 Sass 1988: 25, 33; Dichgans 1994: 195f.
52 Vgl. A.a.O.: 30ff.
53 Beauchamp 1989: 186.

Der Begriff des *informed consent* geht ursprünglich auf ein Gerichtsurteil aus dem Jahr 1957 zurück.[54] Da empirische Untersuchungen gezeigt hatten, in welchem Ausmaß Ärzte ihre Patientinnen und Patienten über die Diagnose, die Behandlung und deren Risiken im Unklaren ließen, wurde die Erfordernis eines *informed consent* durch richterliche Spruchpraxis festgeschrieben. Der *informed consent*, der heute allgemein als konstitutive Voraussetzung für die moralische Zulässigkeit biomedizinischer Forschung am Menschen und auch anderer medizinischer Interventionen gilt, setzt voraus, dass die Entscheidung einer Patientin bzw. eines Patienten, sich einem medizinischen Eingriff zu unterziehen, freiwillig und ohne Zwang oder Druck erfolgen (*noncontrol*) muss und im Lichte der relevanten Informationen und eines Verständnisses der Umstände der Entscheidung (*understanding*).[55]

Eine von zahlreichen Reaktionen auf die Missachtung von Patientenrechten stellt auch die *Patients' Bill of Rights* der amerikanischen Krankenhausvereinigung dar, die eine vollständige Aufklärung und uneingeschränkte Entscheidungshoheit einsichtsfähiger Patientinnen und Patienten verlangt und ausdrücklich als Anerkennung von deren legitimen moralischen Rechten formuliert wurde.

Auch sollte die Öffentlichkeit in die ethischen Diskussionen und Entscheidungsprozesse einbezogen werden. Zu diesem Zweck wurden beispielsweise transdisziplinär zusammengesetzte Symposien zu Fragen von »Philosophy and Medicine« und weitere öffentliche Diskussionsveranstaltungen durchgeführt.[56] Zu Beginn der achtziger Jahre wurde auch eine Bewegung initiiert, die die Kompetenz von Bürgerinnen und Bürgern zur Entscheidungsfindung im Bereich des Gesundheitswesens und der Medizin stärken wollte. Die *Community Health Decisions Movement*, koordiniert von verschiedenen Organisationen in einigen US-Bundesstaaten, machte es zu ihrem Anliegen, einen Konsens über strittige bioethische Fragen zu befördern.[57]

---

54 Faden/Beauchamp 1986: 125ff; siehe aber auch: Winau 1996.
55 Beauchamp 1989.
56 Sass 1988: 9-12.
57 Jennings 1988; 1990.

Darüber hinaus fand eine – für die moderne Bioethik charakteristische – Wandlung weg vom Ethos der medizinischen Profession und hin zu einer *moralphilosophisch bzw. moraltheologisch angeleiteten Reflexion* statt, die beispielsweise eine Klärung der moralischen Verpflichtungen von Ärztinnen und Ärzten oder Angehörigen des Pflegepersonals, die Limitierung des Entscheidungsspielraums von Medizinerinnen und Medizinern durch das Selbstbestimmungsrecht von Patientinnen und Patienten oder auch eine Reflexion rechtlicher Regelungen beinhaltete.[58]

Die Bioethik konnte dabei aus verschiedenen Quellen schöpfen, zu denen, neben dem Korpus der traditionellen medizinischen bzw. ärztlichen Ethik, vor allem die Theologie, die Philosophie und die Jurisprudenz gehören.[59] Insbesondere auf Seiten der Theologie gab es bereits eine lange und reichhaltige Tradition im Hinblick auf medizinethische Fragen. Vor allem »the Catholic debate about double effect and the Protestant debate about situationism prepared both groups«, wie Jonsen feststellt, »to enter the array of practical questions that the new bioethics would raise.«[60] Eine Reihe von Bioethikern der ersten Zeit wie Paul Ramsey oder Joseph Fletcher waren selbst Theologen. Jonsen, ebenfalls dieser Tradition entstammend, macht in seiner Geschichte der Bioethik jedoch deutlich, dass theologische Argumente in der bioethischen Diskussion schon bald gleichsam »säkularisiert« wurden:

»Some early bioethicists resigned their ordinations in the church. Many of them found employment at medical schools where a secular and scientific culture dominated. Most bioethicists quickly discovered that, while rumination about human nature and destiny invites the transcendent references to theology, discussion of the practical problems of bioethics, such as regulations of research or allocation of resources, can be carried out quite satisfactorily in more mundane terms. Although in recent years, some theologians have summoned theologically trained bioethics back to their roots, they remain, in their bioethical analyses, outside the faith.«[61]

Neben der Theologie prägte auch die Philosophie die junge Bioethik von Beginn an. Für Pellegrino gehen die grundlegenden Veränderungen, die die biomedizinische Ethik in den zurückliegenden Jahren erfahren hat, sogar zum

---

58 Engelhardt 1986: 236; Viefhues 1989: 17f; Pellegrino 1993: 1158.
59 Grodin 1995.
60 Jonsen 1998: 40.
61 A.a.O.: 58.

großen Teil direkt darauf zurück, dass die traditionelle biomedizinische Ethik einer philosophischen Analyse und Kritik ausgesetzt wurde:

»The roots of this profound transformation are many and complex. They are social, political, economic, and juridical. However none is, in my opinion, more important than subjection of the entire corpus of medical ethics to serious philosophical inquiry. Medical ethics is now increasingly a branch of moral philosophy, more and more responsive to shifts in philosophical opinion and fashion.«[62]

Da zahlreiche von den in der bioethischen Debatte diskutierten medizinethischen Problemen nach klaren Regelungen und der Formulierung von allgemeinen Standards verlangten, spielten für die entstehende Bioethik auch das Recht und die Rechtswissenschaften eine wichtige Rolle. Die philosophische Ethik sah sich daher bald in die Arena des Rechts und der öffentlichen Politik gedrängt.[63] »American bioethics«, so George J. Annas, selbst Professor für Gesundheitsrecht, »draws both its strengths and weaknesses from the fact that it is rooted in and dominated by American law.«[64] Auch unter methodischen Gesichtspunkten spielt das amerikanische Recht für die Bioethik eine wichtige Rolle. Als *case law* folgt es einer induktiven Methode und geht bei der Entwicklung rechtlicher Prinzipien von juristischen Entscheidungen partikularer Einzelfälle aus. Das singuläre Urteil wird dabei zum Ausgangs- und Angelpunkt, von dem die weitere Rechtsprechung und die weitere juristische Diskussion ausgehen muss. Dieses Verfahren hatte offenbar großen Einfluss auch auf die Modelle angewandter Ethik und die bioethische Diskussion in den USA.[65] Anders als in Deutschland nutzt die moralphilosophische Diskussion in der US-amerikanischen Bioethik daher Einzelfälle und Fallstudien nicht nur als didaktisches Instrument. Präzedenzfälle und richtungsweisende Einzelurteile haben die bioethische Debatte in den USA vielmehr oftmals erst in Gang gebracht oder ihren weiteren Verlauf geprägt.[66]

---

62 Pellegrino 1993: 1158.
63 Grodin 1995: 14.
64 Annas 1995: 83.
65 Arras 1991: 29f, 33.
66 Lilje 1995: 30f.; vgl. auch Poland 1997 für eine Zusammenstellung von Landmark Legal Cases in Bioethics.

31

Ein zunehmendes Misstrauen gegenüber einer professionellen Selbstkontrolle, das insbesondere durch die Erfahrungen mit offenkundig unmoralischer Forschung genährt worden war, sowie die Notwendigkeit, auch für andere wichtige medizinethische Fragen gesellschaftlich akzeptable, konsensuell getragene Regelungen zu formulieren, führte in den USA frühzeitig zur Einrichtung zahlreicher Ethikkommissionen und anderer Institutionalisierungsbestrebungen auf unterschiedlichen Ebenen. Annas hält die Etablierung von Ethik-Kommissionen sogar für »the primary American contribution to bioethics.«[67] Zahlreiche Bioethikerinnen und Bioethiker haben als Mitglieder, Berater der Mitglieder oder Sachverständige in solchen Komitees oder Gremien mitgearbeitet. Die Entstehung der Bioethik ging damit in den USA Hand in Hand mit ihrer Institutionalisierung; Entstehung und Institutionalisierung waren Teile eines zeitgleichen Prozesses.[68]

Unterscheiden muss man zwischen Ethikkommissionen, die sich (a) vorwiegend mit den Problemen der biomedizinischen Forschung und der Anwendung neuer medizinischer Technologien befassten und im Wesentlichen als Politikberatungsgremien eingesetzt wurden, und (b) Kommissionen, die als klinische Ethik-Kommissionen unmittelbar in die Entscheidungsfindung in konkreten ethischen Dilemmasituationen eingebunden wurden.

(a) Seit Mitte der siebziger Jahre wurden in den USA Kommissionen eingesetzt, die über die ethischen Probleme biomedizinischer Forschung und mögliche Lösungsoptionen beraten sollten. Als Kommissionen, die regierungsnah arbeiteten, übernahmen sie darüber hinaus auch die Aufgabe der Politikberatung.[69]

1974 beispielsweise bildete der Schutz von Versuchspersonen, vor allem der Schutz von nicht oder nur bedingt einwilligungsfähigen Menschen, den Arbeitsschwerpunkt der *National Commission for the Protection of Human Subjects in Biomedical Research*, in die erstmals auch Philosophen berufen worden waren. Diese Kommission, die Problem- und Begriffsanalysen, ethi-

---

67 Annas 1995: 88.
68 Vgl. Wolpe 1998: 40.
69 Hastings Center Report. Special Supplement-June 1987: 4f.

sche Bewertungsmodelle und praktische Regelungsvorschläge erarbeitete, stellt zugleich das erste Beispiel eines öffentlichen, politischen und moralischen Diskurses dar.[70] Zwischen 1974 und 1978 erarbeitete die Kommission unter anderem Berichte zur Forschung an Embryonen, an Inhaftierten, an Kindern und an behinderten Menschen und 1978 den außerordentlich einflussreichen *Belmont Report: Ethical Principles and Guidelines for the Protection of Human Subjects of Research*.[71] Die Regelungsvorschläge beinhalteten institutionelle Kontrollen zur Gewährleistung der freiwilligen und informierten Zustimmung von Probandinnen und Probanden und wurden in die Bundesgesetzgebung übernommen.

Albert R. Jonsen berichtet über die Tätigkeit der *National Commission* folgendermaßen:

»The Commission had met the congressional deadline, delivering its recommendations on fetal research in four months. Those four months were seminal ones for bioethics. A group of strangers, all but two from the academic world and most of them from diverse disciplines, had been set a problem and told to analyze it, debate it, and come up with recommendations that could be applied to government practice and policy. The question was, on the face of it, distressing: should a living fetus be used for research. It was also perplexing because the research done on fetuses was aimed at the health of future fetuses. This group had to explore the conceptual and factual aspects of the question and bring it to a critical appreciation of some moral values. Specialists in moral philosophy and theology were recruited to assist the Commission, and the specialists, with few exceptions, had not previously reflected on these distressing and perplexing questions, but they bent their analytic skills to the task. They sought to make distinctions, to construct arguments, to find within different traditions glimmerings of guidance. Their papers are as a unique effort to comprehend a novel moral problem. The commissioners listened to their advisers, and to the public which addressed them by word and letter; they listened to each other and, in so doing, became colleagues. The debates were long, tortuous, and often contentious, but the duty to formulate recommendations pushed debate toward closure. This was a new way of ›doing ethics‹ – going beyond the often chaotic debate that rages around moral issues and beyond the private ruminations of scholars. In this new way, a public moral discourse began to evolve, in which a group of citizens seeks the facts of the case, asks for scholary advice, and enters a debate with a view to resolution. Some people would hardly consider this ethics, which, in their view, should be a definitive deduction of rules from clear principles. Other people might contend that reaching ethical considerations is impossible; ethics has no answers and debate is interminable. Yet many participants in this new way of doing ethics, even if troubled by theoretical problems, found it intellectually satisfying.«[72]

---

70 Jonsen 1994. 3f.
71 National Commission for the Protection of Human Subjects of Biomedical and Behavioral Research 1978.
72 Jonson 1998: 101f.

Auf die Tätigkeit dieser Kommission geht auch die verpflichtende Einrichtung sogenannter *Institutional Review Boards* (IRBs) bei allen Forschungsorganisationen, die mit öffentlichen Mitteln finanziert werden, zurück, die dazu dienen sollten, die Einhaltung ethischer Standards, insbesondere die Sicherung der freiwilligen Zustimmung der Probandinnen und Probanden nach umfassender Aufklärung, zu überprüfen. Die Aufgabe von IRBs wurde von der *National Commission* als »balancing of the interests of society in protecting the rights of individual subjects with the developing of knowledge that can benefit not only specific subjects but society as a whole« beschrieben.[73]

Der *National Commission* folgte 1979 zunächst die *President's Commission for the Study of Ethical Problems in Medicine and Biomedical and Behavioral Research*.[74] Die *President's Commission* behandelte von 1980 bis 1983 ein breites Spektrum ethischer Probleme von öffentlichem Belang, neben dem Zentralthema *informed consent* auch Probleme der Todesdefinition, der Humangenetik und der medizinischen Ressourcenverteilung.[75] Nach Abschluss dieser Kommissionstätigkeit wurde die *Biomedical Ethics Advisory Commission* (BEAC) konzipiert, die 1988/89 sowohl Richtlinien zur Forschung an Feten überarbeiten als auch die Fragen der Human-Gentechnologie untersuchen und Empfehlungen aussprechen sollte. Die Probleme, die aus der experimentellen Forschung bzw. aus der Anwendung neuer medizinischer Technologien am Menschen resultierten, sollten durch ihre Behandlung in einer Kommission vor ein öffentliches Forum gebracht werden.[76]

(b) Neben den politikberatenden, forschungsbezogenen und den öffentlichen Diskurs fördernden Kommissionen wurden seit Ende der sechziger Jahre zunehmend auch Ethik-Komitees an Krankenhäusern, sogenannte *Institutional/Hospital Ethics Committes* (IECs/HECs), eingerichtet. Eine wichtige Rolle kommt dabei der Entscheidung des obersten Gerichtshofes des Staates New Jersey 1976 im Fall Karen Ann Quinlan zu. Von besonderer Bedeutung war das Urteil des *Supreme Court* vor allem deshalb, weil es die streitenden Parteien darauf verpflichtete, in schwierigen Entscheidungssituationen wie bei dem in Frage stehenden

---

73 Bulger et al. 1995: 122.
74 Callahan 1996: 3; Beauchamp/Childress 1994: 9; Jonsen 1994: 4; Schöne-Seifert 1996: 557.
75 Cook-Deegan 1988: 143; Annas 1994: 19.
76 President's Commission 1993: 3; vgl Schöne-Seifert 1996: 558; Sass 1988: 10; Annas 1994: 19.

Fall des Abbruchs lebenserhaltender Maßnahmen den Rat eines *Ethics Committee* einzuholen. Die Richter bezogen sich dabei auf einen Aufsatz von Karen Teel, in dem diese kurze Zeit zuvor die Implementierung von Komitees vorgeschlagen hatte, die nicht nur die Entscheidungsfindung unterstützen, sondern vor allem auch die Verantwortung für die getroffene Entscheidung auf verschiedene Schultern verteilen sollten.[77] Ihre Aufgabe sollte darin bestehen, den Entscheidungsfindungsprozess in konkreten ethischen Dilemmasituationen, die sich in der klinischen Praxis ergeben, zu unterstützen und zu erleichtern. Darüber hinaus gehören zu den Aufgaben klinischer Ethik-Komitees neben der klinischen Einzelfallkonsultation häufig auch die Erstellung von Hauspolitiken und Ethik-Richtlinien sowie die ethische Aus- und Weiterbildung am jeweiligen Krankenhaus.[78] Neben diesen Komitees wurde darüber hinaus in zahlreichen Institutionen auch eine *clinical ethics consultation* (CEC) eingeführt. Dabei unterstützen Ethikberater, die selbst keine Mediziner sind, das Behandlungsteam bei der Erörterung und Entscheidung schwerwiegender moralischer Probleme.[79]

Von großer Bedeutung war die Entscheidung im Quinlan-Fall jedoch, wie Rothman hervorhebt, auch aus einem anderen Grund. »After Quinlan«, so Rothman, »there was no disputing the fact that medical decision making was in the public domain and that a profession that had once ruled was now being ruled. (…) Decisions to terminate or withdraw treatment that individual physicians had once made covertly now would take place before an audience. The stage was likely to be a courtroom, and lawyers and judges, the leading actors«[80]

Professionelle Bioethikerinnen und Bioethiker

Auch das *Berufsbild* der Bioethikerin bzw. des Bioethikers kristallisierte sich im Zuge der Institutionalisierung ethischer Entscheidungsfindung genauer heraus.[81] Immer mehr Ärztinnen und Ärzte wandten sich angesichts der neu aufgeworfenen Entscheidungsprobleme und der Bürokratisierungs- und Speziali-

---

77 Teel 1975; vgl. dazu: Lilje 1995: 51ff.; Rothman 1991: 227f.
78 Lilje 1995 56ff.
79 Bosk/Frader 1998: 97f; van Willigenburg 1999.
80 Rothman 1991: 222; 228.
81 Vgl. zu einem Anforderungsprofil Kap. III.

sierungszwänge in Sorge um die Humanität am Krankenbett an Philosophen und Theologen. Infolgedessen entstand das neue Arbeitsgebiet der Medizinethik und das neue Berufsbild der Bioethikerin bzw. des Bioethikers. Das *National Institute of Health* stellte 1977 erstmals einen Bioethiker fest an. Bioethikerinnen und Bioethiker arbeiten seither vor allem als Dozentinnen und Dozenten in der Ethik-Aus- und Weiterbildung in Krankenhäusern, als Berater für das Krankenhauspersonal oder als Mitglieder der Ethikkomitees. Inzwischen gibt es selbst sog. »Klinische Bioethiker«, die wie Ärztinnen und Ärzte als klinische Kolleginnen bzw. Kollegen auftreten und in »ethischen Notfällen« rund um die Uhr erreichbar sind.

Bioethische Ressourcen

Von Beginn an wurde die Entwicklung der bioethischen Diskussion in den USA auch durch Veröffentlichungen (mit)bestimmt. Eine Reihe von Autorinnen bzw. Autoren haben die bioethische Debatte maßgeblich geprägt. Neben utilitaristischen Positionen[82] gehören dazu zum Beispiel – im weitesten Sinne – an die Kantische Tradition anschließende[83] und andere personzentrierte Positionen,[84] tugendethische Ansätze,[85] kasuistische[86] oder prinzipienethische Ansätze[87]. Insbesondere seit den neunziger Jahren hat sich das Spektrum an philosophischen Positionen, die in der bioethischen Diskussion vertreten werden, sogar noch einmal erweitert. Neben den eher »traditionellen« bioethischen Ansätzen gibt es seither auch eine – im deutschen Sprachraum bislang jedoch kaum wahrgenommene – mehr oder minder intensive Diskussion über eine feministische Bioethik,[88] eine kommunitaristische Bioethik[89] oder eine narrative und phänomenologische Bioethik.[90]

---

82 Hare 1993; Singer 1994.
83 Engelhardt 1996.
84 Harris 1995.
85 Pellegrino/Thomasma 1988.
86 Jonsen/Toulmin 1988.
87 Beauchamp/Childress 1994; Veatch 1981.
88 Wolf 1996; Sherwin 1992.
89 Emanuel 1991.
90 Lindemann Nelson 1997; Montello 1995.

36

Darüber hinaus gibt es eine Vielzahl von – teilweise äußerst einflussreichen – Fachzeitschriften und anderen Publikationsorganen. Beispiele dafür sind der seit 1971 erscheinende *Hastings Center Report* und die seit 1979 ebenfalls vom *Hastings Center* herausgegebene *I.R.B. A Review of Human Subject Research*. Seit 1975 wird am *Kennedy Institute of Ethics* der *Kennedy Institute News Letter*, seit 1976 das *Journal of Medicine and Philosophy* herausgegeben. 1978 erschien die erste Auflage der *Encyclopaedia of Bioethics*. Bereits seit 1975 erscheint jährlich die vom *Kennedy Institut* herausgegebene *Bibliography of Bioethics*; von 1974 bis 2001 war der weltweit zu erreichende On-Line-Service *Bioethicsline* des *Kennedy Institutes* nutzbar.

Medizinethische Aus-, Fort- und Weiterbildung

Nahezu alle Medical Schools in den USA bieten Kurse in medizinischer Ethik an; darüber hinaus wird medizinische Ethik auch im Rahmen der ärztlichen Fortbildung angeboten. In den siebziger Jahren wurde das Fach in das Kerncurriculum der medizinischen Studiengänge aufgenommen. Einer Analyse der *American Medical Association* zufolge gehört die medizinische Ethik zum integrativen Angebot der medizinischen Ausbildung an fast allen Medical Schools und wird von Philosophinnen bzw. Philosophen und Ethikerinnen bzw. Ethikern (62%), von Medizinerinnen bzw. Medizinern (11%) und Theologinnen bzw. Theologen (13%) geleitet.[91] Im Vordergrund standen zunächst vor allem Falldiskussionen und die Einübung ethischer Kosten-Nutzen-Analysen. Vor allem auf Grund der neuen technischen Möglichkeiten in der modernen Medizin sind aus Sicht vieler Medizinerinnen und Mediziner bzw. Bioethikerinnen und Bioethiker heute auch höhere Anforderungen an die Fähigkeiten zur Normbegründung und an die Gesprächskompetenzen der im Gesundheitsbereich tätigen Menschen zu stellen. Von der Zielsetzung und ihrer Methodik her stehen daher die Sensibilisierung für ethische Probleme, die Unterweisung in ethischer Analyse, die Vermittlung von Literaturkenntnissen, die Förderung von Selbstreflexion und die Kompetenz zur Patientinnen- und Patientenberatung im Vordergrund.[92]

---

91 Schweidtmann 1997: 124.
92 Thornton et al. 1993.

Daneben gibt es in den USA an verschiedenen Hochschulen auch eigenständige Bioethik-Studiengänge und vielerorts bioethische Kurse, die innerhalb der philosophischen Institute oder, wie beispielsweise am *Kennedy Institute*, als jährlich stattfindende Intensivkurse durchgeführt werden.[93]

3. Zur Entwicklung der Bioethik in Deutschland

Die bioethische Diskussion in Deutschland unterscheidet sich von ihrem US-amerikanischen Vorbild in mehrfacher Weise. Nicht nur hat die Diskussion um eine – die veränderten Bedingungen aufgreifende und ihnen angemessene – Bioethik in Deutschland erst einige Zeit später eingesetzt als in den USA. Zwar diskutierten einzelne Ärzte und vor allem Theologen auch in Europa bereits früh die ethischen Probleme, die sich aus dem medizinischen Fortschritt ergaben – so erschien beispielsweise ab 1955 in Wien die Fachzeitschrift *Arzt und Christ*.[94] Eine breitere medizin- bzw. bioethische Diskussion begann in den meisten europäischen Ländern jedoch erst Mitte der achtziger Jahre. Offizielle Stellungnahmen von Institutionen oder Gremien wurden in Europa, so zeigt das Beispiel der Auseinandersetzung mit den neuen Reproduktionstechniken, in der Regel fünf bis sechs Jahre später verfasst als in den USA.[95]

Auch der Fokus der biomedizinischen Ethik und ihre Zugangsweise unterscheiden sich von der amerikanischen biomedizinischen Ethik. Zwar wirkte die amerikanische Bioethik auch auf die deutsche Diskussion entscheidend ein. Die deutsche Diskussion über die biomedizinische Ethik besann sich bei der Konzeption bioethischer Ansätze jedoch auch auf die eigene philosophische Tradition. Dies führte zum Beispiel dazu, dass das US-amerikanische Verständnis von Autonomie im europäischen Kontext nur begrenzt übernommen wurde. Die kontinentaleuropäische Ethik ist weniger an der Tradition Lockes und des Utilitarismus, sondern stärker an der Philosophie von Aristoteles und Immanuel Kant orientiert.[96] Autonomie ist nach Kant als das Vermögen

---

93 Sass 1988: 41f.
94 Zur Diskussion vor 1933 siehe u.a. Frewer 2000.
95 Hastings Center Report. Special Supplement-June 1987: 4.
96 Vgl. Richter 1992: 32f: Leist 1993b: 279; Gracia 1993: 99.

der Selbstbestimmung des Willens zu verstehen, d.h. als das Vermögen der Selbstgesetzgebung durch den – unter Beachtung des Sittengesetzes – freien, von Kausalität und Fremdbestimmung unabhängigen Willen. Die Achtung vor dem Sittengesetz, das Pflichtgefühl, ist es, was den Menschen dazu motiviert, gemäß dem Sittengesetz zu handeln und damit autonom zu sein. Autonom ist das Individuum nicht durch die Kompetenz zu ego-rationaler Selbstbestimmung, sondern durch seine Fähigkeit zur Anerkennung dessen, was *gut* ist; gut für das Individuum selbst und gut für andere. Autonomie in diesem Sinne schließt auch die Möglichkeit der Perspektivübernahme für das allgemein Gute mit ein. Zwar wird der Respekt vor der Autonomie der Patientinnen und Patienten, aus der sich die Forderung nach dem *informed consent* ableitet, auch in Europa sehr hoch geschätzt. Gleichwohl wird – vor dem eben angedeuteten Hintergrund – hierzulande, deutlicher vielleicht als in den USA, auf die schwierige Abwägung zwischen dem Vorrang der Autonomie der Patientinnen und Patienten einerseits und konkurrierenden Werten wie dem Nichtschädigungsgebot oder der Nicht-Überforderung der Patientinnen und Patienten andererseits, hingewiesen.[97] Unter Umständen erscheint es aus dieser Perspektive daher beispielsweise auch legitim, dass eine Ärztin oder ein Arzt den Patientenwillen interpretieren. In Europa, vor allem in den südeuropäischen Ländern, in denen eine Orientierung an fundamentalen Werten häufiger anzutreffen ist als im Norden Europas, spielen die Vorstellung der Rolle der Ärztin bzw. des Arztes als einer Verantwortungsethikerin bzw. eines Verantwortungsethikers[98] und die Anknüpfung an das ärztliche Ethos[99] daher eine wichtige Rolle.

Schließlich setzte auch der Prozess der Institutionalisierung der biomedizinischen Ethik in Deutschland später ein als in den USA und erfolgte gegenüber der akademischen Diskussion erst viel später und nicht – wie in den USA – zeitgleich mit der Entstehung der Bioethik selbst.

---

97 Ethik Med 1996: 8, 47; vgl. Wolpe 1998: 43f.
98 Dichgans 1994: 196.
99 Honnefelder/Rager 1994; zum »Latin model of bioethics« siehe Gracia 1993: 99ff; Gracia 1995: 205f.

Gründe für die verzögerte Entwicklung

Für die verzögerte Entwicklung der deutschen Bioethik gegenüber ihrem amerikanischem Vorbild werden in der Regel mehrere Gründe verantwortlich gemacht: Erstens sind die kontinental-europäische und insbesondere die deutsche Philosophie insgesamt weit weniger pragmatisch, utilitaristisch oder analytisch ausgerichtet als in den USA. Die philosophischen Wurzeln der europäischen Diskussion lagen eher im Rationalismus und Idealismus. Im Vordergrund stand ein Verständnis von Philosophie, das diese als grundsätzlich ausgerichtete und kritische Instanz begriff, die die gesellschaftlichen Verhältnisse nicht unmittelbar gestalten, sondern vielmehr kritisch in den Blick nehmen sollte. Von daher erklärt sich zum Teil auch das zurückhaltende Interesse an Fragen der angewandten und damit auch an der medizinischen Ethik. Im Vordergrund der philosophischen Diskussion standen statt dessen häufig eher grundlegend ansetzende philosophische Überlegungen. Hinzu kommt, dass die deutschsprachige Ethik nicht durch das für das *common law* charakteristische induktive Verfahren, sondern durch das, das Römische Recht kennzeichnende, deduktive Verfahren geprägt ist. Vor diesem Hintergrund wurde die Bedeutung medizinethischer Fragestellungen lange Zeit negiert oder in den Kontext der traditionellen ärztlichen Standesethik verwiesen bzw. an Theologen und Juristen weitergegeben. Zudem hatten auch die Institutionen und Vertreter der christlichen Tradition in den europäischen Staaten einen viel nachhaltigeren Einfluss auf die Reflexion ethischer Probleme neuer Techniken als dies in den Vereinigten Staaten der Fall war.[100]

Ein weiterer Grund für die zeitlich verzögerte Entwicklung der Bioethik in Deutschland und ihre spezifische Ausprägung ist die Erfahrung der Verbrechen der Medizin im Nationalsozialismus. Diese hat zu einer nachhaltigen Tabuisierung einer Reihe von Fragestellungen geführt, die in den USA mit sehr viel größerer Unbefangenheit diskutiert werden konnten. Insbesondere die Unbefangenheit, mit der in der angelsächsischen Bioethik über Euthanasie, den »Wert« menschlichen Lebens etc. diskutiert wurde, stieß in Deutschland

---

100 Noch immer ist z.B. ein strenger – an Luther angelehnter – Protestantismus in Norwegen oder der römische Katholizismus in Italien und Frankreich sehr einflussreich; siehe Hastings Center Report. Special Supplement August 1988: 8, 19.

auf massive Vorbehalte. Die ethische Legitimierung bestimmter Handlungen wie der aktiven Sterbehilfe durch Bioethikerinnen und Bioethiker und teilweise bereits die Aufnahme dieser Themen in die bioethische Agenda wurden und werden von manchen Bioethik-Kritikerinnen und -Kritikern in Deutschland – teilweise mit explizitem Rekurs auf Analogie- und Kontinuitätsbehauptungen – scharf kritisiert oder sogar prinzipiell abgelehnt.[101]

Schließlich gab es in Europa keine Bürgerrechts-Bewegung, die sich – wie in den USA – der Rechte von Patientinnen und Patienten bzw. von Probandinnen und Probanden angenommen hätte.[102] Infolgedessen blieb auch die Diskussion über medizinethische Probleme länger der ärztlichen Fachdiskussionen vorbehalten.

Gründe für die Entstehung der Bioethik in Deutschland

Angestoßen wurde die breitere, öffentliche Diskussion auch in Deutschland vor allem durch die moralischen Probleme, die durch neue Handlungsoptionen wie die Fertilisationstechniken, die Gentechnik, die Embryonenforschung oder die Intensivmedizin am Lebensende aufgeworfen wurden. Ein weiterer wichtiger Grund für die Entstehung der biomedizinischen Ethik in Deutschland kann in der Veränderung des Arzt-Patient-Verhältnis infolge eines Strukturwandels der Medizin und des ärztlichen Handlungsfeldes gesehen werden.[103] Vor allem drei Veränderungen innerhalb der Medizin werden hier für folgenreich für die Ethik gehalten: die wachsende *Anonymisierung*, die durch die ärztliche Spezialisierung verstärkt wird; die *Juridifizierung* der Medizin, aufgrund derer die Rechtsprechung für die Beziehung zwischen Arzt und Patient immer größere Bedeutung gewinnt und Gesundheit zunehmend zur Ware bzw. zum Rechtsgut wird; und schließlich die *präventive Ausrichtung* der modernen Medizin.[104] Von Ärztinnen und Ärzten wird angesichts dieser Veränderungen eine ethische

---

101 Ach/Gaidt 2000; als ein Beispiel für viele vgl. Braun 2000; vgl. auch die Auseinandersetzungen im Anschluss an die Einladung des australischen Philosophen Peter Singer nach Deutschland: Anstötz et al. 1995.
102 Schöne-Seifert 1996: 558f.
103 Wieland 1986.
104 Rager 1994a: 46ff.

Expertise erwartet, über die diese nicht verfügen.[105] Die Veränderungen in der Medizin und der Medizinethik führten auch in Deutschland schon früh zur Einrichtung von unterschiedlichen Typen von Ethik-Kommissionen und später zur Gründung von Ethikzentren und -instituten.

Forschungsethik-Kommissionen

Die überwiegende Mehrheit der Ethik-Kommissionen in Deutschland sind Fachkommissionen, deren Aufgabe in der Beratung und präventiven Prüfung von biomedizinischen Forschungsvorhaben auf der Basis vor allem der revidierten *Helsinki-Deklaration* des Weltärztebundes und verschiedener rechtlicher Regelungen besteht.[106] Diese Kommissionen haben es mit allen von Ärztinnen und Ärzten durchgeführten wissenschaftlichen Versuchen an Menschen bzw. vom Menschen entnommenen Material zu tun. Dazu gehören auch Versuche mit Medizinprodukten, zum Beispiel technischen Geräten. Der Zweck dieser Kommissionen besteht zum einen in der *Sensibilisierung für ethische Probleme*, zum anderen aber auch in der Verlagerung der Entscheidung auf ein *unbeteiligtes Gremium* und eine Übernahme der Verantwortung durch eine *Institution*.[107] Ihre Berechtigung erhält eine solche Kommission ausschließlich durch die folgenden Ziele:

1. Patienten und Probanden sollen vor »gefährlicher« Forschung bewahrt werden (Nutzen-Risiko-Abwägung, Sicherheitsvorkehrungen usw.);
2. Schutz des Forschers – der nach Wahrheit strebt und möglicherweise den Schutz des Patienten aus den Augen verliert; Schutz des Forschers auch vor Angriffen von außen;
3. Schutz der Forschungseinrichtung (Universität) vor nachteiligen Folgen rechtlich und ethisch bedenklicher Forschung.[108]

Zu den Aufgaben einer Ethik-Kommission gehört es daher unter anderem, den wissenschaftlichen und therapeutischen Sinn eines vorgeschlagenen Forschungs-

105 Retzlaff 1991: 171-177.
106 Toellner 1990.
107 Oehmichen 1997: 52.
108 A.a.O.: 52.

vorhabens und das Verhältnis zwischen dem Nutzen für Forschung und Heilkunde einerseits und dem Risiko bzw. der Belastung für die Patientinnen und Patienten bzw. die Probandinnen und Probanden andererseits zu prüfen. Darüber hinaus gehört es zu ihren Aufgaben, die Vollständigkeit der Aufklärung und die Bedingung der freiwilligen Zustimmung (*informed consent*) der Patientinnen und Patienten bzw. der gesunden Probandinnen und Probanden und die Einhaltung der ärztlichen Schweigepflicht, des Datenschutzes und anderer gesetzlicher Vorschriften zu kontrollieren.

In der BRD wurden die ersten Ethik-Kommissionen bereits 1973 am Sonderforschungsbereich Kardiologie in Göttingen und am Zentrum für Innere Medizin und Kinderheilkunde in Ulm etabliert. Die Deutsche Forschungsgemeinschaft spielte für die Verbreitung von Ethik-Kommissionen eine wichtige Rolle, als sie für jedes Sonderforschungsgebiet eine Ethik-Kommission forderte. 1979 verabschiedete die Bundesärztekammer eine Empfehlung zur Errichtung von Ethik-Kommissionen. Allgemeine Verbreitung fanden sie jedoch erst nach Empfehlungen des Deutschen Ärztetages.[109] Neben dem Aufbau von Ethik-Kommissionen an den Landesärztekammern wurden auch an den medizinischen Fakultäten der Universitäten und an einigen Großkliniken Ethikkommissionen eingerichtet.[110] 1983 wurde der *Arbeitskreis Medizinischer Ethik-Kommissionen in der Bundesrepublik Deutschland* als Zusammenschluss der in Deutschland tätigen Forschungs-Ethikkommissionen ins Leben gerufen.[111] Eine verbindliche Rechtsgrundlage erhielten die Forschungs-Ethikkommissionen durch die vom 88. Deutschen Ärztetag vorgeschlagene Muster-Berufsordnung, in der Ärztinnen und Ärzte verpflichtet werden

»sich vor der Durchführung klinischer Versuche am Menschen oder der epidemiologischen Forschung mit personenbezogenen Daten durch eine bei der Ärztekammer oder bei einer Medizinischen Fakultät gebildete Ethik-Kommission über die mit [ihren] Vorhaben verbundenen berufsethischen und berufsrechtlichen Fragen beraten«

zu lassen.[112] Ihre Einrichtung an Landesärztekammern und medizinischen Fakultäten ist durch die Berufsordnung der Ärztekammern, das Arzneimittelgesetz sowie das Medizinproduktegesetz auch rechtlich vorgeschrieben.

---

109 A.a.O.; Wiesing 1993.
110 Richter 1999: 4.
111 Doppelfeld 1989: 47f.
112 Revidierte Fassung; zit. nach Oehmichen 1997: 46.

Forschungsethik-Kommissionen gehören mindestens vier Ärztinnen oder Ärzte, darunter solche mit klinischer Erfahrung und mit pharmakologischen Spezialkenntnissen, sowie mindestens eine Juristin oder ein Jurist an. Darüber hinaus sollten ihr auch medizinische Laien angehören; in der Praxis handelt es sich dabei vielfach um Theologen, seltener auch um Philosophen. Ihr Auftrag ist die *Beratung* der in der medizinischen Forschung tätigen Ärztinnen und Ärzte. Sie werden auf Antrag tätig und tagen *nicht-öffentlich*. Ihre Beratungen unterliegen der Geheimhaltung. Forschungsethik-Kommissionen können ein *Votum* für oder gegen einen Antrag abgeben, Bedenken äußern oder auch Änderungsvorschläge machen. In der Regel wird dabei ein *Konsens* der Kommissionsmitglieder angestrebt. Die Entscheidung über bzw. die Verantwortung für die Durchführung eines Humanexperimentes bleibt auch nach der Beratung durch eine Forschungsethik-Kommission bei der durchführenden Ärztin bzw. dem durchführenden Arzt. Auch der negative Bescheid einer Kommission verpflichtet die Ärztin bzw. den Arzt also nicht zur Unterlassung. Forschungsethik-Kommissionen sind im Wesentlichen ein *Instrument der professionellen Selbstkontrolle*.[113]

Klinische Ethik-Komitees

Daneben gibt es auch in Deutschland seit kurzer Zeit klinische Ethik-Komitees. Da solche Komitees in Deutschland erst langsam im Entstehen sind, lassen sich gegenwärtig nur einige wenige allgemeine Feststellungen über ihre Aufgaben, ihre Struktur sowie ihren Arbeits- und Reflexionsprozess machen. Anders als Forschungs-Ethikkommissionen haben klinische Ethik-Komitees die Aufgabe, den *Entscheidungsfindungsprozess* in konkreten ethischen Dilemmasituationen, die sich in der klinischen Praxis ergeben, zu unterstützen und zu erleichtern. Zu den Aufgaben klinischer Ethik-Komitees gehören darüber hinaus häufig auch die Entwicklung und Formulierung *ethischer Leitlinien* und die ethische *Aus- und Weiterbildung* am jeweiligen Krankenhaus. Ziel eines klinischen Ethik-Komitees ist

---

113 Brudermüller 1999; van den Daele/Müller-Salomon 1990, Toellner 1990.

»die Besprechung und Begutachtung von Problemsituationen im Einzelfall bzw. von allgemeinen, aber exemplarischen Problemsituationen im Krankenhaus unter Beteiligung verschiedener Berufsgruppen. Dadurch soll ethisch verantwortetes Handeln im Krankenhaus unterstützt werden. Konkret wird diese Unterstützung in der *Beratung betroffener Menschen* in ethischen Krisensituationen und in der *Ausarbeitung von ethischen Leitlinien.*«[114]

Die Einrichtung von klinischen Ethik-Komitees in Deutschland ist freiwillig. Jede Entscheidungsträgerin bzw. jeder Entscheidungsträger kann ihr bzw. sein ethisches Problem vorbringen, um sich für ihre bzw. seine Entscheidung eine Gewichtung der Argumente und Gegenargumente in Form eines *Votums als Orientierungshilfe* einzuholen. Die Befolgung des Votums ist nicht verpflichtend: »Voten des Ethik-Komitees können das Urteil des Entscheidungsträgers erhellen, aber nicht ersetzen.«[115] Neben allgemeinen ethischen Orientierungen gibt in klinischen Ethik-Komitees häufig die vorherrschende Moral des institutionellen Trägers, der das Komitee etabliert hat, den normativen Rahmen für die Diskussions- und Entscheidungsprozesse des Komitees vor.[116] Die Mitglieder klinischer Ethik-Komitees zeichnen sich gegenwärtig in der Regel durch ihre Persönlichkeit und ihren persönlichen wie beruflichen Erfahrungshintergrund aus. Simon beispielsweise berichtet, dass bei der Auswahl der Mitglieder eines Klinischen Ethik-Komitees in Göttingen zwar darauf geachtet worden sei, dass verschiedene Disziplinen und Berufsgruppen im Ethik-Komitee vertreten sind; er stellt aber gleichwohl fest, dass es Aufgabe der Komitee-Mitglieder sei, »ihre Persönlichkeit, ihren beruflichen Erfahrungshintergrund sowie ihre fachliche Kompetenz in die Findung einer gemeinsamen Meinungsbildung einzubringen.«[117]

Neben klinischen Ethik-Komitees findet klinische Ethikberatung mitunter auch durch einen individuellen ethischen Konsiliardienst statt. Darüber hinaus unterhalten auch einige privatwirtschaftliche Unternehmen und verschiedene private Organisationen eigene Ethik-Kommissionen.

---

114 Simon 2000: 11; vgl. auch Kath. Krankenhausverband Deutschlands e.V./Deutscher Evangelischer Krankenhausverband e.V. 1997.
115 Kath. Krankenhausverband Deutschlands e.V./Deutscher Evangelischer Krankenhausverband e.V. 1997: 5.
116 Gillen 1997: 19.
117 Simon 2000: 12.

Schließlich gibt es auf überregionaler bzw. nationaler Ebene Ethik-Kommissionen, wie den *Ethik-Beirat beim Bundesministerium für Gesundheit,* oder auch zeitlich befristet arbeitende Kommissionen. Diese Kommissionen formulieren Richtlinien oder Empfehlungen für verschiedene Fragen und Bereiche wie zum Beispiel die »Kriterien des Hirntodes«, die »Richtlinien zum Gentransfer in menschliche Körperzellen«, über »Ethische und rechtliche Probleme bei der Behandlung bösartiger Erkrankungen bei Kindern und Jugendlichen« oder die »Genomanalyse an Arbeitnehmern« etc. Zu den zentralen überregionalen Gremien gehört auch der *Arbeitskreis der Ethik-Kommissionen in der Bundesrepublik Deutschland,* der vor allem mit der Vereinheitlichung der Verfahren der regionalen Kommissionen, aber auch mit der Formulierung von Grundsätzen und Richtlinien befasst ist.

Seit wenigen Jahren gibt es eine *Zentrale Kommission zur Wahrung ethischer Grundsätze in der Medizin* bei *der Bundesärztekammer.* Ihr gehören 16 Mitglieder an, von denen etwa die Hälfte Mediziner sind, ferner Vertreterinnen und Vertreter der Biologie, der Jurisprudenz, der Soziologie, der Theologie und der Philosophie. Ernannt werden die Mitglieder durch die Bundesärztekammer auf Vorschlag verschiedener Institutionen (u.a. auch der Kirchen). Bundestag und Bundesrat dürfen bis zu zwei Mitglieder ernennen, haben das aber bisher nicht getan. Die Zentrale Kommission soll »Stellungnahmen zu ethischen Fragen abgeben, die durch den Fortschritt und die technologische Entwicklung in der Medizin und in ihren Grenzgebieten aufgeworfen werden und die eine gemeinsame Antwort für die Bundesrepublik Deutschland erfordern«. Sie soll »[i]n Fragen, die unter ethischen Gesichtspunkten im Hinblick auf die Pflichten bei der ärztlichen Berufsausübung von grundsätzlicher Bedeutung sind, Stellung nehmen«. Und sie soll schließlich »[a]uf Wunsch der Ethikkommission einer Landesärztekammer oder einer Medizinischen Fakultät bei Wahrung der Unabhängigkeit dieser Ethikkommission für eine ergänzende Beurteilung einer ethischen Frage von grundsätzlicher Bedeutung zur Verfügung stehen.«[118]

---

118 Statut der Zentralen Kommission zur Wahrung ethischer Grundsätze in der Medizin und ihren Grenzgebieten (Zentrale Ethikkommission) (www.zentrale-ethikkommission.de/20/10Statut.html).

Zu Beginn des Jahres 2000 wurde vom Deutschen Bundestag eine Enquete-Kommission *Ethik und Recht der modernen Medizin* eingerichtet. Diese hatte den Auftrag, »vor dem Hintergrund eines erheblichen gesellschaftlichen und parlamentarischen Diskussionsbedarfes zu Fragen der Entwicklung und Anwendung der Biotechnologie und der modernen Medizin grundlegende und vorbereitende Arbeit für notwendige Entscheidungen des Deutschen Bundestages« zu leisten.[119] Die Kommission legte im Mai 2002 ihren Schlussbericht vor, der sich unter anderem mit Fragen der genetischen Diagnostik und der Präimplantationsdiagnostik befasst.[120] Bereits im November des Vorjahres hatte die Kommission einen Zwischenbericht zum Themenbereich Stammzellforschung vorgelegt.[121]

Am 2. Mai 2001 hat die Bundesregierung die Einrichtung eines *Nationalen Ethikrates* als »nationales Forum des Dialogs über ethische Fragen in den Lebenswissenschaften« beschlossen. Der Nationale Ethikrat soll »den interdisziplinären Diskurs von Naturwissenschaften, Medizin, Theologie und Philosophie, Sozial- und Rechtswissenschaften bündeln« und »zu ethischen Fragen neuer Entwicklungen auf dem Gebiet der Lebenswissenschaften sowie zu deren Folgen für Individuum und Gesellschaft« Stellung nehmen.[122] Anders als in einer Reihe anderer europäischer Länder – darunter Frankreich, Luxemburg, Belgien, Italien, Dänemark, Finnland, Schweden, Norwegen, Ungarn, Malta, Niederlande, Portugal und die Russischen Föderation – gibt es in Deutschland bislang jedoch keine nationale Ethikkommission.

Ethikzentren und -institute

Seit den achtziger Jahren kam es auch in Deutschland zur Einrichtung einer Reihe von Einrichtungen, die sich – zumindest auch – mit medizinethischen Fragen beschäftigen.[123] 1986 beispielsweise wurde die *Akademie für Ethik in der Medizin (AEM)* gegründet. Die AEM

---

119 Einsetzungsauftrag der Enquete-Kommission (www.bundestag.de/gremien/medi/medi_aha.html).
120 Enquete-Kommission Recht und Ethik der modernen Medizin 2002b.
121 Enquete-Kommission Recht und Ethik der modernen Medizin 2002a.
122 Auftrag des Nationalen Ethikrates (www.nationalerethikrat.de/index.htm).
123 Siehe dazu auch den Übersichtsartikel von Lenk 1999.

»vertritt keinen spezifischen ethischen Standpunkt, sondern versteht sich als unabhängiges Forum für unterschiedliche Standpunkte und Überzeugungen. Sie hat sich zum Ziel gesetzt, den Diskurs über ethische Fragen in der Medizin, den Heilberufen und im Gesundheitswesen zu fördern. Dazu führt sie u.a. wissenschaftliche Projekte durch, organisiert Tagungen und Symposien, richtet zur Bearbeitung von Spezialthemen Arbeitsgruppen ein, berät einzelne Personen wie Institutionen und gibt die Zeitschrift Ethik in der Medizin heraus. Besondere Anliegen der AEM sind die Förderung von Modellen zur klinischen Ethikberatung (z.B. Klinisches Ethik-Komitee), die Organisation von Begegnungen zwischen Patienten, Ärzten und Pflegenden im Rahmen von Patientenforen sowie die Aus- und Weiterbildung von Lehrenden, die an Universitäten, Fachhochschulen, Krankenpflegeschulen und anderen Einrichtungen in der Vermittlung von Ethik in der Medizin tätig sind.«[124]

Das ebenfalls 1986 von Professoren der Universität Bochum gegründete *Zentrum für Medizinische Ethik (ZME)* sieht seine Hauptaufgabe in »Forschung, Lehre, Publikation und Dokumentation in der angewandten und biomedizinischen Ethik.«[125] 1990 wurde das *Interfakultäre Zentrum für Ethik in den Wissenschaften (IZEW)* in Tübingen gegründet.

»Das seit 1985 in Tübingen verfolgte Projekt einer ›Ethik in den Wissenschaften‹ ist der Aufgabe verpflichtet, Fragen der Verantwortung in den Wissenschaften zu thematisieren, nicht für sie. Die ethische ›Begleitforschung‹ wird also als ein Anliegen der beteiligten Forscher(innen) selbst aufgefasst, das nicht (ausschließlich) an philosophische oder theologische Ethik-Expert(inn)en delegiert werden sollte. Dies erfordert eine Sensibilisierung der ›scientific community‹ für moralische Fragen, eine (Selbst)Aufklärung über mögliche Handlungsfolgen, deren Bewertung sowie eine Einübung in ethisches Argumentieren. Diesem Ziel dienen beispielsweise das offene Gespräch unter den beteiligten Wissenschaftler(inne)n im Gesprächskreis ›Ethik in den Naturwissenschaften‹, die Lehrveranstaltungen für Studierende der Biologie und Medizin sowie für Lehramtskandidat(inn)en und selbstverständlich das Ausbildungsprogramm und die Qualifikationsarbeiten im Graduiertenkolleg ›Ethik in den Wissenschaften‹. Gleichzeitig bedeutet ›Ethik in den Wissenschaften‹ aber auch, in der Angewandten Ethik wissenschaftliche Details sachkundig berücksichtigen und adäquat beurteilen zu können. Da sich mit dem Fortschreiten wissenschaftlicher Erkenntnisse und dem Wertewandel in der Gesellschaft auch fundamentale anthropologische und moralphilosophische Fragen neu stellen, sind ethische Grundlagenarbeiten ebenfalls fester Bestandteil der ›Ethik in den Wissenschaften‹. Seit neuestem bildet die schulische Vermittlung der Fähigkeit, Verantwortung wahrzunehmen und moralisch zu urteilen, einen weiteren Schwerpunkt unserer Arbeit.«[126]

---

124 Selbstdarstellung der AEM (www.aem-online.de/ueberblick/aufundziele.htm).
125 Selbstdarstellung des Zentrums für Medizinische Ethik (www.medizinethik-bochum.de).
126 Selbstdarstellung des Interfakultären Zentrums für Ethik in den Wissenschaften (www.izew.uni-tuebingen.de).

Die Förderung ethischer Expertise und die Verbesserung der Ausbildung von Medizinstudenten sind auch das Hauptanliegen des 1990 gegründeten bundesweiten *Studentenverbandes Ethik in der Medizin (SEM)*[127]. Ziel des Verbandes, der nach eigenem Bekunden auf das Dilemma einer sich ständig weiter öffnenden Kluft zwischen wachsenden Lernstoffkatalogen einerseits und mangelnden Möglichkeiten zum echten Dialog über Probleme in Grenzsituationen andererseits reagieren will, ist es, die Studierenden der Medizin für ethische Probleme in der Medizin zu sensibilisieren und die Ethik in die Ausbildung und klinische Praxis zu integrieren.[128]

Weitere Einrichtungen wurden 1991 mit dem *Institut Technik-Theologie-Naturwissenschaft (TTN)*[129], 1993 mit dem Bonner *Institut für Wissenschaft und Ethik (IWE)* geschaffen. Das Institut verfolgt das Ziel

»zu einer Reflexion der Entwicklung von Medizin, Naturwissenschaft und Technik beizutragen und auf diese Weise einen verantwortungsvollen Umgang mit den in diesen Gebieten entstehenden neuen Handlungsmöglichkeiten zu fördern. Anlass für diese Zielsetzung ist die Tatsache, dass die modernen Wissenschaften einer fortwährend beschleunigten Entwicklung unterliegen und ihre technische Umsetzung in sämtliche Lebensbereiche vordringt, wobei die Grenze zwischen Grundlagenforschung und Anwendung in zunehmendem Maße durchlässig wird. Die Komplexität von Ergebnissen und Folgen wissenschaftlichen Erkennens und Handelns erfordert daher eine begleitende ethische Urteilsbildung sowohl innerhalb der Scientific Community als auch innerhalb der Gesellschaft insgesamt. Aufgabe des Instituts ist es, diese Urteilsbildung durch interdisziplinäre Forschung zu begleiten und zu unterstützen.«[130]

Des weiteren wurden 1995 das *Zentrum für Gesundheitsethik an der Evangelischen Akademie Loccum (ZfG)*, 1996 das *Zentrum für Ethik und Recht in der Medizin (ZERM)* in Freiburg gegründet[131].

Ziel der genannten und weiterer Institute, die jeweils unterschiedliche Schwerpunkte setzen, ist es, den Diskurs über ethische Fragen in der Medizin, den Heilberufen und im Gesundheitswesen zu fördern, bioethische Fragestellungen im Hinblick auf die Erforschung und Anwendung neuer Technologien zu bearbeiten, die interdisziplinäre und internationale wissenschaftsethische Reflexion zu

---

127 (www.uni-wuerzburg.de/sem).
128 Frewer et al. 1990: 94-95; Wiesemann 1993: 4ff.
129 (www.ttn-institut.de).
130 Selbstdarstellung des Instituts für Wissenschaft und Ethik (www.uni-bonn.de/iwe/d_aufgab.htm).
131 (www.ukl.uni-freiburg.de/zerm).

fördern, konsensfähige Empfehlungen zu entwickeln, Probleme der Vermittlung von ethischer Expertise zu analysieren, angemessene Lehr- und Vermittlungsmethoden auf dem Gebiet der Medizinethik zu entwickeln und die ethische Urteilsbildung zu fördern. Der Prozess der Institutionalisierung und damit auch der Selbstverortung der Bioethik im Verhältnis zu den traditionellen Fächern ist allerdings keineswegs abgeschlossen. Dabei reicht das Spektrum der aufgeworfenen Problempunkte von der Frage nach einer möglichen Interessenvertretung oder einem Berufsverband der Ethikerinnen und Ethiker bis zur Frage nach der geeigneten Angliederung von Lehrstühlen für medizinische Ethik an die bisherige Struktur der universitären Fachbereiche.

Bioethische Ressourcen

Im Zuge der Institutionalisierung der Bioethik in Deutschland und der Entstehung von Ethikzentren und -Instituten nimmt auch die Zahl und Vielfalt von Publikationsorganen und Publikationen zu bioethischen Fragen ständig zu. Seit 1992 erscheint die Mitte der fünfziger Jahre gegründete Zeitschrift *Arzt und Christ* unter dem neuen Namen *Zeitschrift für medizinische Ethik*. Als Organ der *Akademie für Ethik in der Medizin (AEM)* erscheint seit 1989 die Zeitschrift *Ethik in der Medizin*. Das Bochumer *Zentrum für medizinische Ethik* publiziert die *Medizinethischen Materialien*, das *Interfakultäre Zentrum für Ethik in den Wissenschaften* in Tübingen gab mit *Biomedical Ethics* bis zum Jahr 2000 den *Newsletter of the European Network for Biomedical Ethics* heraus.

Darüber hinaus gibt es seit Beginn der neunziger Jahre verstärkt Anstrengungen, bioethische Ressourcen systematisch zu erfassen und für eine breitere Nutzung zugänglich zu machen. An der *Akademie für Ethik in der Medizin* wurde 1992 die *Informations- und Dokumentationsstelle Ethik in der Medizin* (IDEM) eingerichtet. *IDEM* dokumentiert Literatur des deutschsprachigen Raums zur »Ethik in der Humanmedizin und ihren Randgebieten«. Zudem betreute IDEM im Rahmen des BIOMED II-Projektes der Europäischen Kommission ein Projekt zum Aufbau eines europäischen Datenbanknetzes für den Bereich Ethik in der Medizin, in den Heilberufen und im Gesundheitswesen. In dieser Datenbank EUROETHICS werden Informations- und Datenbanken aus vier europäischen Ländern (Frankreich, Deutschland, Niederlande, Schweden) zusammengeführt. Daneben gibt es eine Reihe weiterer Datenbanken.

Beispielsweise wird vom *Tübinger Interfakultären Zentrum für Ethik in den Wissenschaften* das Datenbank-System *Europäisches Netzwerk der Dokumentation zur Ethik der Biotechnologie* (ENDEBIT) betreut, eine Datenbank, in der Literatur zur ethischen Erörterung biotechnischer Entwicklungen in den Bereichen Landwirtschaft, Ernährung und Umwelt systematisch erfasst und als Online-Service zugänglich gemacht wird. Zur Zeit gibt es Bestrebungen, die unterschiedlichen Datenbank-Systeme miteinander zu vernetzen bzw. zusammenzuführen, das Göttinger Institut für Ethik und Geschichte der Medizin hat seit Ende 2001 die Führung eines Verbundprojekts von europäischen Ethikzentren übernommen.

Eine wichtige Rolle spielt dabei auch das 1998 in Bonn eingerichtete *Deutsche Referenzzentrum für Ethik in den Biowissenschaften* (DRZE), dessen Aufgabe

»die zentrale umfassende und aktuelle Sammlung, Dokumentation, Bereitstellung und Aufbereitung national und international relevanter Informationen, Dokumente und Literatur zur Ethik in den Biowissenschaften und der Medizin sowie, soweit einschlägig, aus den Rechts-, Sozial- und Naturwissenschaften [ist]. Dabei verfolgt es das Ziel, den Zugang zu solchen Informationen entweder zu erleichtern oder allererst zu ermöglichen und zugleich die Präsenz der deutschen Beiträge in der internationalen Diskussion zu verstärken.«[132]

Das *Deutsche Referenzzentrum für Ethik in den Biowissenschaften* betreibt die Online-Datenbank *BEKIS*, die einen raschen Überblick über die Institutionen und Aktivitäten im Bereich der bioethischen Forschung ermöglichen soll, und entwickelte die integrative Literaturdatenbank *BELIT*, die die Datenbanken EUROETHICS, ENDEBIT und andere bibliographische Ressourcen zusammenführt, derzeit einen Zugriff auf die rund 150.000 verknüpften Datensätze der integrierten deutschen, amerikanischen, französischen, holländischen und schwedischen Datenbanken erlaubt und damit »ein weltweit einmalig umfassendes bibliographisches Verzeichnis der Literatur zu Themen der Ethik in den Biowissenschaften« darstellt. *BELIT* wird vom *DRZE* in Zusammenarbeit mit der *Informations- und Dokumentationsstelle Ethik in der Medizin* (IDEM), dem *Interfakultären Zentrum für Ethik in den Wissenschaften* und dem *Kennedy Institute of Ethics* in Washington betrieben.

---

132 Selbstdarstellung des Deutschen Referenzzentrums für Ethik in den Biowissenschaften (www.drze.de/das_drze).

Auch in Deutschland gibt es seit mehreren Jahren Bemühungen, die medizinethische Ausbildung von Ärztinnen und Ärzten zu intensivieren und zu verbessern. So spielten Fragen der Aus-, Fort- und Weiterbildung beispielsweise bereits seit ihrer Entstehung eine große Rolle in den Veranstaltungen und Veröffentlichungen der *Akademie für Ethik in der Medizin.* Dazu gehören unter anderem Empfehlungen für die Entwicklung des Unterrichtsangebots sowie zur Fortbildung der Unterrichtenden selbst.

In den Stundenplänen und Curricula deutscher medizinischer Hochschulen wird der medizinischen Ethik eine wachsende Bedeutung zugebilligt.[133] Nach § 34c der Approbationsordnung für Ärzte (ÄAppO, Stand 1987/89) müssen Ärztinnen und Ärzte im Praktikum Fortbildungsveranstaltungen zu ökonomischen, allgemeinen medizinischen und ethischen Fragen absolvieren. Der Ethik wird zwar zu diesem Zeitpunkt die Bedeutung einer Zugangsvoraussetzung beigemessen; sie ist dabei allerdings nach wie vor, wie es in einem Bericht in der *Ethik in der Medizin* heißt, in didaktischer Hinsicht im »Niemandsland von studentischer Aus- und ärztlicher Fortbildung« angesiedelt.[134]

Im Zuge der 8. Novelle der Ausbildungsordnung für Ärztinnen und Ärzte (ÄAppO) wird der Bereich »Ethik in der Medizin« erstmals in der deutschen ärztlichen Ausbildungsordnung explizit als ein für alle Studierenden verbindlicher Lerngegenstand genannt und als scheinpflichtiges Lehrfach im ersten Teil des Studiums vorgeschlagen.[135] Im weiteren Verlauf des Studiums sind aber keine verpflichtenden Unterrichtsangebote vorgesehen; und es ist, wie Kritikerinnen und Kritiker bemängeln, noch immer ein Übergewicht an naturwissenschaftlichen Fächern festzustellen.

Darüber hinaus werden ethische Auseinandersetzungen auch in Weiterbildungsprogrammen einiger medizinischer Hochschulen angeboten und Fortbildungsveranstaltungen für Ärztinnen und Ärzte im Praktikum durchgeführt. Schließlich hat sich auch in der Ausbildung von Angehörigen der Pflegeberufe das Angebot an Lehrveranstaltungen im Bereich Ethik innerhalb der letzten

---

133 Heister/Seidler 1989: 13-19.
134 Ethik Med 1991: 3, 98.
135 Eigler 1994: 101ff; Sponholz et al. 1995: 236; Kahlke 1995: 135.

15 Jahre von 40 auf 120 Veranstaltungen im Studienjahr verdreifacht. Ethik ist u.a. im Komplex »Berufskunde, Gesetzeskunde, Staatsbürgerkunde« aufgeführt und umfasst insgesamt 120 Stunden innerhalb der dreijährigen Ausbildungsphase. Auch die einjährige Ausbildung zur Krankenpflegehilfe schreibt den Gegenstand »berufskundliche Fragen, insbesondere Ethik in der Krankenpflege« vor.[136]

Kulturelle Unterschiede in Europa

Die bioethische Diskussion, die sich zunächst auf die mit den neuen technischen Handlungsoptionen verbundenen Problemfelder beschränkt hatte und eher defensiv geführt worden war, verläuft angesichts dieser Entwicklungen inzwischen auch in Europa auf breiter Basis.[137] Zwischen den verschiedenen europäischen Staaten gibt es dabei eine Vielzahl unterschiedlicher Schwerpunkte – sowohl in Bezug auf die Frage, welche Probleme als ethisch brisant betrachtet werden, als auch im Hinblick auf eine ethische Bewertung konkreter Handlungsoptionen und auf das für adäquat gehaltene theoretische Instrumentarium.[138] Die Gründe dafür liegen einerseits in den jeweils kulturell geprägten spezifischen Medizinkonzepten und den sich hieraus ergebenden ethischen Dimensionen der Medizin; andererseits prägen die historisch gewachsenen weltanschaulichen, sozialen, rechtlichen und politischen Hintergründe insgesamt die Schwerpunktsetzungen in den Modellen von theoretischer und angewandter Ethik.[139] Die Diskussion über die verschiedenen praktischen Fragen und Ansätze, die mittels Zeitschriften, aber auch auf regelmäßig stattfindenden Tagungen und Konferenzen geführt wird, ist gegenwärtig durch eine Vielzahl verschiedener ethischer Ansätze und Positionen gekennzeichnet, die ihrerseits unterschiedlichen ethischen Theorien verpflichtet sind.

---

136 Kahlke 1996:121.
137 Hastings Center Report: Special Supplement-June 1987, 2.
138 Hastings Center Report. Special Supplement-June 1987; August 1988, 2f, 13.
139 Siehe z.B. zum Problem der Reproduktionstechnologien den Hastings Center Report. Special Supplement June 1987 oder zum Wert-Konflikt in der Biomedizin in Skandinavien den Hastings Center Report. Special Supplement August 1988: 8-10.

Kapitel II
Wandel im theoretischen Diskurs der Bioethik

1. Paradigmenwechsel in der Bioethik

Im Großen und Ganzen lassen sich in der Theoriegeschichte der Bioethik zwei entscheidende Zäsuren identifizieren, die Mitte bis Ende der sechziger Jahre bzw. Anfang der neunziger Jahre angesiedelt werden können. Während Mitte bis Ende der sechziger Jahre das traditionelle, paternalistisch geprägte Modell einer ärztlichen Ethik durch das neue Modell einer liberalen Bioethik abgelöst wurde, in dessen Zentrum der Begriff der Autonomie stand, erfolgt zu Beginn der neunziger Jahre eine weitere Transformation in der Bioethik, in dessen Folge das bis dahin vorherrschende Paradigma des *principlism* an Einfluss und Überzeugungskraft einbüßt und durch eine Reihe von alternativen Ansätzen ergänzt bzw. ersetzt wird. Van der Burg spricht in diesem Zusammenhang von einem »moralistic-paternalistic model« der Bioethik, das zunächst von einem »liberal model« und schließlich einem »postliberal model« abgelöst worden ist.[140]

Wir werden im Folgenden zunächst am Beispiel der *Principles of Biomedical Ethics* von Tom Beauchamp und James Childress das »liberale Modell« etwas genauer zu charakterisieren versuchen und daran anschließend verschiedene Versuche einer Spezifizierung und Zuspitzung dieses Modells darstellen. In einem weiteren Abschnitt werden wir dann einige Gründe dafür nennen, warum das »liberale Modell« zu Beginn der neunziger Jahre an Einfluss und Überzeugungskraft verloren hat, bevor wir zum Schluss mit feministischen, kommunitaristischen, narrativen und neo-tugendethischen Bioethikkonzeptionen einige derjenigen Bioethikkonzeptionen vorstellen, die das »postliberale

---

140 Van der Burg 1997.

Modell« kennzeichnen. Es wird uns dabei vorrangig nicht um eine Darstellung der Theoriegeschichte der Bioethik gehen – diese wäre erst noch zu schreiben –, sondern darum, einige Aspekte, die zum Wandel der theoretischen Diskussionen in der Bioethik seit den sechziger Jahren beigetragen haben, und zu denen nicht zuletzt die Professionalisierung und Institutionalisierung der Bioethik selbst gehören, kenntlich zu machen.

Den Wandel im theoretischen Diskurs der Bioethik nachzuzeichnen, und dies gleichsam »von innen heraus«, also aus der Sicht der Akteure, ist allerdings ein problematisches Unternehmen. Zunächst wäre zu klären, wer überhaupt als Bioethikerin bzw. als Bioethiker gelten soll. Da die Teilnehmerinnen und Teilnehmer an der bioethischen Diskussion aus ganz unterschiedlichen Disziplinen kommen (Theologie, Philosophie, Medizin, Medizingeschichte, Rechtswissenschaften etc.) und zum Beispiel auch in Kommissionen allenfalls ausnahmsweise professionelle Bioethikerinnen und Bioethiker beteiligt sind, ist eine Abgrenzung schwierig. Es erscheint uns daher sinnvoll, ein sehr weites Kriterium zu wählen und mehr oder weniger alle, die an der veröffentlichten bioethischen Diskussion teilnehmen, als Bioethikerinnen bzw. als Bioethiker zu zählen. Darüber hinaus gibt es selbstredend kein einheitliches Selbstverständnis »der« bioethischen Akteure; ebenso wenig wie es »die« Bioethik gibt, sondern nur ein Bündel verschiedenster bioethischer Ansätze und Modelle. Um dennoch zu der erforderlichen Eingrenzung zu gelangen, konzentriert sich unsere folgende Darstellung auf die Auswertung »paradigmatischer« Literatur; also auf solche Veröffentlichungen, die die bioethische Debatte besonders geprägt haben bzw. die von Autorinnen oder Autoren stammen, die die bioethische Diskussion maßgeblich mitbestimmt haben. Unsere Darstellung ist daher notgedrungen von einem gewissen Maß an Willkür gekennzeichnet; wir hoffen dennoch, in diesem Kapitel zu einer mehr oder weniger plausiblen Rekonstruktion des Wandels in den theoretischen Auseinandersetzungen, den die bioethische Diskussion seit ihrer »Geburt« in den späten sechziger Jahren bis in die Gegenwart durchlaufen hat, zu gelangen.

2. Das »liberale Modell« und die Prinzipien biomedizinischer Ethik

2.1 Prinzipien biomedizinischer Ethik

Common morality

Bis weit in die neunziger Jahre war ein rekonstruktiver Ansatz von Bioethik von paradigmatischer Bedeutung für die bioethische Diskussion, der von allgemein verbreiteten Moralvorstellungen als Basis der ethischen Entscheidungsfindung ausging. Seine am vollständigsten ausgearbeitete Formulierung fand dieser Ansatz in den erstmals 1979 erschienenen *Principles of Biomedical Ethics* von Tom L. Beauchamp und James F. Childress. Ihr Buch, in dem sie, an die Theorie der *prima-facie*-Prinzipien von W.D. Ross und William K. Frankena anschließend, Prinzipien aufgriffen, die zuvor bereits im *Belmont Report* der *National Commission for the Protection of Human Subjects* herangezogen wurden, avancierte in den USA schnell zum Standardwerk.

Die beiden Autoren selbst gehen von unterschiedlichen theoretischen Ausgangspunkten aus – Beauchamp eher von utilitaristischen, Childress eher von deontologischen Prämissen. Ihr Ziel war es, basierend auf gesellschaftlich und traditionell anerkannten moralischen Vorstellungen und kompatibel mit verschiedenen theoretischen Ausgangspunkten eine Art *common morality* zu formulieren. Beauchamp und Childress ziehen dabei eine pluralistische, kohärentistische Theorie, die durch ein Geflecht von Normen, Werten und moralischen Intuitionen gekennzeichnet ist, einer Orientierung an einer monistischen Moraltheorie vor.[141]

Die Prinzipien biomedizinischer Ethik

Die Idee, mit Prinzipien zu arbeiten, geht auf den *Belmont Report* der *National Commission for the Protection of Human Subjects* zurück. In diesem Bericht waren die Prinzipien des *Respekts vor Personen*, des *Wohltuns* und der *Ge-*

---

141 Beauchamp/Childress 1994: 100, 106.

rechtigkeit als »basic ethical principles« herangezogen worden, mit deren Hilfe die schwierigen Probleme des Schutzes von Probandinnen und Probanden in der biomedizinischen Forschung diskutiert und bearbeitet werden konnten. Der Ausdruck »basic ethical principles«, wie es im Bericht heißt,

»refers to those general judgements that serve as a basic justification for the many particular ethical prescriptions and evaluations of human action. Three basic principles, among those generally accepted in our cultural tradition, are particuly relevant to the ethics of research involving human subjects: the principles of respect for persons, beneficence and justice.«[142]

Die moraltheoretische Diskussion über *prima-facie* Prinzipien geht auf den englischen Philosophen W.D. Ross zurück. Ross war der Auffassung, es gebe eine Reihe basaler und irreduzibler moralischer Prinzipien wie beispielsweise die Prinzipien der Treue, des Wohltuns oder der Gerechtigkeit. Beauchamp und Childress griffen diesen Ansatz sowie die Prinzipien der Wohltuns und der Nichtschädigung auf, die bereits von Ross herangezogen worden waren und die auch in der Hippokratischen Tradition verankert sind. Im Unterschied zu Ross schlug William Frankena 1963 zwei andere Prinzipien vor: das Prinzip des Wohltuns, das seiner Auffassung nach das Nichtschädigungsprinzip impliziert, und das Prinzip der Gerechtigkeit. Beide Prinzipien, dominante soziale Prinzipien in den sechziger Jahren in den USA, waren zugleich in den Institutionen und Praktiken des Gesundheitssystems, das im Wesentlichen in den zwanziger Jahren in den USA entstanden war, und in der langen Tradition der Medizin und der Medizinethik verankert.

Im Mittelpunkt der Überlegungen von Beauchamp und Childress stehen die folgenden vier Prinzipien: *beneficence*, das Prinzip der positiven Fürsorgepflicht; der *nonmaleficence*, das Prinzip der Schadensvermeidung, das es verbietet, anderen an Leib, Leben oder Eigentum Schaden zuzufügen; *autonomy*, das Prinzip der Selbstbestimmung und des Respekts vor der Autonomie einer Patientin oder einer Probandin und deren *informed consent*; und schließlich *justice*, das Prinzip der Gerechtigkeit. Diese Prinzipien werden von Beauchamp und Childress auf eine Vielzahl von konkreten Fragestellungen und Problemen angewendet. Sie sind nicht als ethische Axiome, sondern eher als »Leitbegriffe« des moralischen Diskurses auf mittlerer Ebene zu verstehen und haben den Charakter von prima-facie-Pflichten, die in Konfliktfällen konkretisiert und

---

142 National Commission for the Protection of Human Subjects of Biomedical and Behavioral Reserach 1978: 4.

gegeneinander abgewogen werden müssen. Welches Gewicht ihnen jeweils zukommt und welches Prinzip jeweils Vorrang genießen soll, wird von Beauchamp und Childress nicht erklärt; sie geben jedoch einige Kriterien für Abwägungen an.

Zu diesen vier Prinzipien kommen bei Beauchamp und Childress Prinzipien zweiter Ordnung wie beispielsweise die ärztliche Schweigepflicht und die Wahrung der Privatsphäre sowie verschiedene Tugenden des Berufsethos hinzu. Mit Hilfe derer sollen sich – so die Idee – Situationen, für die es noch keine habituell eingespielten ethischen Handlungsdispositionen gibt, in Form eines rationalen Diskurses beurteilen lassen. Alle für die gegebene Handlungssituation bestehenden Handlungsoptionen werden unter Beachtung der genannten Prinzipien und unter Berücksichtigung der Betroffenen herausgearbeitet und geprüft. Die ethische Entscheidung soll aus der Abwägung zwischen den konkurrierenden Handlungsoptionen hervorgehen – wobei vorausgesetzt wird, dass bei hinlänglicher und umfassender Prüfung unter Berücksichtigung aller Prinzipien ein einvernehmliches Resultat erzielt werden kann.

Prinzipien mittlerer Reichweite

Von »Prinzipien mittlerer Reichweite« zu sprechen hat dabei einen doppelten Sinn. Zum einen ist damit eine »mittlere Geltungsweite« gemeint, zum anderen weisen die Prinzipien eine »mittlere Begründungstiefe« auf.[143] Jedes der vier bei Beauchamp und Childress genannten Prinzipien hat in jeder Problemkonstellation prima-facie-Geltung. Man muss daher immer damit rechnen, dass die Geltung eines Prinzips durch ein anderes, gleichrangiges Prinzip eingeschränkt wird.[144] Aufgrund des Prinzipienpluralismus und des Verzichts auf eine Hierarchisierung der Prinzipien ist, mit anderen Worten, eine wechselseitige Beschränkung des jeweiligen Geltungsbereichs zu erwarten. Das führt einerseits dazu, dass sich komplexe Abwägungsprobleme, also die Frage, wel-

---

143 Vgl. zum folgenden: Ach et al. 2000.

144 Diese Einschränkung bedeutet allerdings, wie Beauchamp und Childress in Absetzung zu anderen prinzipienethischen Konzeptionen betonen, nicht, dass ein überstimmtes Prinzip gleichsam »verschwinden« würde. Es hinterlässt vielmehr, wie Beauchamp und Childress in Anlehnung an Nozick sagen, »moral traces« (Beauchamp/Childress 1989: 53).

ches Gewicht den Prinzipien jeweils zukommt bzw. welches Prinzip jeweils den Vorrang erhalten soll, nicht vermeiden lassen. In diesem Sinne sind Prinzipien mittlerer Reichweite immer interpretationsbedürftig. Andererseits besitzen sie, als in unserer Kultur und in verschiedenen Moralkonzeptionen gut verankerten Prinzipien, eine große Ausgangsplausibilität. Sie sind, mit anderen Worten, nicht nur interpretationsbedürftig, sondern – in Bezug auf eine Vielzahl von Moralkonzeptionen – auch interpretationsfähig.

Neben der »mittleren Geltungsweite« kommt diesen Prinzipien ein theoretischer Status zu, den man als »mittlere Begründungstiefe« bezeichnen kann. Anders als spezielle einzelfallbezogene Regeln sind die Prinzipien bei Beauchamp und Childress von allgemeinerer Art. Ihre Geltung bleibt nicht auf partikulare Situationen beschränkt. Sie genießen vielmehr den Status allgemeiner Normen, die als Grundlage für Begründungen herangezogen werden können und gleichsam allgemeinen Regelcharakter haben. Gleichzeitig sind die vier Prinzipien jedoch für eine Vielzahl, auch wechselseitig miteinander unvereinbarer, Begründungen offen. Sowohl das Autonomie-, als auch das Gerechtigkeits-, das Nichtschadens- und – mit Einschränkungen – das Benevolenzprinzip sind inhaltliche Prinzipien, die in den meisten bekannten Ethiksystemen eine mehr oder weniger zentrale Rolle spielen.[145] Im Einzelnen gibt es innerhalb dieser Ansätze zwar verschiedene Hierarchisierungs-, Ableitungs- und Begründungszusammenhänge zwischen den verschiedenen Prinzipien. Es ist jedoch ein vielfach beobachtetes Phänomen, dass sich gerade im Kontext angewandter Ethik die verschiedenen metaethischen Positionen bei der Behandlung konkreter ethischer Probleme kaum bemerkbar machen. Sie lassen sich grundsätzlich auf der Basis verschiedener metaethischer und ethischer Theorien einführen und begründen. Eine Verwendung dieser Prinzipien ist daher auch ohne eine vorgängige Klärung des Letztbegründungs- oder Fundierungsproblems theoretisch und praktisch möglich und sinnvoll. Der Ausdruck »mittlere Begründungstiefe« umschreibt also den Umstand, dass »Prinzipien mittlerer Reichweite« hinsichtlich der Ebene von Ethik-Theorien, also gewissermaßen »nach oben«, zwar weitgehend »unbegründet« bleiben oder jeden-

---

145 Auch Clouser und Gert, die zu den strengsten Kritikern des Ansatzes von Beauchamp und Childress gehören, erkennen an, dass mit diesen Prinzipien Aspekte angesprochen werden, die jede plausible Moralkonzeption berücksichtigen muss (Clouser/Gert 1990).

falls nur in einem schwachen Sinne als »begründet« gelten können, »nach unten«, im Blick auf konkretere Regeln eine Begründungsfunktion jedoch durchaus übernehmen können.

»Georgetown Mantra«

Das prinzipienethische Modell wurde von Ärztinnen und Ärzten und anderen im Gesundheitswesen Beschäftigten auf Grund seiner Praktikabilität im klinischen Alltag schnell akzeptiert und umgesetzt. Das Modell ist als *ethical workup* wichtiger Bestandteil der Urteilsbildung von zahlreichen Ethikkommissionen und Bestandteil der medizinischen Ausbildung.[146] Manche Bioethikerinnen und Bioethiker sprechen aus diesem Grund von den vier Prinzipien bei Beauchamp und Childress ebenso spöttisch wie anerkennend als dem »Georgetown Mantra«.

Dieser große Erfolg liegt unter anderem daran, dass der prinzipienethische Ansatz von Beauchamp und Childress – neben dem bereits angedeuteten Vorteil, interpretationsfähig zu sein –, weitere theoretische und praktische Vorzüge besitzt, die von seinen Befürworterinnen und Befürwortern hervorgehoben werden. Das gewählte Verfahren erlaubt es erstens, die verschiedenen in der Gesellschaft vorhandenen ethischen Positionen gleichberechtigt zuzulassen und trägt damit dem Faktum eines gesellschaftlichen Pluralismus Rechnung. Die Variabilität der Prinzipien ermöglicht es darüber hinaus zweitens, so nahe wie möglich an den konkreten Problemkonstellationen zu bleiben. Anders als deduktive Ansätze mit ihrer starren Ordnung von Prinzipien bzw. ihrer Reduktion auf nur ein Prinzip, erlaubt dieses methodische Vorgehen eine »kontextadäquate Flexibilität«.[147] Schließlich macht drittens der Verzicht auf grundlegende Begründungsfragen langwierige Theoriestreitigkeiten überflüssig. Dies erweist sich, da singuläre Wertungen oder Empfehlungen für spezifische Fälle und Probleme eher konsensfähig sind als abstrakte Prinzipien oder gar ganze Theorien, gerade in Kommissionen und in drängenden Entscheidungssituationen als pragmatischer Vorzug.

---

146 Pellegrino 1993: 1160; Honnefelder 1994b: 145f. Das Buch von Beauchamp und Childress wird beispielsweise auch den jährlichen Ausbildungskursen für Medizinerinnen und Mediziner des *Kennedy Institute of Ethics* zugrundegelegt.
147 Ach et al. 2000: 22ff.

Dass das Werk von Beauchamp und Childress über Jahre das Paradigma einer liberalen Bioethik abgeben konnte liegt, wie Winkler und zahlreiche andere Bioethikerinnen und Bioethiker deutlich gemacht haben, vor allem aber wohl daran, dass Beauchamp und Childress aufzeigen konnten, wie auch in einer säkularen und pluralistischen Gesellschaft eine auf Konsens zielende Bioethik betrieben werden kann:

»The theory provides the basic framework for a coherent perspective on virtually whole range of moral issues in medicine. General acceptance of this theoretical framework brought with it a sense of unification and definition for a disparate and adolescent field struggling to identify itself. And this unification of theoretical vision and moral vocabulary served to gain credibility and legitimacy for the field as a whole. But the ascendancy of this theoretical model has still deeper sources in an ideal of comprehensive moral understanding, and in its promise of overcoming the impasse of undecidability that was bedeviling the encounter between philosopher and physician at the clinic.«[148]

2.2 Kritik am *principlism*

Moral als »public system«

Kritikerinnen und Kritiker des *principlism* kritisierten schon bald dessen fehlende vereinheitlichende Theorie und die mangelnde Systematik der Prinzipien, die additiv nebeneinander stünden und keine Herleitung begründeter Handlungsanleitungen ermöglichten.[149] Brody glaubt am Beispiel des Autonomieprinzips zeigen zu können, dass die Prinzipien nur dann sinnvoll einsetzbar seien, wenn man ein gesichertes Verständnis vom Anwendungsbereich der Prinzipien, deren Implikationen und deren relativer Bedeutung in einzelnen Fällen habe.[150]

Auch Danner Clouser und Bernard Gert kritisieren am *principlism* dessen fehlende theoretische Einheitlichkeit und mangelnde Systematik. Die von Beauchamp und Childress genannten Prinzipien spielten bei diesen *de facto* lediglich die Rolle von Kapitelüberschriften, die eine Vielzahl unterschied-

---

148 Winkler 1993: 349.
149 Clouser/Gert 1990; Brody 1990.
150 Brody 1990: 165-169.

lichster Aspekte und Erwägungen »zusammenpferchen«. Die Prinzipien seien weder von einer Moraltheorie abgeleitet, noch seien sie handlungsleitend: »There is not even a glimmer of a usable guide to action.«[151]

Die fehlende vereinheitlichende Theorie und mangelnde Systematik führe dazu, dass die Prinzipien von Beauchamp und Childress – anders als Vorrangprinzipien in konsistenten Moraltheorien – häufig miteinander kollidierten. Im besten Fall funktionierten die Prinzipien als Checklisten zur Identifizierung von Problemen; sie seien aufgrund ihres willkürlichen, eklektizistischen und unsystematischen Umganges mit moralphilosophischen Theorien zur Lösung ethischer Probleme letztlich jedoch ungeeignet.[152] Da sie verschiedenste theoretische Begründungen implizierten, seien sie auch für die Beurteilung konkreter Fälle unbrauchbar. Man könne im besten Fall überlegen, inwiefern eines der Prinzipien bedeutsam für die Beurteilung eines konkreten Falls sei; eine Anleitungen zur Anwendung der Prinzipien werde von Beauchamp und Childress jedoch nicht gegeben. Ebenso blieben die normativen Implikationen der Prinzipien unreflektiert; die Anwenderin bzw. der Anwender könne sie nach Belieben interpretieren und so widersprüchliche Argumentationen vertreten; Konsistenz- und Adäquatheitsanforderungen würden damit ebenso aufgegeben wie der Anspruch eines kohärenten Zusammenhangs von moralischen Prinzipien, Pflichten und Werten. Das Modell vermittele ein falsches und kontraproduktives Bild von dem, was moralisches Überlegen und Argumentieren auszeichne. Es favorisiere ein Modell moralischen Überlegens, in dem Einsichten, Überzeugungen und Theorien einzeln oder in Kombination und ohne Reflexion ihres Zusammenhangs bzw. ihrer Prämissen so benutzt würden, wie es der Anwenderin bzw. dem Anwender gerade angemessen erscheine. Auf diese Weise verunmögliche es eine rationale Beurteilung konkreter Handlungsoptionen, die dem Anspruch allgemeiner Nachvollziehbarkeit gerecht werde.[153] Der rationale Gehalt und der Reflexionsanspruch moralischer Theorie würde auf diese Weise vernebelt, der Umgang mit moralischer Theorie der Beliebig-

---

151 Clouser/Gert 1990: 227.

152 Clouser/Gert 1990: 220; Gert, Culver/Clouser 1997: 77ff; die Autoren halten auch angesichts der überarbeiteten vierten Auflage des Buches an ihrer Kritik des *principlism* grundsätzlich fest.

153 Clouser/Gert 1990: 226-232; Clouser 1995: 222-226, 235; Gert et al. 1997: 86ff.

keit anheim gestellt.[154] Schlimmer noch aber sei, so Clouser und Gert weiter, dass die Anwendung der genannten Prinzipien die Entscheidenden zu einer Art Selbstbetrug verführe:

»There are two problems with an agent's being decieved about whether or not he has a principle that can be applied. One is that the principles are assumed to be firmly established and justified. A person feels secure in applying or in presuming to apply them. The other problem is that an agent will not be aware of the real grounds for his moral decision. If the principle is not a clear, direct imperative at all, but simply a collection of suggestions and observations, occasionally conflicting, then he will not know what is really guiding his action nor what facts to regard as relevant nor how to justify his action. The language of principlism suggests that he has applied a principle which is morally well established and hence *prima facie* correct. But a closer look at the situation shows that in fact he has looked at an weighed many diverse moral considerations, which are superficially interrelated and herded under a chapter heading named for the ›principle‹ in question.«[155]

Clouser, Gert und Culver fordern statt dessen eine biomedizinische Ethik, die auf einer einheitlichen, universalistischen Theorie basiert. Denn nur eine solche Theorie erlaube es, die Bestandteile eines moralischen Kodex zu systematisieren, moralischen Konsens sowie Dissens zu erläutern und den Handelnden klare Entscheidungshilfen an die Hand zu geben. Sie plädieren für die Bezugnahme auf eine einheitliche Theorie, auch wenn durch diese nicht alle moralischen Pflichten a priori bestimmt und alle Kontroversen ausgeschaltet werden könnten. Ausgehend von partikularen moralischen Urteilen, über die wir sicher sind, seien theoretische Prämissen zu rekonstruieren und Kriterien zu formulieren, mittels derer problematische Fälle beurteilt werden könnten. Diese Kriterien müssten sich aus einem kohärenten systematischen Zusammenhang ergeben, der eine systematische Anwendungsorientierung erst möglich mache. Komme man bei der Anwendungsreflexion zu unakzeptablen Schlüssen, müsse die Theorie reflektiert und gegebenenfalls revidiert werden – entscheidend komme es dabei darauf an, mittels eines klaren, kohärenten Entscheidungsverfahrens zu einer für prinzipiell alle Beteiligten nachvollziehbaren Schlussfolgerung zu gelangen. Clouser, Gert und Culver charakterisieren ihren Ansatz daher als »morality as a public system«.[156] Alle rationalen Personen gelten als

---

154 Clouser 1995: 224; Gert et al. 1997: 2.
155 Clouser/Gert 1990: 222f.
156 Gert et al. 1997: 5, 17ff.

Teilnehmerinnen und Teilnehmer am moralischen System, in dem sie für ihre Handlungen verantwortlich und damit *moral agents* sind – der Rekurs auf eine normativ-rekonstruktive Moraltheorie soll es ermöglichen, implizite und unbewusste normative Prämissen offenzulegen, zu erklären und der Reflexion und Rechtfertigung zugänglich zu machen. Die Rückbeziehung auf eine moralische Theorie soll also in erster Linie nicht einer geradlinigen und eindimensionalen Lösung aller moralischer Konflikte dienen, sondern der Reflexion der rationalen Geltung von Argumentationen und dem Versuch, allgemein nachvollziehbare Argumente zu formulieren bzw. die Gründe für nicht auflösbare Dissense deutlich zu machen.[157]

3. Zuspitzung des »liberalen Modells«: Konsens, Minimalisierung und Prozeduralisierung

3.1 Konsensorientierte Ansätze in der Bioethik

Eine Strategie, die am *principlism* geübte Kritik aufzugreifen und das Modell zu transformieren, bestand in der Behauptung des Vorrangs *eines* Prinzips von den vier grundlegenden Prinzipien bei Beauchamp und Childress. Von manchen wurde dabei ein Vorrang des Prinzips der *beneficence-in-trust* favorisiert; andere behaupteten den Vorrang des Prinzips der Nichtschädigung oder der Gerechtigkeit. Ausführliche Begründungen erfuhr das Plädoyer für den Vorrang des Autonomie-Prinzips, das als grundlegende philosophische wie medizinethische Kategorie weitgehend akzeptiert war und auch zur Grundlage bzw. zum normativen Bezugspunkt konsensorientierter Ethikmodelle wurde.[158]

---

157 Gert et al. 1997: 22f; Clouser 1995: 227ff. Beauchamp und Childress haben ihren Ansatz auf die Kritik von Clouser, Gert, Culver und anderen hin in der vierten Auflage ihres Buches kohärentistisch zu untermauern versucht. Vgl. dazu auch den entsprechenden Abschnitt in Kapitel III.
158 Bayertz 1999b.

Konsens als Schlüsselbegriff

Der Konsens- und Übereinstimmungsbegriff erhielt seine Schlüsselrolle in der angelsächsischen Philosophie vor allem durch den Kontraktualismus und in der deutschen Philosophie durch die Diskursethik. In der Moralphilosophie respektive der Bioethik gilt die Herstellung eines Konsenses zahlreichen Autorinnen und Autoren als die aussichtsreichste Strategie zur Lösung moralischer Kontroversen. Insbesondere im Bereich der »institutionalisierten« Bioethik spielt die Orientierung am Konsens eine herausragende Rolle, wenn es um die Entwicklung und Formulierung von Stellungnahmen, Empfehlungen für den Gesetzgeber oder Richtlinien für die medizinische Praxis geht. Aber auch im Bereich der »disziplinären« Bioethik sind die theoretischen Konzeptionen vom Interesse an Konsensmodellen mitgeprägt – die Orientierung an Kohärenzmodellen und an *shared maxims* oder *considered judgements* dienen als Basis einer Verständigung zwischen ansonsten ganz unterschiedlichen Ansätzen oder moralischen Überzeugungen.[159]

Konsens über Verfahren

Da es in modernen Gesellschaften eine Vielfalt von Lebensformen, Weltanschauungen und Vorstellungen von einem guten oder gelingenden Leben gebe, muss nach Auffassung einer Reihe von Bioethikerinnen und Bioethikern die Hoffnung auf Übereinstimmung über substanzielle Normen und Werte aufgegeben werden. Das Fehlen einer universellen Übereinstimmung schließe jedoch die Möglichkeit nicht aus, in bestimmten Bereichen zu partikularen Konsensen zu gelangen, in anderen Bereichen jedoch mit der Heterogenität pluraler Lebensentwürfe weiter zu leben. Unter den Bedingungen materialer Heterogenität sei im Wesentlichen aber nur ein Konsens in bezug auf die Verfahren des Umgangs mit der Vielfalt von Normen und Werten möglich; ein Konsens wird von vielen Bioethikerinnen und Bioethikern daher nur noch im Hinblick auf *prozedurale Fragen* als möglich und sinnvoll betrachtet. Die Stärke des auf das rationale Verfahren der Normfindung bezogenen Konsensprinzips wird darin

---

159 A.a.O.: 42.

gesehen, dass es die Anerkennung der Pluralität existierender Lebensformen und -entwürfe erlaubt, ohne einem moralischen Relativismus Tür und Tor zu öffnen. Die normative Dimension des fairen Entscheidungsverfahrens garantiert dabei zugleich die Offenheit der privaten evaluativen und moralischen Entscheidungen; der harte Kern der Moral bezieht sich damit nur noch auf die Verfahren der Entscheidungsfindung, während die Dimension des moralisch Guten im Bereich des Privaten verbleiben kann.

Konsens darf dabei nicht mit einer (zufälligen) »Übereinstimmung aller« verwechselt werden. Ein Konsens, der moralische Geltung beansprucht, muss vielmehr ein qualifizierter Konsens sein. Einen moralischen Wert kann man einem Konsens erst dann zusprechen, wenn er eine Reihe von Bedingungen erfüllt: »Er muss erstens von informierten Individuen, zweitens auf der Basis von Gründen und drittens zwanglos und frei eingegangen worden sein.«[160] Oder, anders ausgedrückt: Im Prozess subjektiver Verständigung wird nicht durch strategische oder täuschende Argumentation eine Zustimmung bewirkt, sondern die Kommunikationspartnerinnen und Kommunikationspartner streben eine auf gerechten Interessenausgleich zielende intersubjektive Verständigung an und werden durch die Rationalität begründeter Argumente von der Richtigkeit eines Satzes überzeugt.[161]

Die Aufgabe der Bioethik kann aus dieser Perspektive im Wesentlichen also nur darin bestehen, die Herstellung von Konsensen zu befördern und die rationale Geltung faktischer Konsense zu überprüfen.[162]

Kritik am Konsensmodell

Zwar wird die Bedeutung des Konsensmodells von den meisten Bioethikerinnen und Bioethikern anerkannt; dennoch wird von verschiedenen Seiten auch Kritik daran geübt. Zum einen wird auf die Probleme bei der praktischen Umsetzung von Konsensverfahren für bioethische Entscheidungsprozesse – besonders auf die Ausgrenzung nicht-zustimmungsfähiger Lebewesen – hingewiesen.[163] Zum

---

160 A.a.O.: 43.
161 Bayertz 1996: 25; Moreno 1996: 179ff.
162 A.a.O.: 28; Engelhardt 1996: 52.
163 A.a.O.: 77; Leist 1994: 16.

anderen wird darauf hingewiesen, dass dieser Ansatz einer prozeduralen Ethik selbst nicht moralisch neutral sei. Die Prämissen des Konsensbegriffes – das Prinzip der Autonomie sowie die Präsuppositionen der auf Verständigung ausgerichteten Kommunikation – seien alles andere als nur prozedural und damit moralisch neutral. Diese Art der moralischen Sprache sei vielmehr nur eine unter mehreren möglichen moralischen Sprachen; sie könne nicht als universell gültig vorausgesetzt werden.[164] Weiterhin wird darauf verwiesen, dass zur Findung von Konsensen über inhaltliche Fragen in der Bioethik der Verweis auf den formalen Anspruch der Verständigungsorientiertheit des Verfahrens nicht ausreiche. Entscheidend seien statt dessen mittlere Prinzipien, mit Hilfe derer konkrete inhaltliche Maßstäbe einvernehmlich festgehalten werden könnten. Zudem seien für die Durchführung von Konsensverfahren und konsensorientierten Prozessen der Güterabwägung konkretere Kriterien erforderlich.[165]

3.2 Minimalisierung und Prozeduralisierung

Eine Zuspitzung erfuhr das »liberale Modell« durch solche bioethischen Ansätze, die – ausgehend von einem moderne Gesellschaften kennzeichnenden Pluralismus und unter Verzicht auf fundierende Moralkonzeptionen – für eine Minimalisierung und Prozeduralisierung der Bioethik eintreten. Zu diesen Ansätzen gehört beispielsweise auch die Bioethik-Konzeption von H. Tristram Engelhardt Jr., die dieser am umfassendsten in seinem Buch *The Foundations of Bioethics*[166] entwickelt hat.

Bioethik in der pluralistischen Gesellschaft

Dieser Ansatz versteht sich als rekonstruktiver Ansatz, der die Alltagssituation postmoderner, pluralistischer Gesellschaften analysiert, philosophisch ernst nimmt und aufgreift.[167] Engelhardt zufolge befinden wir uns in einer Situation

---

164 Ten Have 1996: 93-96; ebenso Bayertz 1996: 72ff; Kuhse 1996: 99.
165 Honnefelder 1996:: 84; Gert et al. 1997: 23.
166 Engelhardt 1986.
167 Engelhardt 1996: 275f; 1996b: 5,13.

des »moralischen Stresses«.[168] In pluralistischen Gesellschaften begegnen sich die Menschen nicht als moralische Freunde, die gemeinsame Wertüberzeugungen teilen, sondern als »moral strangers«.[169] Gemeinsame inhaltliche Wertüberzeugungen sind, wie Engelhardt glaubt, entgegen der Universalisierungshoffnung der Aufklärung, nur innerhalb moralischer Gemeinschaften vorfindbar; denn dazu bedürfe es gemeinsam geteilter Bindungen, Weltanschauungen und Grundvorstellungen vom Guten und Gesollten sowie gemeinsam geteilter Maßstäbe und Vorstellungen von dem, was angemessene Abwägungen und Autoritäten sind.[170] Ebenso sei eine Begründung moralischer Normen nur im Rahmen einer Gemeinschaftsethik möglich. Zwischen moralisch Fremden sei jedoch weder das eine noch das andere zu erwarten. Ein Hintergrund an gemeinsam geteilten Zielen oder Werten sei aus säkularer Perspektive und durch bloße Vernunft nicht mehr herzustellen. Aufgabe der angewandten Ethik, respektive Bioethik, könne daher nur die Begründung einer Residualposition sein; einer Residualposition, die übrig bleibe, wenn weitergehende allgemeinverbindliche Begründungsansprüche unmöglich geworden sind. Engelhardt versteht sich dabei

»als jemand, der den tatsächlichen Kontext unserer Gesellschaft akzeptiert hat, dass wir nicht eine moralische Gemeinde mit allgemeinen metaphysischen oder moralischen Fundamentalprämissen sind. In dieser Hinsicht ist die Gesellschaft postmodern. Es gibt nicht nur die Vielfalt von möglichen Narrationen und Verständnissen; es gibt auch keine begründete Möglichkeit, diese Vielfalt zu beseitigen. (...) Das ist für viele Leute eine sehr schreckenerregende Tatsache. Sie hätten es lieber, wenn wir eine moral community für uns finden würden. Wie Sie wissen gibt es weder in Deutschland, noch in den Vereinigten Staaten oder einer anderen Demokratie eine Antwort darauf.«[171]

Engelhardt setzt allerdings dennoch voraus, dass es – trotz eines unaufhebbaren religiösen, kulturellen und moralischen Pluralismus – einen minimalen Rest an gemeinsamen Übereinstimmungen gibt. Die einzige konsensfähige Basis zwischen »moralisch Fremden« sei die Anerkennung des Erlaubnisprinzips (*principle of permission*): »By default, authority is derived not from reason, nor from God, nor from a will to power (i.e., force), but from the bare will to have the one authority moral strangers can share: permission«.[172]

---

168 Leist 1994.
169 Engelhardt 1996b: viii, 9.
170 A.a.O.: 32-65, 74ff.
171 H. Tristram Engelhardt im Gespräch mit der Autorin und dem Autor.
172 Engelhardt 1996b: 71, 69.

Engelhardt weist allerdings darauf hin, dass »minimale« Ethik hier in einem spezifischen Sinn zu verstehen ist. Seiner Auffassung nach macht es keinen Sinn, nach einem *core set* gemeinsam geteilter moralischer Überzeugungen zu suchen, die gleichsam weltanschauungs-transzendierend von allen am Diskurs Beteiligten akzeptiert würden. Seinem Verständnis nach geht es nicht um eine Minimalethik, die jenes Minimum an moralischen Überzeugungen zu formulieren versucht, das von Menschen akzeptiert werden kann, die aus unterschiedlichen Weltanschauungen, Religionen oder Traditionen stammen. Engelhardt beschreibt seine Idee als einen »Leitfaden aufklärerischer Hoffnung«. Er schlägt ein *prozedurales Verfahren* vor, wie Kontroversen für alle, die daran teilnehmen, zu einer akzeptablen Lösung gelangen.

Solch eine Strategie ist dadurch verfügbar, dass man erkennt, was es heißt, moralische Kontroversen vor allem ohne Rekurs auf Gewalt zu lösen. Wenn man daran interessiert ist,

»moralische Kontroversen ohne Rekurs darauf zu lösen, was unter allgemeinen säkularen Gesichtspunkten als eine Berufung auf Gewalt erscheint, und wenn Gott mit Rücksicht auf den Disput schweigt und wenn die Vernunft eine konkrete Moralität nicht entdecken kann, dann gibt es immer noch die Möglichkeit, auf der Grundlage wechselseitigen Respekts und wechselseitiger Übereinstimmung, eine allgemeine säkulare moralische Sprache aufrechtzuerhalten und mit allgemeiner säkularer moralischer Autorität zu handeln. Moralische Autorität ist unter diesem Umstand aus der allgemeinen Praxis, Streitfragen durch gegenseitiges Einvernehmen zu lösen, oder aus besonderen Übereinkünften abgeleitet. (...) Da die Praxis, auf säkulare Art Streitfragen friedlich zu lösen, keine religiöse oder transzendentale Rechtfertigung beansprucht, wird man nicht imstande sein, unter allgemeinen säkularen Gesichtspunkten und *sub specie aeternitatis* zu sagen, daß es gut sei, Streitfragen friedlich zu lösen. Die Praxis der säkularen Ethik ist einfach eine Praxis, die man aus vielen Gründen anfangen mag, von denen aber keiner einer allgemeinen, säkularen, philosophischen Rechtfertigung zugänglich ist.«[173]

Zwar begegnen sich die Menschen in modernen Gesellschaften als *moral strangers*, die sowohl über die Inhalte als auch über die Verfahren zur Normfindung uneinig sind, dennoch ist eine säkulare Ethik möglich. Die dafür notwendige

---

173 A.a.O.: 53f. In Auseinandersetzung mit Engelhardt hat Bayertz die Auffassung vertreten, dass sich ein prozeduraler moralischer Universalismus immer mehr dem Recht annähere und moralische Universalität nur durch den Verlust an Identität erkauft werden könne. So bedeute die prozedurale Ethik durch ihre mangelnde Normativität letztlich einen Verzicht auf Moral (Bayertz 1996: 74).

minimale Übereinstimmung besteht im Wunsch nach Selbstbestimmung, Privatheit und dem Wunsch nach einem angenehmen und guten Leben – auf beiden Wünschen gründet letztlich für Engelhardt die Möglichkeit zu einer im Interesse aller liegenden Entscheidung, zusammenzuarbeiten und Fairness-Bedingungen anzuerkennen.[174] Gemeinsame Basis für *moral strangers* und damit für eine säkulare Ethik ist die Anerkennung des Erlaubnisprinzips und eines weitestgehend inhaltsarmen Benevolenzprinzips. Das Erlaubnisprinzip begründet die Notwendigkeit prozeduraler Verfahren zur Generierung moralischer Inhalte, für deren Legitimation die Zustimmung zentrales Kriterium ist; das Benevolenzprinzip ermöglicht die inhaltliche Gestaltung der moralischen Praxis. Eine konkrete Ausgestaltung dessen, was als gut oder wohltuend angesehen werden kann, ist indessen nur innerhalb partikularer moralischer Gemeinschaften möglich.[175] Übrig bleibe angesichts des schmalen Bodens der säkularen Vernunft nur die Begründung eines prozeduralen Verfahrens für den Umgang von *moral strangers* untereinander; das volle moralische Leben könne sich dagegen nur innerhalb spezifischer moralischer Gemeinschaften entfalten.

Eine Verbindung dieser Form einer säkularen Ethik mit dem Prinzip der Autonomie scheint Engelhardt durchaus möglich. Der Begriff der Autonomie, den Engelhardt 1986 noch als inhaltliches Prinzip der Selbstbestimmung verstanden hatte, wird 1996 von ihm reinterpretiert: Autonomie, verstanden als wechselseitiger Respekt zwischen Personen, könne nur noch den Respekt vor dem Erlaubnisprinzip als prozeduraler Bedingung jeder moralischen Kooperation unter moralischen Pluralisten bedeuten: »Because secular morality cannot provide a canonical vision of the good or a canonical content-full account of proper action, the principle of permission is the cardinal source of moral authority.«[176] Autonomie wird nicht als Wert, sondern als Erlaubnis- oder Zustimmungsprinzip gedacht. Das Recht auf Privatheit (*right to privacy*) wird zum Schlüsselbegriff der säkularen Ethik Engelhardts.

Da der moralische Minimalkodex allenfalls permissiv sei und vieles zulasse, was aus spezifischen partikularen Perspektiven als verwerflich gelte, sind Wertkonflikte nach Auffassung Engelhardts vorprogrammiert. Das Gebot der Toleranz als notwendige Implikation des säkularen Minimalkodexes könne vor

---

174 A.a.O.: 71.
175 A.a.O.: 108ff.
176 A.a.O.: 288.

Gewalt und Übergriff schützen, nicht aber vor moralischer Kritik und auch Verachtung derer, die zu anderen moralischen Urteilen kommen. In einer Gesellschaft mit großem Freiraum für private Entscheidungen und friedlichen Strukturen sollte man aber durchaus »die Freiheit haben, nach eigenem Gutdünken zur Hölle zu fahren und diejenigen zu verdammen, die auf dem Wege dorthin zu sein scheinen.«[177] Konkrete Praktiken, die gegen die moralischen Überzeugungen von Gesellschaftsmitgliedern verstießen, müssen dieser Position zufolge zwar zugelassen werden, dürfen aber gleichwohl moralisch gebrandmarkt werden. Ziel einer säkularen Ethik ist die Aushandlung von Praktiken und deren friedfertige Duldung durch Minderheiten. Das Beste, worauf man hoffen könne, sei die Verpflichtung auf ein Gefüge des formalen Aushandelns, das eine robuste Grenze zwischen privatem und öffentlichem Leben und Ressourcen anerkenne.[178]

Aufgaben und Rolle der Bioethik

Nach Auffassung Engelhardts können in einer Gesellschaft von *moral strangers* nur noch eine Übereinstimmung über die Verfahren zur Lösung moralischer Kontroversen als gemeinsam geteilte Überzeugungen vorausgesetzt werden.[179] Entsprechend stelle eine säkulare Bioethik auch nur »the sparse language of peaceable communication with moral strangers« zur Verfügung.

»It provides that fabric of discourse that can be shared, even with those with whom one profoundly disagrees. It is the language that can be spoken in the ruins of the Enlightenments' failure and in the face of the tragedy of fragmented moral commitment.«[180]

Da die minimale Vernunftethik auf dem Erlaubnisprinzip und dem sich daraus ergebenden Prinzip des wechselseitigen Respekts basiere, so Engelhardt weiter, sei sie zwingend personenzentriert; wesentliche Aussagen über den mora-

---

177 A.a.O.: 58.
178 A.a.O.: 277.
179 A.a.O.: 270-277; 1989. Dagegen plädiert Jennings (1989) für einen öffentlichen bioethischen Diskurs über das Gute und die Vorstellungen einer das Gute fördernden Gesellschaft, denn der ethische Pluralismus schließe weder eine ethische Fragmentierung ein noch verunmögliche er Diskurse über grundlegende materiale ethische Fragen.
180 A.a.O.: 422.

lischen Status von Entitäten, die keine Personenfähigkeiten besitzen, könne sie jedoch nicht rechtfertigen.[181] Ebenso könne die Ethik keine gehaltvollen normativen Konzeptualisierungen der Begriffe Gesundheit und Krankheit vorschlagen, die als soziale Konstruktionen spezifischer *communities* nicht universalisierbar seien. Sie könne auf Basis des Erlaubnisprinzips nur dafür argumentieren, möglichst viel Raum für die verschiedensten Konzepte und Visionen der Gesundheitsfürsorge und der Strukturen der Gesundheitssysteme zu schaffen.[182] Begründen könne sie nur das Recht des Patienten auf Selbstbestimmung; die Rolle der Ärztin bzw. des Arztes müsse sie als die Rolle eines »moralischen Geographen« bestimmen, der die Rechte der Patienten und diese einschränkende Bedingungen erläutern könne und den Patienten das Spektrum moralischer Optionen aufzeigen könne.[183] Auf Basis dieser Ethik könne auch ein spezifisches staatliches Gesundheitswesen mit einem einheitlichen Katalog für Aufgaben und Leistungen nicht begründet werden,[184] und die Struktur des Gesundheitswesens könne nur zum Gegenstand wechselseitiger Verhandlungen gemacht werden. Aufgabe der Bioethik sei die Analyse und Kritik der Verfahren und der Voraussetzungen gesundheitspolitischer Entscheidungen sowie die Entwicklung einer neutralen, analytischen und kritischen Diskurssprache; der bioethische Diskurs liefere sozusagen die ›Software‹ für politische Entscheidungen.[185] Bioethik könne nur noch als Basis und Medium derjenigen moralischen Verhandlungen verstanden werden, die die Voraussetzung der politischen Meinungsbildung, der Entscheidung und der Durchsetzung von Entscheidungen seien.

3.3 Kritik an minimalen und pragmatischen Konzepten

Spätestens seit Beginn der neunziger Jahre lässt sich ein verstärktes Interesse an einer pragmatisch orientierten Bioethik beobachten.[186] Angesichts der starken pragmatischen Orientierung der Bioethik, die in der Bezugnahme auf eine

---

181 A.a.O.: Kapitel 4.
182 A.a.O.: Kapitel 5.
183 A.a.O.: 81ff; 291ff.
184 A.a.O.: 375ff.
185 Engelhardt 1986.
186 Siehe z.B. Wolf 1994: 398; Hoffmaster 1992.

»principle-based common-sense theory«[187] ebenso zum Ausdruck kommen wie in den verschiedenen Versuchen einer konsensorientierten Bioethik bzw. einer Minimalisierung und Proceduralisierung der Bioethik wird jedoch kritisiert, dass Grundsatzreflexionen in der Bioethik der USA und anderen angelsächsischen Ländern mehr und mehr aufgegeben werden und die Diskussionen sich zunehmend auf technische und organisatorische Fragen zu reduzieren scheinen. Selbst grundsätzliche Gesichtspunkte in bezug beispielsweise auf die Eingriffstiefen neuer Techniken provozieren, so wird angemerkt, kaum noch Grundsatzdebatten; der in ihren Anfängen noch vorhandene kritische Charakter der Bioethik drohe zu verschwinden. Bioethik werde auf eine Diskussion von Verfahrensfragen reduziert.

In einem sehr kritischen und provokativen Aufsatz hat beispielsweise Daniel Callahan die Situation der Bioethik in den neunziger Jahren folgendermaßen beschrieben: Er behauptet, die Disziplin und ihre Vertreterinnen hätten es gelernt, aus der Bioethik als kritischer und reflexiver Disziplin ein Handlangerin der wissenschaftlichen Forschung zu machen. Die Disziplin sei zu einer Service-Disziplin und zu einer Akzeptanzbeschafferin geworden, die affirmativ der wissenschaftlich-technischen Entwicklung das Imprimatur ethischer Expertise verleihe und im Grunde alles legitimiere, was gewünscht sei. Die Bioethik, die, anders als in ihren Anfängen, Grundsatzreflexion und ablehnende Positionen aufgeben bzw. ausgrenzen würde, sei zu einem wichtigen Teil des biomedizinischen Establishments geworden. Die Bioethiker seien zu Insidern geworden, ohne diese Entwicklung reflektiert zu haben: »We became insiders by default, without ever resolving in any full way the question of whether those who pursue bioethics should be insiders or outsiders.«[188] Callahan plädiert statt dessen dafür, dass die Bioethik als die Disziplin, die wissenschaftlich-technischen Fortschritt reflektieren will, alle, auch die besonders kontroversen Positionen, in aufbrechenden Debatten respektieren und eine faire, sachliche und öffentliche Debatte darüber fördern müsse, welche Prioritäten die Gesellschaft setzen möchte.[189]

Auch wird die Gefahr einer »Simplifizierung« der klinischen Ethik gesehen. Sie degeneriere zu einer Art von »Rezeptbuch-Ethik« für typische Pro-

---

187 Sass 1978a; 1993.
188 Callahan 1996: 3; gegen diese Einschätzung argumentieren Jonsen 1996 und Fox 1996.
189 A.a.O.: 4.

blemfälle und -situationen. Tatsächlich haben amerikanische Bioethiker bei-
spielsweise ein Ethiktaschenbuch »für alle Fälle« entwickelt. Eigenständiges
Denken, persönliche Reflexion und Kommunikation mit den Beteiligten würden nicht ausreichend gefördert.[190] Gleichzeitig bestünde die Gefahr einer »Em-
pirisierung« der Ethik, im Zuge derer die empirisch ermittelte Häufigkeit von
Wertbildern oder Normen Aufschluss über die Sinnhaftigkeit einer ethischen
Entscheidung geben soll, die dann selbst wiederum empirisch getestet wird.
Die Bioethik zeichne sich zunehmend durch eine Orientierung an Ist-Zustän-
den und eine Preisgabe der normativen Perspektive aus.

4. Abschied vom liberalen Paradigma?

Kritik am »liberalen Modell« der Bioethik

Als Alternative zum »liberal model« und dem *principlism*-Ansatz werden seit
Beginn der neunziger Jahre eine Vielzahl konkurrierender Modelle und Ansätze in der Bioethik diskutiert. Bislang ist es zwar keinem dieser Ansätze gelungen, den *principlism* als neues Paradigma abzulösen, sie spielen in der gegenwärtigen bioethischen Diskussion jedoch eine mehr oder minder große Rolle.
Zu diesen Ansätzen gehören neben – den bereits angesprochenen – Versuchen,
das »liberale Modell« zu reformulieren und zu ergänzen, vor allem neo-tu-
gendethische, feministische, kommunitaristische, narrative und interpretative,
hermeneutische und phänomenologische, naturethische und eine Reihe weiterer Ansätze.[191] Trotz großer Unterschiede im Detail nicht nur im Hinblick auf
ihre Inhalte, sondern auch hinsichtlich ihrer methodischen Präferenzen, verbindet diese Neuansätze *cum grano salis* eine Reihe von Einwänden gegen den
principlism und das »liberale« Bioethikmodell.
　Gegen die »liberale« Bioethik werden insbesondere vier Einwände erhoben.
Kritisiert wird (a) die einseitige Orientierung an abstrakten Prinzipien, (b) ihr

---

190　Vollmann 1995: 186.
191　Eine knappe Übersicht bietet die Einleitung von Grodin (1995) zu dem von ihm herausgege-
　　benen Band.

abstrakter Intellektualismus, (c) ihr liberales Konzept des autonomen Individuums und (d) ihre Vernachlässigung der affektiven und emotiven Dimension moralischen Urteilens und Handelns.[192]

(a) Zahlreiche Bioethikerinnen und Bioethiker kritisieren an der herkömmlichen Bioethik deren einseitige Orientierung an *abstrakten Prinzipien*.[193] Diese mache nicht nur geschlechtsspezifische Erfahrungen (die *gender*-Perspektive) unsichtbar, sondern werde ganz allgemein der jeweiligen Besonderheit und Vielfalt komplexer Situationen und Problemkonstellationen nicht gerecht. Moralische Problem könnten auf diese Weise nicht adäquat erfasst und Perspektiven für echte Problemlösungen nicht entwickelt werden. Die Ausrichtung an abstrakten Regeln und Prinzipien unterbewerte – geleitet vom Anspruch auf Universalität und Unparteilichkeit – die Bedeutung partikularer Erfahrungen und Standpunkte, konkreter Kontexte und sozialer Beziehungen für das moralische Leben ebenso wie die Bedeutung moralischer Sensitivität und Empathie als wesentlicher Dimensionen moralischer Urteile.[194] Zudem würden die – vermeintlich unparteilich und universalistisch argumentierenden – Vertreterinnen und Vertreter prinzipienethischer Ansätze übersehen, dass auch sie selbst immer durch konkrete Kontexte und subjektive Erfahrungen geprägt seien; und dass auch ihr eigener Standpunkt daher immer ein subjektiver Standpunkt sei. Es sei für die Lösung konkreter Probleme insofern auch alles andere als förderlich, wenn Bioethikerinnen oder Bioethiker sich, wie es in der traditionellen Bioethik häufig geschehe, aus einer illusionären abstrakten und universalistischen Perspektive heraus in betroffene Andere »hineinzuversetzen« und auf dieser Basis zu Entscheidungen zu gelangen versuchten. Statt dessen

---

192 Die folgenden Einwände gegen das »liberale Modell« gehen auf Überlegungen von Wolf 1996 zurück. Aus unserer Sicht stellen sie Einwände dar, die jedoch nicht nur von feministischen Bioethikerinnen erhoben werden, sondern auch von anderen Kritikerinnen und Kritikern des »liberalen Modells«.

193 Sherwin 1992: 77.

194 Carse 1991: 10-13; Wolf 1996: 14f; siehe auch Kuhse 1995, die jedoch auf die Bedeutung einer prinzipiell ansetzenden moralischen Reflexion hinweist. Mit Bezug auf Beauchamp und Childress wird der prinzipienethische Ansatz in der Bioethik beispielsweise von Cook 1994 analysiert. Sie hält die vier von Beauchamp und Childress favorisierten Prinzipen für an eine feministisch-bioethische Diskussion anschlussfähig, wenn sie um die Perspektive der Standpunkte und Erfahrungen konkreter Anderer erweitert werden.

müssten die Erfahrungen und Auffassung *aller* Betroffenen in *realen* Diskursen zur Sprache gebracht und berücksichtigt werden. Nur auf diese Weise lasse sich ein wirklich unparteiliches Urteil erreichen.

(b) Ein zweiter Einwand gegen die herkömmliche Bioethik richtet sich gegen deren *abstrakten Intellektualismus*. Arthur Caplan hat in diesem Zusammenhang vom »engineering model« angewandter Ethik gesprochen, das für deren eingeschränkten Nutzen und ihren mangelnden Erfolg insbesondere in klinischen Kontexten mit verantwortlich sei. Dieses Modell unterstelle, so Caplan,

»that (1) there is a body of knowledge concerning ethics that persons can be more or less knowledgeable about; (2) this knowledge becomes ›applied‹ in medical settings by: (a) deducing conclusions from theories in light of relevant empirical facts and descriptions of circumstances and (b) analyzing properly the process of the deduction (i.e., looking for logical fallacies, ambiguities in the meaning of key terms, improper classifications of entities, misdescriptions, etc.); and (3) the process of applying ethical knowledge to moral problems in medicine can and must be carried out in an impartial, disinterested, value-free manner.«[195]

Aus ähnlichen Gründen wirbt auch Rosemarie Tong – eine Unterscheidung von Margaret Urban Walker aufnehmend – für das Modell einer »expressive-collaborative theory« gegenüber dem vorherrschenden Modell einer »theoretical-juridical theory«. Walker versteht unter »theoretical-juridical theory« ein abstraktes, intellektuelles Unternehmen, das sich, orientiert am Ideal der empirischen Wissenschaften, auf theoretisch-systematische, konsistente und neutrale handlungsleitende Kategorien bezieht. Urteile ergeben sich diesem Konzept zufolge aus einer Kette von Axiomen, logischen Kategorien, Propositionen und Schlüssen. Eine »expressive-collaborative theory« begreift Theorien demgegenüber als ein sozial verankertes Medium, das einem umfassenden, wechselseitigen Verstehen und Urteilen von Personen verpflichtet ist, die mit Begriffen sprechen, mit denen sie ihre Identitäten, Beziehungen und Werte zum Ausdruck bringen. Das Verstehen anderer setze ein geteiltes Vokabular, geteilte Erfahrungen, geteilte Intuitionen und Einfühlungsvermögen voraus. Urteile erwachsen dieser Perspektive zufolge aus einem Netz oder Gewebe von konkreten, erfahrungsbezogenen Überlegungen und Erwägungen; zum Verständnis anderer ist neben kognitiver Kompetenz daher vor allem hermeneutische Sensibilität erforderlich. Ein solches Verständnis von Theorie erfordere jedoch,

---

195 Caplan 1983: 314.

wie Tong meint, »much more than the abstract, analytic skills of traditional moral theorizing. It requires a highly developed set of emotional skills and exceptional powers of communication.«[196]

(c) Andere Bioethikerinnen und Bioethiker kritisieren das in der herkömmlichen Bioethik-Diskussion zentrale *Konzept des autonomen Individuums* und die die liberale Gesellschaft charakterisierende »Kultur der Autonomie«.[197] Übersehen werde hier, dass Individuen sich durch das Leben in Beziehungen und Gruppen konstituieren. Ein adäquates Design moralischer Theorien und Urteile müsse, anders als dies in der bioethischen Diskussion bislang geschehen sei, berücksichtigen, dass Menschen nicht als isolierte einzelne Wesen, sondern als Wesen in einem Netz von Beziehungen aufwachsen und existieren. Die Idee der Autonomie von Individuen dürfe zwar nicht verabschiedet, müsse aber neu überdacht werden. Erforderlich sei insbesondere eine Neufassung des Autonomiebegriffs, der Intersubjektivität als konstituierende Bedingung von Autonomie berücksichtige. Im Hinblick auf die feministische Diskussion meint beispielsweise Farley, dass

»there is general agreement that autonomy as the central feature of the human personality is not without its theoretical and practical limitations. And whatever the variety of emphases, there is some common concern to include relationality (with varying conceptual content) in a feminist approach to ethical concerns. What is at stake here is a view of women, but also of men, in which the capacity for relationship is as significant for human persons as the capacity for self-determination. Not only can humans make choices, they can know and be known, love and be loved, participate in community in a way that is part of their very identity.«[198]

Angemessene moralische Urteile setzen nach Ansicht zahlreicher Bioethikerinnen und Bioethiker eine kontextorientierte und sensible Wahrnehmung konkreter Anderer und eine Berücksichtigung der Dynamik spezifischer Beziehungen voraus. Dies gelte gerade für einen Bereich wie die Bioethik, in der die Beziehungen zwischen Menschen (z.B. Ärztinnen bzw. Ärzten und Patientinnen bzw. Patienten) nur ausnahmsweise als Beziehungen zwischen gleichen, vereinzelt lebenden autonomen Individuen beschrieben werden könnten. Oft handle es sich statt dessen um Beziehungen zwischen Starken und Schwachen.

---

196 Tong 1996: 86.
197 Jennings 1998; 2000.
198 Farley 1995: 141. Vgl. zum Beispiel auch Carse 1991; Benhabib 1992; Sherwin 1996: 52.

Eine angemessene Bioethik müsse daher ein Engagement für Beziehungen jeder Art, insbesondere für asymmetrische Beziehungen, begründen können. Weder theoretische Konzepte, die von Individuen als isolierten Monaden ausgingen, noch solche, die einen Paternalismus favorisierten, seien hierzu in der Lage.

(d) Schließlich kritisieren eine Reihe von Autorinnen die herkömmliche Bioethik wegen deren Vernachlässigung der *affektiven und emotiven Dimension moralischen Urteilens und Handelns*. Es sei nicht allein bedeutsam *was* jemand tut, sondern auch *wie* jemand etwas tut; und dies sei wiederum gerade in einem Bereich wie der Bioethik wichtig, die es mit dem Urteilen und Handeln von Pflegenden und Ärztinnen bzw. Ärzten zu tun habe und den Umgang mit verletzlichen Wesen betreffe.[199] Moralische Gefühle seien, wie manche Bioethikerinnen und Bioethiker meinen, nachgerade als ein Leitfaden der Ethik zu verstehen. An den klassischen Theorien, die sich zum Beispiel an Kant, den Vertragstheorien oder dem Utilitarismus orientieren, wird kritisiert, dass diese reduktionistisch seien. Statt dessen müssten Kategorien wie Fürsorge, Liebe, Vertrauen oder Freundlichkeit wieder als wesentliche Bestandteile der Moral anerkannt werden. Nur auf diese Weise sei ein angemesseneres Verständnis wichtiger Elemente der Moralität möglich und könnten auch basale moralische Intuitionen und moralische »Vor-Urteile« in den Prozess des moralischen Überlegens mit einbezogen werden.[200]

Gründe für den Paradigmenwechsel in der Bioethik

Führende Bioethikerinnen und Bioethiker sprechen daher von einem »Paradigmenwechsel«, den die Bioethik Anfang der neunziger Jahre vollzogen habe.[201] Für diesen Wechsel werden vor allem die folgenden vier Gründe verantwortlich gemacht:

---

199 Carse 1991: 13-15; siehe auch Kuhse 1995: 212.
200 Vgl. zum Beispiel Baier 1994; Carse 1991: 18ff.
201 Van der Burg 1997.

78

Erstens haben verschiedene *empirische Studien* gezeigt, dass die Reichweite und Problemlösungskapazität liberaler Bioethikkonzeptionen in der medizinischen und vor allem auch klinischen Praxis beschränkt seien. Am *principlism* beispielsweise wird kritisiert, dass er den Erfordernissen des medizinischen Alltags nicht gerecht werde. Erforderlich seien zum Beispiel eine stärkere Berücksichtigung der praktischen Probleme des klinischen Alltags, mehr Nähe zu den Bedürfnissen konkreter Patientinnen und Patienten und die Einbeziehung der Differenzen zwischen den verschiedenen Individuen und Gruppen in den diagnostischen Prozess.[202]

Zweitens hat auch die Beobachtung, dass viele Menschen ihre eigene Entscheidungsfähigkeit gar nicht in Anspruch nehmen wollen, dazu beigetragen, die Grenzen des Selbstbestimmungsprinzips und des Prinzips des *informed consent* neu zu überdenken. So wird beispielsweise im Zusammenhang der öffentlichen Auseinandersetzung über die aktive Sterbehilfe und die Berücksichtigung von Patientenverfügungen (*Advanced Directives*) seit Beginn der neunziger Jahre auch in den USA verstärkt über die Reichweite und die Grenzen des Selbstbestimmungsrechtes diskutiert. Kritisiert wird in diesem Zusammenhang vor allem, dass die einseitige Betonung des Autonomieprinzips und der individualistische Grundzug der Bioethik eine Vernachlässigung des sozialen Kontextes zur Folge hätten.

Drittens können aus Sicht einer Reihe von Bioethikerinnen und Bioethikern auch neuere Entwicklungen in der allgemeinen philosophischen Diskussion verantwortlich gemacht werden. Die Kritik am herrschenden Paradigma kommt dabei beispielsweise von der ethnisch orientierten oder der feministischen Bioethikbewegung. Daneben spielt auch die von postmodernen oder kommunitaristischen Philosophinnen und Philosophen geübte Kritik an universalistischen Orientierungen und postmoderne Ansätze, die einer Philosophie der Vielfalt und Differenz verpflichtet sind, für die Veränderungen der Bioethik eine wichtige Rolle.

---

202 In diesem Zusammenhang werden auch Piagets und Kohlbergs moralpsychologische Arbeiten zur moralischen Entwicklung aufgenommen und es wird versucht, deren Erkenntnisse auf die Bioethik und die bioethische Ausbildung in verschiedenen Bereichen anzuwenden. So gibt es beispielsweise Überlegungen, die Ausbildung des rationalen Denkens und Argumentierens um Kompetenzen der humanistisch-psychologischen Bildung zu erweitern, die vor allem die Fähigkeit zur Introspektion, die Entwicklung des Selbstkonzepts und die affektive Selbsterfahrung der Lernenden zum Ziel hat.

Viertens haben nach Auffassung einer Reihe von Kritikerinnen und Kritikern des »liberalen Modells« auch wissenschaftstheoretische Veränderungen in der Medizin zum angesprochenen Paradigmenwechsel beigetragen. Die Medizin beginne sich von einer einseitigen Orientierung an technischer Beherrschbarkeit, einem monokausalen Maschinen-Paradigma und einer Prothesenideologie, die noch bis in die Nachkriegszeit vorherrschend gewesen seien, zunehmend zu verabschieden. Biomedizinische Einblicke in die Komplexität und Detailvielfalt körpereigener Regulationsfaktoren hätten dazu geführt, monokausale Therapien zugunsten einer »polypragmatischen Offenheit« zu verabschieden, die davon ausgehe, dass Krankheiten durch ein Netz von Wirkmomenten entstünden, in das an verschiedensten Stellen eingegriffen werden könne. Es beginne sich ein Umschwung vom Imperativ der externen Beherrschung des Körpergeschehens zur Orientierung an systemimmanenter Beeinflussung körpereigener Regulationsfaktoren und einer steuernden Partizipation der Patientinnen und Patienten abzuzeichnen. Dieser, aus der Spezialisierung und Ausdifferenzierung der Medizin selbst entstandene Paradigmenwechsel führe aber nicht zu einer integrierten Medizin, sondern noch immer zur Individualisierung der Therapie und verschiedenen Entfremdungserfahrungen auf seiten der Patientinnen und Patienten.[203] Von der Bioethik wird in dieser Situation erwartet, dass sie zu einer Abmilderung dieser Entfremdungserfahrungen beiträgt. Entscheidende Ansatzpunkte seien dabei das Menschenbild der Medizin und vor allem das Konzept von Autonomie, das der modernen Biomedizin zugrunde liege. Die Autonomie der Patientinnen und Patienten dürfe sich nicht nur auf den Freiraum souveräner Selbstentscheidung beziehen, sondern müsse bestimmte Formen menschlichen Respekts und menschlicher Integrität bewahren. Die Leitideen und Menschenbilder der Medizin müssten daher zu einem neuen Begriff des Menschen zusammengefügt werden, um den menschlichen Körper auch als Träger von Subjektivität und Personalität, als Sinnzusammenhang einer individuellen Lebensgeschichte unter Bedingungen von Leiblichkeit verstehen und deutlich machen zu können, dass die pathische Wirklichkeit über eigene Standards ethischer Fundierung verfügen müsse.[204]

---

203 Siehe hierzu genauer Borck 1996: 17-24; ebenso Honnefelder 1996: 141.
204 Heim 1998: 244.

5. Alternative Ansätze in der gegenwärtigen bioethischen Diskussion

Ausgehend von der eben angedeuteten Kritik an liberalen Bioethikkonzeptionen und insbesondere am *principlism* werden seit Beginn der neunziger Jahre eine Reihe von alternativen Ansätzen in der Bioethik diskutiert. Etwas ausführlicher dargestellt werden in den folgenden Abschnitten vor allem feministische Ansätze in der Bioethik. Daran anschließend werden wir die Grundgedanken kommunitaristischer, narrativer und neo-tugendethischer Bioethikkonzeptionen kurz ansprechen. Dies hat zunächst den Grund, dass die Debatte über feministische Ansätze in der Bioethik am weitesten fortgeschritten zu sein scheint. Anhand der feministischen Diskussion lassen sich überdies, wie wir glauben, *pars pro toto* eine Reihe von Kritikmotiven identifizieren, die auch für andere Ansätze charakteristisch sind.

5.1 Feministische Bioethik

»Bioethik als Männerdomäne«

Die Bioethik wird von feministischen Bioethikerinnen als eine Männerdomäne wahrgenommen. Zwar gebe es eine Reihe von bekannten Wissenschaftlerinnen, die erfolgreich im Bereich der Bioethik arbeiten; mehrheitlich werde das Feld jedoch von Männern dominiert. Der Erfahrungshorizont von Frauen bleibe aus bioethischen Diskussionen weitgehend ausgeschlossen. Soweit eine feministische Perspektive in der bioethischen Diskussion überhaupt eine Rolle spiele, geschehe dies vorwiegend in den traditionellen »Frauenbereichen«: der Reproduktion und der Pflege.

Dieser Umstand wird von feministischen Bioethikerinnen aus verschiedenen Gründen für erklärungsbedürftig gehalten: Erstens kommen Frauen in der Regel häufiger in Kontakt mit dem Gesundheitswesen als Männer. Sie sind öfter als Männer Patientinnen und haben häufiger Kontakt zu Ärztinnen und Ärzten. Als Mütter, Ehefrauen oder Töchter sind sie nicht selten für die gesundheitliche Versorgung ihrer Familienangehörigen zuständig. Im Bereich der – privaten ebenso wie der professionellen – Pflege sind Frauen traditionell überrepräsentiert. Als Patientinnen oder Pflegende stehen sie dabei einer Mehrheit männlicher Ärzte gegenüber. Zweitens haben gerade jene medizinischen Anwendungsoptionen und Probleme, die in der bioethischen Debatte besonders kontrovers diskutiert werden – von der Reproduktionsmedizin über die genetische Diagnostik bis hin zur Ressourcenverteilung im Gesundheitswesen – unterschiedliche Implikationen für Frauen und Männer.[205] Drittens zeigen empirische Studien, dass Frauen und Männer in medizinischen Kontexten, zum Beispiel im Bereich der biomedizinischen Forschung, unterschiedlich behandelt werden. Viertens ist bekannt, dass Frauen und Männer teilweise an unterschiedlichen Erkrankungen leiden bzw. die Häufigkeit, mit der bestimmte Erkrankungen auftreten, geschlechtsspezifisch unterschiedlich verteilt ist.

Diese Befunde wären nach Auffassung feministischer Bioethikerinnen Anlass genug, »Geschlecht« zu einer Analysekategorie auch in der bioethischen Diskussion zu machen. Dass dies nicht geschehen ist und zwischen der Bioethik und der feministischen Diskussion ein »wall of separation«[206] zu verlaufen scheint, wird jedoch noch aus einem weiteren Grund für erklärungsbedürftig gehalten. Die Bioethik entstand Ende der sechziger Jahre in den USA im weiteren Kontext der Bürgerrechts-Bewegung und vor dem Hintergrund der Erfahrungen mit offenkundig moralisch unakzeptabler humanexperimenteller Forschung.[207] Das bis dato vorherrschende traditionelle, paternalistisch geprägte Modell einer medizinischen bzw. ärztlichen Ethik wurde nun durch das neue Modell einer liberalen Bioethik abgelöst, in dessen Zentrum die Idee der Autonomie von Patientinnen und Patienten und das Prinzip des *informed consent* standen. Gerade die junge Bioethik wäre daher nach Ansicht feministischer Bioethikerinnen dafür prädestiniert gewesen, den ärztlichen Paternalismus (auch) unter einer Geschlechterperspektive zu kritisieren und neben der Rassen- und der Klassen- auch die Geschlechtszugehörigkeit als Faktor für Diskriminierung zu untersuchen. Dennoch ist der feministischen Perspektive in der Bioethik lange Zeit wenig Beachtung geschenkt worden.

---

205 Vgl. dazu die bei Wolf 1996:4 und Sherwin 1996: 64 zitierte Literatur.
206 Wolf 1996: 14f.
207 Vgl. Kapitel I.

Einen kurzen Überblick über »feministische Bioethik« geben zu wollen ist gegenwärtig alles andere als einfach. Dies liegt zum einen daran, dass sich die feministisch-bioethische Diskussion noch immer in der Konstitutionsphase befindet. Zwar gibt es feministische Reflexionen in Teilbereichen der Bioethik und einige wenige vereinzelte feministische Studien zu verschiedenen bioethischen »Brennpunkten« schon seit längerem; einen identifizierbaren feministisch-bioethischen Diskussionszusammenhang und systematische Analysen zur gesamten Bandbreite bioethischer Fragestellungen gibt es in den USA jedoch erst seit knapp zehn Jahren.[208] Im deutschen Sprachraum gibt es vergleichbare Arbeiten oder Diskussionen bislang überhaupt nicht.[209] Zum anderen ist die feministisch-bioethische Diskussion durch eine große Heterogenität der Positionen gekennzeichnet, die es schwierig machen, die spezifische Differenz feministischer Ansätze in der Bioethik gegenüber anderen Ansätzen zu benennen. Feministische Ansätze in der Bioethik weisen eher eine »Familienähnlichkeit« untereinander auf, als dass sie sich als ein monolithisches theoretisches Gebäude rekonstruieren ließen.[210] Die feministische Bioethik spiegelt, wie zu erwarten, den theoretischen und methodischen Pluralismus in der allgemeinen feministischen Diskussion wieder. Margaret Farley hat sicherlich recht, wenn sie feststellt:

> »Feminist theory (...) is not in every way independent of other theories; nor is there one definitive form of feminist theory that represents all of the implications of feminism for bioethics. There are, for example, feminists who value ethical principles and feminists who privilege relationships over rules, feminists for whom legal traditions are important and feminists whose appeal to story and to history includes an appeal to religious traditions and communities of faith. Philosophically, feminists speak out of and back into a variety of schools – classical, analytic, neo-Kantian, Marxist, pragmatist, deconstructionist.«[211]

Susan M. Wolf hat als eine Art Arbeitsdefinition vorgeschlagen, das Gemeinsame in feministischen Arbeiten darin zu sehen, dass diese das soziale (*gender*) bzw. das biologische Geschlecht (*sex*) als Analysekategorien von zentra-

---

208 Holmes/Purdy 1992; Sherwin 1992; Wolf 1996.
209 Pauer-Studer 1994.
210 Vgl. Jaggar 1993: 71; Wolf 1996: 5; Tong 1996: 72f. Den Versuch einer Klassifizierung und Systematisierung der verschiedenen Ansätze unternehmen z.B. Jaggar 1988 oder Tong 1989.
211 Farley 1995: 131.

ler Bedeutung heranziehen, deren Wirkung in der realen Welt zu verstehen trachten und danach streben, die Verteilung und den Gebrauch von Macht zu verändern, um die Unterdrückung von Frauen zu beenden.[212] Doch auch wenn diese »Definition« sehr weit ist, bleibt fraglich, ob sie tatsächlich alle feministischen Positionen abdecken kann. Dies scheint jedenfalls für manche postmodernen feministischen Theorien fraglich, die jede Form »essentialistischer« Zuschreibungen zu unterlaufen versuchen. Zumindest hat Wolfs Arbeitsdefinition aber den Vorzug, Missverständnisse wie etwa dieses, dass alle von Frauen stammenden Arbeiten »feministisch« seien, auszuschließen und die Einsicht zuzulassen, dass auch aus einer »weiblichen« Perspektive geschriebene Arbeiten die Unterdrückung von Frauen unterstützen können. Schließlich hat sie – und dies ist im vorliegenden Kontext vielleicht noch wichtiger – den Vorzug, deutlich zu machen, dass feministische Bioethik nicht umstandslos mit einer Form von *care ethics* identifiziert werden darf.[213]

Zwei Typen feministisch orientierter Bioethik

In der gegenwärtigen Debatte lassen sich grob zwei Typen einer feministisch orientierten Bioethik unterscheiden – wobei die Übergänge freilich fließend sind. Der eine Typ ist eher empirisch ausgerichtet. Im Vordergrund stehen hier empirische Untersuchungen über die Struktur und Praxis der Medizin und zur Behandlung von Frauen in der biomedizinischen Forschung, der Diagnose und anderen medizinischen Kontexten. Die empirischen Daten dazu entstammen – eine Unterscheidung von Farley aufgreifend – vorwiegend zwei Bereichen: einerseits der »culture of physicians«, zum anderen der »gendered experience of patients«.[214] In diesen Kontext gehören zum einen etwa Untersuchungen über sexuelle Übergriffe unter Angehörigen des medizinischen und pflegerischen Personals, über unterschiedliche Karrierechancen von Frauen und Männern im Gesundheitswesen und eine nach wie vor beobachtbare geschlechtsspezifische Arbeitsteilung oder über geschlechtsspezifische Unterschiede in der Arzt-Patienten-Kommunikation zwischen Frauen und Männern. Zum an-

---

212 Wolf 1996: 8.
213 Siehe auch Biller-Andorno 2001.
214 Farley 1995: 135f.

deren gehören in diesen Zusammenhang empirische Studien über geschlechtsspezifisch differente Zugangsmöglichkeiten von Frauen und Männern zu Diagnose- und Therapieangeboten, etwa bei der Diagnose von Lungenkrebs oder bei der Allokation von Spenderorganen in der Transplantationsmedizin, oder über die unterschiedliche Behandlung von Frauen und Männern im Hinblick auf die biomedizinische Forschung.[215] Diese Arbeiten sind für die Bioethik insofern von besonderer Relevanz, als sie zum einen aufzeigen, dass Sexismus in der Medizin und in der Wissenschaft als ethisches Problem wahrgenommen und diskutiert werden müssen. Zum anderen sind sie ein deutlicher Hinweis darauf, dass reale Kontexte und die Charakteristik individueller Personen in Modellen der ethischen Entscheidungsfindung nicht vernachlässigt werden dürfen. Darüber hinaus liefern sie, wie Farley hervorhebt, in gewisser Weise erst die Grundlage für den zweiten, deutlicher theoretisch ausgerichteten Typ bioethisch-feministischer Reflexion: »Without such studies a feminist critique of medical ethics and of health care can be dismissed as rhetoric, not connected with experience.«[216]

Im Vordergrund dieses zweiten Typs feministisch-bioethischer Reflexion stehen Probleme und Fragen feministischer Theoriebildung. Anders als die Rezeption häufig suggeriert, ist diese Diskussion – wir hatten dies bereits angedeutet – durch eine Vielzahl unterschiedlichster Ansätze gekennzeichnet.

Die Diskussion um eine feministische Ethik wurde insbesondere durch und im Anschluss an die moralpsychologischen Untersuchungen von Carol Gilligan vorangetrieben. Gilligan kam bei ihren Studien zu dem Ergebnis, dass Frauen, wenn man sie mit einem moralischen Dilemma konfrontiert, anders als Männer, nach Problemlösungen suchen, die sich an Tugenden wie Rücksichtnahme und Hilfeleistung orientieren. Weibliche Moral unterscheidet sich von männlicher Moral nach Gilligan in drei wesentlichen Aspekten, die von Gertrud Nunner-Winkler folgendermaßen zusammengefasst wurden: Frauen neigen eher dazu, in ihren moralischen Urteilen konkrete situative Randbedingungen in Rechnung zu stellen, während Männer eher abstrakten Prinzipien, die Rechte und Pflichten ohne Rücksicht auf die jeweiligen Umstände oder Kosten festlegen, rigide folgen. Sie fühlen keine »Verpflichtung, eine abstrak-

---

215 Vgl. dazu die bei Farley 1995: 136 und Wolf 1996: 12f. angeführte umfangreiche Literatur.
216 Farley 1995: 134.

te Pflicht zu erfüllen, sondern die Aufforderung, mit Fürsorge zu reagieren und Verletzungen zu vermeiden.« Die weibliche Fürsorglichkeits- und Verantwortlichkeitsethik entspricht einer Erfahrung des Selbst als »eingebunden«, d.h. als Teil von Beziehungen; die männliche Gerechtigkeitsorientierung hingegen ist Ausdruck eines separierten »individuierten« Selbst.[217]

Zahlreiche feministische Ethikerinnen haben im Anschluss an die Forschungen von Gilligan die These vertreten, es sei ein Wesensmerkmal des Menschen, nicht als isoliertes, abstraktes einzelnes Wesen, sondern als Wesen innerhalb von Beziehungen aufzuwachsen. Die Kritik konzentrierte sich dabei im Wesentlichen auf die einseitige Orientierung am Gerechtigkeitsprinzip. Moralische Urteile müssten statt dessen von einer kontextorientierten und sensiblen Wahrnehmung konkreter anderer und der Dynamik spezifischer Beziehungen geprägt sein. Dementsprechend müsse die moralische Argumentation Empathie, Verantwortung und Aspekte der Fürsorge beinhalten. Ebenfalls im Anschluss bzw. in der Auseinandersetzung mit dem Ansatz von Gilligan haben zahlreiche feministische Ethikerinnen die These vertreten, dass die subjektiven Erfahrungen konkreter Individuen deren moralische Auffassungen, Theorien und Urteile prägen. Auch die von Moralphilosophen begründeten abstraktallgemeinen Prinzipien, Theorien oder Konzepte der Ethik seien daher – ungeachtet bzw. sogar entgegen ihrem eigenen Anspruch auf Unparteilichkeit und Neutralität – immer von subjektiven biographischen Erfahrungen eingefärbt.

Positionen feministischer Bioethik

Neben den auf Carol Gilligan zurückgehenden Ansatz der *care ethics*[218] gibt es mit liberalen, marxistischen, radikalen, sozialistischen und kulturalistischen Ansätzen eine ganze Reihe weiterer theoretischer Positionen.[219]

---

217 Nunner-Winkler 1986: 132; vgl. zur aktuellen Diskussion über Gilligan: Horster 1998.
218 Gilligan 1984; zur Kritik an den *care ethics* vgl. beispielsweise Benhabib 1987: 1990.
219 Wir folgen bei dieser Aufzählung und der nachfolgenden Darstellung Farley 1995 133; Tong 1996: 72ff.

- Für *liberale Feministinnen* ist die Diskriminierung und Benachteiligung von Frauen ein Produkt ihres weitgehenden Ausschlusses aus dem öffentlichen Raum. Ihr Ziel sehen sie in der Herstellung von Chancengleichheit für Frauen und Männer, zum Beispiel hinsichtlich des Zugangs zu Bildungseinrichtungen. Liberale Feministinnen kritisieren, dass die Interessen von Frauen systematisch unterbewertet oder aus dem moralischen Diskurs sogar gänzlich ausgeblendet werden. Ein Beispiel für eine liberale feministische Perspektive in der Bioethik ist der interessenorientierte Ansatz, den Laura M. Purdy folgendermaßen umschreibt:

»I suspect that the most fruitful approach to developing a more extensive notion of core feminism would proceed by emphasizing the importance of (...) equal consideration of interests. Equal consideration of interests would mean that women's interests count as heavily as those of men and, where the two come into conflict, would be taken to outweigh those interests at least half the time. Such calculations would be made more complicated by the need to weight interests, with a more pressing interest sometimes trumping several less pressing ones. This formal demand for equality constitutes the central notion of core feminism. It requires that any moral inquiry be alert to gender-related differences in treatment or outcome, that such differences be minimized or thoroughly justified, and that women's welfare be considered as important as that of men where their interests are in conflict.«[220]

- *Marxistische Feministinnen* sehen demgegenüber im kapitalistischen Wirtschafts- und Gesellschaftssystem das zentrale Problem. Ein Ende der Unterdrückung von Frauen sei erst möglich, wenn mit der Überwindung des Kapitalismus die materiellen Bedingungen für eine ökonomische und politische Gleichstellung von Frauen und Männern verwirklicht seien. Marxistische Theoretikerinnen kritisieren daher, wie Farley zeigt, den liberalen Ansatz der traditionellen Bioethik als abstrakt und ahistorisch:

»Traditional Marxism presents an explanation for feminist critics of liberalism. It maintains that moral norms and ideals are not universal and ahistorical, grounded in an essential human nature; they are socially constructed. Biology, society, and physical environment, all limited and shaped by historical material needs, combine to construct humanity. Moralities are conventional; social goals are determined by those who are in power, though change can be influenced by the voices of the oppressed. Marxist theory thus targets the economic patterns whereby a dominant group protects the autonomy of some and limits the options of others. This theory is useful, therefore, for exposing the patterns of power in human enterprises, including for example, the delivery of health care and setting of the goals of science.«[221]

---

220 Purdy 1996: 147.
221 Farley 1995: 133.

- Nach Auffassung *radikaler Feministinnen* gründet die Unterdrückung von Frauen nicht (allein) in den ökonomischen Verhältnissen. Sie machen statt dessen das Patriarchat für die Diskriminierung und Unterdrückung von Frauen verantwortlich. Aus der Perspektive eines radikalen Feminismus ist das Patriarchat, wie Farley feststellt,

»neither a mere anomaly in an otherwise liberal system of justice nor a form of domination that is solely derivated from economic power. The radical feminist agenda contains commitments both to free women's bodies from the power of men and to free women's minds and hearts from the ideologies that mask their subordination. It is less concerned with issues of individual autonomy than with issues of community in which gendered power relations are exposed and transformed. The major clue to this transformation lies in retrieving an understanding of the differences between women and men, claiming a particular power in the dispositions and sensibilities of women.«[222]

- *Sozialistische Feministinnen* versuchen, die Perspektiven marxistischer und radikaler Feministinnen miteinander zu verbinden, *kulturalistische Feministinnen* schließlich unterstellen eine allen Frauen gemeinsame weibliche Natur, die identifiziert und entwickelt werden soll. Entsprechend betonen sie, wie Tong feststellt, beispielsweise

»women's capacities for sharing, giving, nurturing, sympathizing, empathizing, and above all, connecting. In their estimation, women value their relationships with others above everything else in life, viewing separation from others as the quintessential harm. Through their bodies women link one generation to the other. The fact that they menstruate, gestate, and lactate gives women a unique perspective on the meaning of human condition. For women, connection is not about separate individuals signing social contracts, but about life as most people experience it on a daily basis – within kinship groups in which they have nonvoluntary membership.«[223]

Zusammenfassend könnte man vielleicht sagen, dass das Generalthema von liberalen Feministinnen *Wahlfreiheit*, von marxistischen und sozialistischen Feministinnen *Machtbeziehungen*, von radikalen Feministinnen *Zwangs- und Gewaltverhältnisse* und von kulturalistischen Feministinnen *Fürsorge-Beziehungen* sind.

---

222 A.a.O.: 134.
223 Tong 1996: 75.

Die Gründe für die weitgehende Ignoranz der Bioethik gegenüber feministischen Diskursen sind vielfältig und haben zweifellos zumindest teilweise mit der herrschenden Organisationsform des Wissenschaftsbetriebes zu tun, die Frauen generell benachteiligt. Für feministische Bioethikerinnen wie Susan M. Wolf liegen die Gründe dafür, dass die feministische Diskussion in der Bioethik, lange nachdem feministische Perspektiven in den Rechtswissenschaften und einer Reihe von Geisteswissenschaften längst Fuß zu fassen begonnen haben, weitgehend unbeachtet geblieben und dem »Geschlecht« als Analysekategorie so wenig Bedeutung eingeräumt worden ist, jedoch tiefer. Wolf hält die »Tiefenstruktur« der Bioethik selbst für verantwortlich: Die Bioethik habe sich, so Wolf, frühzeitig einem liberalen Individualismus verschrieben, der dem sozialen Kontext von Handlungen oder Entscheidungen zu wenig Aufmerksamkeit einräume; unter methodischen Gesichtspunkten habe die Bioethik sich weitgehend auf einen Deduktivismus festgelegt, der abstrakte ethische Prinzipien auf problematische Fälle »anwende«, statt moralische Lösungen von diesen her, also induktiv, zu gewinnen. Darüber hinaus gebe es in der Bioethik eine Tendenz, Probleme entweder »dyadisch« als Probleme zwischen Individuen oder »national« als Probleme der Gesellschaft zu begreifen, statt diese auf einer »mittleren Ebene« anzusiedeln und die moralische Bedeutung von Gruppen ernst zu nehmen. Schließlich fehle es in der Bioethik an einem selbstkritischen Blick dafür, wem sie nutze und auf welche Weise sie dies tue.[224]

Wie könnte die feministische Diskussion die Bioethik bereichern?

Eine Bioethik, die die feministische Diskussion mit einbezieht, würde nach Ansicht feministischer Bioethikerinnen in mehrerlei Hinsicht eine Bereicherung darstellen. Diese Bereicherung bezieht sich nicht allein auf die Themen, Gegenstände oder Problembereiche, die in der Bioethik diskutiert werden, sondern auch auf das Theoriedesign und das methodische Repertoire der Bioethik.

---

224 Wolf 1996: 5.

»Its subject, epistemology, and analysis would all be different.«[225] Wir greifen im Folgenden nur einige wenige Themen heraus:

- Der Einbezug einer feministischen Perspektive in die Bioethik würde nach Ansicht vieler feministischer Ethikerinnen weitere Themen, Gegenstände und Problembereiche bioethischer Reflexion erschließen. Dies betreffe beispielsweise das in der herkömmlichen Bioethikdiskussion eher vernachlässigte Problem sexueller Übergriffe von Ärzten bzw. Therapeuten auf ihre Patientinnen oder Angehörige des medizinischen bzw. pflegerischen Personals. Dazu gehöre aber auch die Auseinandersetzung mit spezifischen medizinischen und wissenschaftlichen Praktiken, die – wie zum Beispiel die Spirale als Verhütungsmittel, moderne Reproduktionsverfahren wie die In-vitro-Fertilisation oder die kosmetische Chirurgie[226] – Frauen verletzen bzw. sie großen physischen und psychischen Belastungen aussetzen. Eine feministische Bioethik würde darüber hinaus zum Beispiel die Auswahlkriterien für Probandinnen und Probanden für klinische Versuchsprotokolle und deren moralische Akzeptabilität zum Thema machen und etwa »the systematic exclusion from women, particularly women of childbearing age, from AIDS research protocols that may be the only means of access to a promising drug«[227] in Frage stellen.

- Eine feministische Perspektive würde Susan Sherwin zufolge jedoch auch den Blick auf und die Diskussion über die »traditionellen« Frage- und Problemstellungen der Bioethik verändern:

  »When the traditional issues of bioethics are explored from the perspective of feminism, the familiar questions of bioethics are raised, but so too are additional questions. Feminist bioethics requires us to consider how each practice contributes to the existing power relations in society. Therefore, when we examine such practices as confidentiality, paternalism, or the termination of life-sustaining treatment, we should ask how this practice fits into the general patterns of oppression in our society. For example, feminism argues that we should not discuss abortion purely in terms of the interests or rights of fetuses without observing that fetuses are universally housed in women's bodies. Similary, discussions of the institutionalization of patients diagnosed as mentally ill should take into account that women may be especially vulnerable to such policies, since they are diagnosed as mentally ill more often than men, perhaps because they are subject to incoherent standards of mental health. And debate about

---

225 A.a.O.: 22.
226 Vgl. beispielsweise Morgan 1996.
227 Wolf 1996: 12.

meeting the health needs of the poor should take into account that almost 80 percent of the poor in the United States are women and children, and a disproportionate number are members of racial minorities. Policies in all of these areas are likely to have serious effects on the lives and status of many women.«[228]

- Die feministische Kritik an abstrakten universalisierbaren Prinzipien und der mit diesen einhergehende Reduktionismus könnte, wie manche feministische Bioethikerinnen hoffen, den Blick ganz allgemein für Differenz- und Vielfaltserfahrungen öffnen und damit neben der Geschlechterperspektive auch andere »partikulare« Erfahrungen zur Geltung bringen. Dies bedeute nicht nur, die besondere Situation mehrfach diskriminierter Personengruppen wie beispielsweise schwarzer Unterschichtfrauen[229] zum Thema zu machen, sondern eröffne auch neue Perspektiven für den Umgang mit Behinderung oder für die mit der sexuellen Orientierung von Menschen verbundene unterschiedliche Behandlung in medizinischen Kontexten. Die Betonung von Vielfalt und Differenz müsse (und dürfe), wie Farley meint, freilich nicht zu einem Relativismus führen:

»To take account of diversity is to pay attention to concrete particularity in the experience of individuals and groups. This does not mean that no commonly accepted ethical norms can be found. Across race and class and gender, for example, feminists affirm a right to bodily integrity. Indeed, experience is diverse, but it is not completely unsharable. Experience yields different perspectives, but what is learned perspectively can be rendered at least partially intelligible to others whose perspective is different. Respect for diversity yields not insurmountable boundaries but the possibility of community.«[230]

- Eine feministische Perspektive in die Bioethik mit einzubeziehen hätte, wie feministische Bioethikerinnen meinen, auch einen geänderten Blick auf die Geschichte der Medizin (z.B. Medikalisierung von Geburt, Menstruation oder Menopause) und auf die »Kollaboration« der Medizin mit kulturellen Praktiken wie der Genitalverstümmelung von Mädchen und Frauen zur Folge. Schließlich gestatte sie auch ein umfassenderes Verständnis zentraler Begriffe der Medizinethik, wie zum Beispiel den Paternalismus-Begriff:

»When bioethics uses the familial language of ›paternalism‹ to talk about physician behaviour, we implicitly acknowledge a connection with the family. In fact, historians will tell us that most health care was traditionally provided within the family, only later yielding to health

---

228 Sherwin 1996: 57.
229 Roberts 1996; Sherwin 1992: 222-240.
230 Farley 1995: 139.

care delivered mostly by strangers. A psychoanalytic observer of the patient-physician relationship will tell us that patients still project on their physicians the sorts of wishes and expectations one has of a family member. Legal scholars will tell us that analysis of the patient-physician relationship has been hampered by mistaking it as something private (and thus on the traditionally domestic side of the private/public distinction) rather than fully subject to demands we place on something public.«[231]

- Eine feministische Perspektive würde, wie viele Ethikerinnen glauben, auch das Theoriedesign der klassischen Bioethik verändern bzw. neu akzentuieren und ihr methodisches Repertoire bereichern. Gemeint ist damit beispielsweise die Ergänzung vorherrschender Bioethikmodelle um neue Erklärungen dafür, wie Einsichten entstehen und wie Kompetenzen verbreitet und gefördert werden können. Solche Ansätze könnten, wie feministische Bioethikerinnen hoffen, nicht nur ein breites Spektrum von Modellen zur Förderung öffentlicher Diskursprojekte – vom Diskurs zwischen diversen *communities* bis hin zu Partizipationsverfahren, in die alle Betroffenen einbezogen werden sollen – generieren, sondern auch neue Anstöße für die Diskussion über angemessene Modelle bioethischer Urteilsbildung und über medizinethische Ausbildungskonzepte geben.
- Die feministische Theorie kann, so die Hoffnung zahlreicher Bioethikerinnen, für die Bioethik aber auch Methoden begründen, die über das Abwägen der Folgen oder die Reflexion relevanter Prinzipien hinausgehen. Die Problemlösung müsse ihren Ausgang dabei vor allem von den individuellen lebendigen Erfahrungen der Betroffenen, deren partikularen Standpunkten und dem jeweiligen Kontext eines Falles bzw. eines Problems nehmen.

»The point is that feminist writers would insist on the importance of the ongoing debate in bioethics over how to travel back and forth between specific cases and higher-order normative generalizations, and over what tools are required for moral analysis. They would not dismiss the debate by claiming that there is already general agreement on an overarching coherentism or Rawls's reflective equilibrium. The trend in bioethics toward greater inductivism would undoubtedly be in line with much feminist writing. Feminist work on method would make far richer our sense of the ›case‹ in bioethics, and force attention to the power and disadvantage in every aspect of bioethics. But many feminists would simultaneously voice scepticism about even the richest ethnography or empiricism as a fully adequate source of norms.«[232]

---

231 Wolf 1996: 22.
232 A.a.O.: 27.

Eine feministische Perspektive auf die Bioethik favorisiere, wie Susan Sherwin hervorhebt, insbesondere solche Methoden, die die Perspektiven der Betroffenen mit einbeziehen; vor allem solcher Betroffenen, die zu den sozial Benachteiligten gehören und daher selten gehört werden. So müsse bei der Bewertung von Problemen zum Beispiel immer mitbedacht werden, was eine Entscheidung für die Schwächsten unter den Betroffenen bedeute, und ob sie Ausgrenzung oder Diskriminierung mindere oder vermehre.[233]

»Good Bioethics Must Be Feminist Bioethics«?

So unterschiedlich die Ansätze in der feministischen Bioethik-Diskussion selbst sind, so unterschiedlich sind auch die Auffassungen der jeweiligen Bioethikerinnen hinsichtlich der Frage, ob die feministische Bioethik eine Ergänzung bzw. Erweiterung der »traditionellen« liberalen Bioethik darstellt und insofern »bloß« einen weiteren Ansatz in einem Chor verschiedenster Neuansätze wie der kommunitaristischen, narrativen oder neo-tugendethischen Bioethik oder ob sie nicht vielmehr eine grundsätzliche Kritik der »traditionellen« Bioethik darstellt. Während beispielsweise liberale Feministinnen eher dazu neigen, das Verhältnis zwischen der traditionellen und der feministischen Bioethik als ein Ergänzungsverhältnis zu beschreiben, neigen andere Feministinnen dazu, in feministischen Ansätzen eine grundsätzliche Revision der Bioethik[234] und in der »traditionellen« Bioethik selbst ein Instrument der Diskriminierung und Unterdrückung von Frauen zu sehen. Sherwin beispielsweise glaubt, dass ein wichtiger Beitrag des Feminismus in der Bioethik gerade darin bestehe zu untersuchen,

»whether bioethics is itself an instrument of gender oppression that helps to legitimate existing patterns of dominance and perhaps even introduces some dimensions of its own. Because sexism is often too subtle and pervasive to be recognized without conscious investigation, it is necessary to bring feminist tools to bear on the subject matter of the discipline. That most of the literature in the field of biomedical ethics has been silent on the role medicine plays in the oppression of women is, for example, cause for feminist suspicion.«[235]

---

233 Sherwin 1996: 52.
234 Tong 1996: 89.
235 Sherwin 1992: 4.

5.2 Kommunitaristische Ansätze in der Bioethik

Ebenso wie die feministische Bioethik ist auch die an kommunitaristische Positionen anschließende bioethische Diskussion durch eine Mehrzahl unterschiedlicher Ansätze gekennzeichnet. Es ist daher auch in diesem Falle wieder nicht einfach, den verbindenden Grundgedanken zu benennen, der die Zusammenfassung verschiedener Positionen unter den Titel einer kommunitaristischen Bioethik rechtfertigt. Dasselbe gilt im übrigen bereits für die unter dem Namen »Kommunitarismus« geführte Debatte über die moralischen Grundlagen moderner Gesellschaften selbst, an der sich so unterschiedliche Autoren wie Michael Sandel, Charles Taylor, Alasdair MacIntyre oder Michael Walzer beteiligt haben.

Auf einen gemeinsamen Nenner gebracht verbindet die »Kommunitaristen« die Überzeugung, dass »es immer der vorgängigen Rückbesinnung auf einen Horizont gemeinschaftlich geteilter Werte bedarf, wenn über Fragen gerechter Ordnung einer Gesellschaft sinnvoll entschieden werden soll.«[236] Eng mit dieser Überzeugung zusammen hängt eine zweite These, die den kommunitaristischen Diskussionszusammenhang charakterisiert und die für die kommunitaristischen Positionen in der Bioethik ebenfalls eine wichtige Rolle spielt: Ohne eine Orientierung an gemeinsam geteilten Werten fehlt der liberalen Gesellschaft nach Auffassung kommunitaristischer Autorinnen und Autoren das Element, das die Gesellschaftsmitglieder zu einem Engagement für das Gemeinwesen motivieren könnte. Liberale Gesellschaften seien aufgrund ihres Verzichts auf eine Gemeinschaftsethik in der Gefahr, in voneinander isolierte Individuen zu zerfallen. Der Liberalismus sei insofern eine »selbstzerstörische Lehre.«[237]

Autonomieliberalismus

Wie die im zurückliegenden Abschnitt vorgestellten feministischen Bioethikerinnen halten auch kommunitaristische Ethikerinnen und Ethiker die Bioethik für »ein Kind des Liberalismus«.[238] Als solches habe sie, wie Bruce Jennings meint,

---

236 Honneth 1994: 8.
237 Walzer 1994: 170.
238 Jennings 2000: 51.

dabei mitgeholfen, eine »Kultur der Autonomie« herauszubilden, die moderne liberale Gesellschaften präge. Jennings hält zusammen mit anderen Kommunitaristinnen und Kommunitaristen den »Autonomieliberalismus« jedoch für ungeeignet zur Diskussion und Lösung medizinethischer Probleme und Konflikte:

»Wenn wir den moralischen und sozialen Herausforderungen gerecht werden wollen, die durch Gesundheit, Medizin und Biotechnologie entstehen, muß die Bioethik eine Konzeption der Freiheit zurückgewinnen – und neu formulieren –, die sich bürgerlicher und gemeinschaftlicher orientiert als die Autonomie oder eine liberale Freiheitskonzeption. Die Bioethik darf die Autonomiekultur nicht zu deren Bedingungen akzeptieren, sondern muß diese Kultur mit einem ethischen Diskurs konfrontieren, der sich gut auf die menschliche und moralische Bedeutung von Abhängigkeitsverhältnissen, Gegenseitigkeit und Reziprozität einstellt.«[239]

Jennings kritisiert den »Autonomieliberalismus« insbesondere aus zwei Gründen:

»Der eine ist ein Klugheits- bzw. politisches Argument. Es lautet, daß die Autonomiekultur keine angemessenen Rechtfertigungsmittel für soziale Kontrolle und Zwang zur Verfügung stellt, wo diese benötigt werden. (…) Der zweite Einwand ist ein moralischer und philosophischer. Er lautet, daß die Autonomiekultur über kein akzeptables moralisches Verständnis des menschlichen Wohls oder über die Beschaffenheit unseres Lebens als moralische Wesen verfügt.«[240]

Ezekiel J. Emanuel geht in seiner Kritik am liberalen Paradigma sogar noch einen Schritt weiter. Der Mangel eines Horizontes an gemeinschaftlich geteilten Werten führe nicht nur dazu, wie Emanuel meint, dass es in der liberalen Gesellschaft eine Vielzahl konkurrierender Auffassungen und moralischer Überzeugungen gebe, die eine Einigung im Hinblick auf medizinethische Probleme und Konflikte erschweren oder sogar ganz vereiteln. Das Fehlen der Vorstellung eines gemeinsamen Gutes mache die Lösung solcher Konflikte, wie Emanuel an verschiedenen Beispielen zu belegen versucht, sogar theoretisch unmöglich, da der Liberalismus die dafür erforderlichen Ressourcen nicht zur Verfügung stelle:

»[L]iberal political philosophy informs much of the current moral thought. One of its basic tenets is the principle of neutrality, the notion that the laws and policies of the country should not be based on any particular view of the good life. On this view, there should be no substantive end that is either promoted by or used to justify society's laws and policies. Without an end that informs the ethical framework, it is impossible to determine the ends that medicine should pursue and thus to resolve

---

239 A.a.O.: 54.
240 A.a.O.: 55f.

medical ethical questions. The difficulty presented by liberalism is not merely a practical impossibility arising from the multitude of views espoused in our society. Rather, in liberal political philosophy there is not even a theoretical way of resolving the pressing medical ethical issues.«[241]

Bioethik und die Konzeption des Guten

Die Lösung medizinethischer Probleme und Konflikte setzt nach kommunitaristischer Auffassung eine Orientierung an gemeinschaftlich geteilten Werten konstitutiv voraus. Woher aber sollen diese Werte kommen? Emanuel und andere kommunitaristische Autorinnen und Autoren folgen hier der Auffassung Michael Walzers, der mit den Pfaden der Entdeckung, der Erfindung und der Interpretation drei Wege in der Moralphilosophie unterschieden und nur letzteren für aussichtsreich erklärt hatte.[242] Bruce Jennings beispielsweise ist der Auffassung, dass die gesuchte Konzeption des Guten, die erforderlich sei, um die »Exzesse der Autonomiekultur abzumildern und in angemessenen Schranken zu halten« bereits zur Verfügung stehe. Sie sei in »unserem moralischen Gemeinsinn enthalten« und in das Leben eingebettet, das »die große Mehrheit gewöhnlicher Amerikaner – und auch die meisten Philosophen – tatsächlich« führe.[243]

Auch Emanuels Überlegungen nehmen entsprechend ihren Ausgangspunkt bei den moralischen Idealen, denen die ärztliche Profession verpflichtet sei. Dabei handele es sich um Gesundheit, das Wohlergehen von Patientinnen und Patienten und die Linderung von Leiden und Schmerzen. Diese moralischen Ideale könnten nun aber gerade nicht durch die abstrakten, allgemeinen Prinzipien einer Moraltheorie konkretisiert und spezifiziert werden, sondern nur im Rahmen politischer Philosophie:

»Because the ends of medicine are public declarations of the profession, shaped within by public laws and influencing public values, they cannot be specified or balanced through the substantive and regulative principles of moral philosophy. They can be interpreted and balanced only through political philosophy; that is, medical ethical questions can be rationally discussed and resolved only in a framework constituted by political philosophy. (...) On this view medical ethics is a subfield of political philosophy.«[244]

---

241 Emanuel 1991: 33.
242 Walzer 1990.
243 Jennings 2000: 68.
244 Emanuel 1991: 7.

Erst vor dem Hintergrund einer politischen Philosophie, die einen Rahmen bereitstellt und eröffnet, um die erforderlichen Interpretations-, Konkretisierungs-, Gewichtungs- und Abwägungsprozesse möglich zu machen, werden medizinethische Probleme und Konflikte diskutier- und lösbar. Nur eine immer wieder erneut hergestellte Verständigung über die gemeinsam geteilten Werte, also beispielsweise darüber, was »Gerechtigkeit« oder ein »gutes Leben« bedeuten, ermöglicht Emanuel zufolge medizinethische Entscheidungen – beispielsweise die Entscheidung darüber, was eine »sinnvolle Lebensqualität« ist oder was es bedeute, medizinische Ressourcen »gerecht« zu verteilen.

Die Rolle von Bioethikerinnen und Bioethikern

Diese »politische« Konzeption medizinischer Ethik weist auch bioethischer Expertise und professionellen Bioethikerinnen und Bioethikern ihren spezifischen Platz zu. Der politischen Konzeption medizinischer Ethik folgend gibt es, wie Emanuel deutlich macht, keinen Platz für Philosophinnen oder Philosophen, die als klinische Ethikerinnen und Ethiker oder als Ethik-Beraterinnen und -Berater tätig sind. Medizinische Ethik sei vielmehr eine intrinsisch medizinische Angelegenheit. So wie jede Bürgerin und jeder Bürger der liberal-kommunitaristischen Konzeption folgend im Grunde selbst eine politische Philosophin bzw. ein politischer Philosoph sein sollte, müsse auch jede Ärztin bzw. jeder Arzt selbst Medizinethikerin bzw. Medizinethiker sein. Es sei unmöglich, im Gesundheitsbereich tätig zu sein, ohne sich zugleich auch im Bereich der medizinischen Ethik zu engagieren. Das Ziel medizinischer Ethik und damit auch die Tätigkeit von Bioethikerinnen und Bioethikern könne daher nur darin bestehen, Ärztinnen und Ärzten dabei zu unterstützen, die intrinsisch moralische Qualität ihrer Tätigkeit und die Beziehung zwischen den Zielen der Medizin einerseits und politischer Philosophie andererseits zu erkennen. Die Rolle der Medizinethik könne jedoch nicht – wie gegenwärtig der Fall – darin bestehen, einen Pool von Bioethikerinnen und Bioethikern hervorzubringen, der Ärztinnen und Ärzte in medizinethischen Dilemmasituationen berate. Die gegenwärtige Praxis sei vielmehr nur ein Ausdruck für die Entprofessionalisierung und Kommerzialisierung der Medizin und mache deutlich, wie weit sich die medizinische Ethik von der modernen Medizin entfernt habe.[245]

245 A.a.O.: 32.

Die liberale »Kultur der Autonomie« und der Verzicht auf eine Gemeinschaftsethik machen nach kommunitaristischer Auffassung jedoch nicht nur die Diskussion und die Lösung medizinethischer Probleme unmöglich – worin Emanuel und andere Kommunitaristinnen und Kommunitaristen den tieferen Grund
dafür sehen, dass diese unlösbar scheinen und die – folgt man der kommunitaristischen Auffassung – im Rahmen einer liberalistischen Kultur tatsächlich
unlösbar sind. Der liberale Verzicht auf eine Gemeinschaftsethik führt gleichzeitig auch zu einer Auflösung der Gesellschaft. Da die öffentliche Politik eines liberalen Staates und einer Autonomiekultur, wie Jennings meint, darauf
abziele, Schaden zu begrenzen und »Schaden« von dieser in Begriffen negativer Freiheit und negativer Rechte interpretiert werde, reiche sie zum Erhalt
einer bürgerlichen Gemeinschaft bzw. einer Lebensweise, die das menschlich
Gute gedeihen lässt, nicht aus.[246]

Jennings plädiert aus diesem Grund für eine »Interdependenz-Ethik«. Diese verlange eine neue Aufmerksamkeit für menschliche Schwäche sowie eine
Neubestimmung des Verhältnisses von »Individualität« und »Zugehörigkeit«.
Individualität dürfe nicht in Opposition zur Mitgliedschaft in einer Gemeinschaft verstanden werden, sondern könne ganz im Gegenteil »nur aus der richtigen Art menschlicher Interaktionen, Beziehungen und Verpflichtungen entstehen.«[247] Das bedeutet, dass sowohl die private Autonomie als auch die aktive
demokratische Bürgerschaft durch einen Liberalismus ruiniert worden seien,
der Bürgerschaft vor allem in Begriffen persönlicher Rechte, Schutzleistungen
und Garantien verstehe. Der Liberalismus habe vergessen, dass Bürgerschaft
auch bürgerliche Verpflichtungen auferlege und bürgerliche Tugenden erfordere. Gerade die bürgerlichen Tugenden seien aber diejenigen Charaktereigenschaften, die kooperative und kollaborative Handlungen effizient machten und
einem zugleich Selbstrespekt und Respekt vor anderen verschafften.[248]

Mit ähnlichem Tenor glaubt auch Emanuel, dass die Bürgerinnen und Bürger in einer liberal-kommunitaristischen Gesellschaft einen höheren Grad an
Freiheit realisieren könnten:

---

246 Jennings 2000: 69.
247 A.a.O.: 70.
248 A.a.O.: 71.

»He is personally free in being able to pursue his own conception of the good life. But he is free in an additional, political sense because he can create and pursue the conditions within which this good life is formulated and pursued. The liberal communitarian vision makes this political autonomy possible. And through this a person can cease being subject to an inherited world. Thus participation in communal deliberations permits personal autonomy – knowing our identity and its sources and thereby being free by a kind of attached, reflective distance – and political autonomy – shaping our social world and therefore being free through control of the conditions in which we form and pursue our life plans.«[249]

Durch diese Partizipation am öffentlichen Leben und an den politischen Entscheidungen könnten die Bürgerinnen und Bürger, so Emanuel weiter, ihre politische Autonomie verwirklichen, was zunächst bedeute, unter selbstgesetzten und selbstkontrollierten Bedingungen zu leben. Sie könnten darüber hinaus gleichzeitig aber auch ihre Fähigkeit zu gemeinschaftlicher Deliberation und zu moralischer Reflexion ausbilden. Schließlich würden die Bürgerinnen und Bürger durch ihre Beteiligung an öffentlichen Diskussionen und politischen Entscheidungsprozessen an die größere Gemeinschaft gebunden; sie könnten ihre eigenen Interessen im Lichte der Interessen der größeren Gemeinschaft sehen und auf diese Weise ihre individuelle Existenz transzendieren bzw. Teil einer größeren Gemeinschaft werden.[250]

Bruce Jennings fasst seine Utopie einer »ethisch guten Gesellschaft« folgendermaßen zusammen:

»Würdigt man die Rolle, die die menschliche Interdependenz für Individuen in einem guten Leben spielt, dann stellt eine ethisch gute Gesellschaft eine leitende Orientierung zur Verfügung, indem sie Autonomie und soziale Kontrolle ausbalanciert. Eine Gesellschaft sollte so eingerichtet sein, daß sie auf die Bedürfnisse und Verwundbarkeit ihrer Mitglieder reagiert. Sie sollte jede Person vor Gewalt und Ausbeutung schützen. Sie sollte aktiv gegenseitige Unterstützung fordern und sozial wohltätige Kooperation. Sie sollte jedem ihrer Mitglieder den gleichen Schutz durch das Gesetz zukommen lassen und eine offene, tolerante Kultur wechselseitiger Achtung und Rücksichtnahme sein. Öffentliche Politik sollte Institutionen unterstützen, die es den Menschen ermöglichen, das beste aus ihrer interdependenten Verfassung zu machen, um das gemeinsame moralische Leben für jede Person als Individuum erfüllend und zuträglich zu machen. Die Politik sollte Institutionen und Machtkonzentrationen, die diese Aktivitäten behindern, reformieren und ihnen entgegenwirken.«[251]

---

249 Emanuel 1991: 158f.
250 A.a.O.: 248f.
251 Jennings 2000: 71.

5.3 Narrative Ansätze in der Bioethik

Der Mensch: »*ein Geschichten erzählendes Tier*«

Die Entwicklung von narrativen Ansätzen in der bioethischen Diskussion geht – zumindest teilweise – auf Erfahrungen zurück, die Bioethikerinnen und Bioethikern bei ihrer Tätigkeit in klinischen Ethikkomitees machen konnten. Sie werden zunehmend aber auch von feministischen und kommunitaristischen Bioethikerinnen und Bioethikern diskutiert. Vertreterinnen und Vertreter einer narrativen Ethik plädieren angesichts der begrenzten Anwendbarkeit formaler Ethikkonzeptionen in der klinischen Praxis für die Einbeziehung von Narrationen in die ethische Reflexion.[252] Howard Brody berichtet über seine eigenen Erfahrungen, wenn er sagt:

»I have spent nearly 20 years seriously thinking about medical ethics. During the first portion of that time I assumed that any approach to ethics, if it were to be philosophically rigorous and if it were to appeal to the scientific sensibilities of doctors, would include some framework or formal reasoning, of which the four principles constitute one example. (...) More recently I have become convinced that formal frameworks, for all their value, need to be supplemented with other ethical approaches, based more on interpretation and judgement than on formal deduction or algorithm.«[253]

Narrative Ansätze in der Bioethik plädieren daher – als Ergänzung traditioneller Ansätze – für eine stärkere Einbeziehung von nicht-fiktionalen ebenso wie fiktionalen Texten in die bioethischen Diskussions- und Entscheidungsfindungsprozesse. Im Hintergrund steht dabei die Auffassung, dass Menschen als Mitglieder von sozialen und moralischen Gemeinschaften moralische Anschauungen, Werte und Visionen durch Erzählungen gestalten und durch die Teilnahme an Erzählungen verinnerlichen. Der Mensch ist, wie Alasdair MacIntyre zugespitzt formuliert, »ein Geschichten erzählendes Tier«:

»Der Mensch ist in seinen Handlungen und in seiner Praxis ebenso wie in seinen Fiktionen im Wesentlichen ein Geschichten erzählendes Tier. Er ist im Wesentlichen kein Erzähler von Geschichten, die nach der Wahrheit streben, aber er wird es durch seine Geschichte. Aber die Schlüsselfrage für die Menschen ist nicht die ihrer eigenen Autorenschaft; ich kann die Frage, ›Was soll

---

252 Vgl. die Beiträge in Lindemann (ed.) 1997.
253 Brody 1994: 207.

ich tun?‹ nur beantworten, wenn ich die vorgängige Frage beantworten kann: ›Als Teil welcher Geschichte oder welcher Geschichten sehe ich mich?‹«[254]

Befürworter narrativer Ansätze in der Bioethik gehen, wie Brody deutlich macht, davon aus, dass bioethische Diskussions- und Entscheidungsfindung unter Einbezug von Narrationen umfassender gestaltet werden kann und verschiedene, über rationale Argumente und Abwägungen hinaus gehende Aspekte eines Falles oder eines Problems in diese mit einbeziehen können:

»(…) one tries to decide what to do in a given case by telling a very detailed story about that case; and one tries to decide on issues of moral character and integrity by telling a detailed story of a person's life. Facts acquire moral significance not because they fit into a particular slot in a general moral framework, but rather because they hang together with other facts in the story, and the ›plot‹ of the story reveals the critical interconnections.«[255]

Bioethische Diskussionen und Entscheidungen erfordern nach Brodys Auffassung eine *detaillierte Analyse* eines spezifischen Falls und dessen historischen und kulturellen Kontextes. Hierzu sei es erforderlich, die partikularen Aspekte einer Situation oder eines Problems im Hinblick auf deren Bedeutung im Rahmen eines spezifischen Kontextes zu *interpretieren*. Gleichzeitig sei eine Einbeziehung von *Analogien* notwendig, um Ähnlichkeiten und Unterschiede zu früheren Fällen identifizieren und von diesen her Einsichten für die Lösung eines Problems gewinnen zu können. Eine rationale, theoriegeleitete Reflexion sei für die Lösung moralischer Probleme zwar sicherlich hilfreich. »However, before one heard the facts one could not have predicted exactly which aspects of the case would be morally weighty in reaching a conclusion and which are morally trivial.«[256] Deduktivistische Moralkonzeptionen allein seien zu diesem Prozess der Fallanalyse, der Interpretation und der Gewichtung der relevanten Aspekte untauglich und daher zumindest ergänzungsbedürftig. Bioethische Diskussions- und Entscheidungsprozesse könnten sich aber auch nicht auf einzelne Fälle oder Entscheidungen beschränken. Vielmehr seien auch die Wertvorstellungen und moralischen Überzeugungen der Beteiligten, deren *moralischer Charakter*, bedeutsam. Auch dieser lasse sich besser durch Erzählungen als durch die Anwendung abstrakter Parameter erfassen. »The patient's

---

254 MacIntyre 1988: 288.
255 Brody 1994: 209.
256 A.a.O.: 208. Ähnlich argumentieren auch kasuistische und andere kontextualistisch verfahrende Ethikkonzeptionen. Vgl. dazu unsere Darstellung in Kapitel III.

story or a literary equivalent becomes«, wie Radey anmerkt, »a vehicle for ethical reflection«.[257] Die Kenntnis der Geschichte einer Person erlaube schließlich auch die *Herstellung affektiver Beziehungen*, die es ermöglichen, sich mit den Beteiligten zu identifizieren. Dies, so Brody, sei »an aid to ethical insight, not a threat to objectivity, since it is often through such empathy that one first glimpses a morally critical factor in the case.«[258]

Narrative Kompetenz

Die Bedeutung von Narrationen im Hinblick auf bioethische Diskussions- und Entscheidungsprozesse beschränkt sich nach Auffassung von Bioethikerinnen und Bioethikern, die narrative Ethikansätze verfolgen, allerdings nicht nur auf die Lebensgeschichte von Patientinnen und Patienten oder anderer Beteiligter. Im Anschluss an Überlegungen von Richard Rorty, Martha Nussbaum und anderen vertritt beispielsweise Martha Montello die These, dass auch die Lektüre fiktionaler, literarischer Texte eine wichtige Rolle in der Bioethik spielen kann. Der Akt des Lesens sei dabei insbesondere aus drei Gründen wertvoll:

»First, whenever we read literary narratives, we leave behind our own world in order to enter the narrative world. Like the cognitive process of dissociation, immersion in the world of a story renders the reader partially disconnected from the reality of the empirical world. (...) Second, in entering the narrative world, we willingly adopt the role which the text asks us to assume. (...) Third, and most significantly for our subject, we are changed by the journey. During the experience of reading, our very mental structures are altered. We put aside our actual life and enter another world, where we hear and see and feel things the characters hear, see and feel.«[259]

Perspektivwechsel, Horizonterweiterung, Kontextsensibilität, Einfühlungsvermögen, Identifikation – zur Einübung dieser Kompetenzen und Fähigkeiten ist die Auseinandersetzung mit literarischen Texten auch im Hinblick auf bioethi-

---

257 Radey 1990: 25. Narrativ ausgerichtete Bioethikerinnen und Bioethiker sind sich dabei zwar bewusst, dass es hier einen Konflikt zwischen dem Schutz der Privatsphäre der Patientinnen und Patienten einerseits und der Notwendigkeit ausführlicher Fallbeschreibungen andererseits geben könne; letztere seien jedoch nötig, um die Patientinnen und Patienten nicht nach abstrakten, analytischen Kategorien, sondern ganzheitlich zu behandeln und die Interpretation ihrer Kranken-»Geschichte« offen gestalten zu können (Davis 1991).
258 Brody 1994: 208; Vgl. auch Carse 1991: 20; Gustafson 1990.
259 Montello 1995: 116ff.

sche Diskussions- und Entscheidungsprozesse nach Auffassung mancher narrativer Ethikerinnen und Ethiker von unschätzbarem Wert:

>Literary narratives offer readers not only a way to reflect on the consequences of choices and entanglements over time, but also a way to analyze the concrete particularities that form the subtle, intricate web of human commitments and relationships. Strengthening the ability and willingness to experience otherness and to recognize meaning as contextual, literature provides the best case studies in the world, with the texture and complexity of life itself.«[260]

Insbesondere zwei Aspekte narrativer Kompetenz seien, wie Montello hervorhebt, für die Identifizierung und Beantwortung moralischer Probleme in der Medizin essenziell:

>One is the ability to construct meaning when listening to or reading narratives. (…) [A] reading physician is more likely to be skilled in filtering, organizing, and interpreting disparate information, to be able and willing to puzzle out the meaning of seemingly disconnected events. (…) The other area of narrative competence which proves so essential to moral reasoning in medicine is the ability to adopt another person's point of view. (…) In order to recognize moral issues where they exist in the complex lives of particular individuals and to comprehend moral choices over the course of lived experiences of health and disease, physicians need the narrative capacity to imagine the richly textured moral life to which their glimpses grant them access.«[261]

Gerade die Fähigkeit zur Herstellung von Sinnzusammenhängen und die Fähigkeit zum Perspektivwechsel sind für die Analyse und Bewertung medizinethischer Fälle und Probleme nach Auffassung der Vertreterinnen und Vertreter einer narrativen Bioethik von größter Bedeutung. Auch in diesem Falle müssten immer Geschichten erzählt werden; und das gehe nie »kunst«-los. Zur Auflösung moralischer Probleme und Dilemmata sei es vielmehr erforderlich, die Implikationen einer Narration zu analysieren und zu verstehen – dafür aber seien narrative und hermeneutische Kompetenzen unerlässlich.

5.4 Tugendethische Ansätze in der Bioethik

Kritik am liberalen Bioethikmodell und am *principlism* wird schließlich auch von modernen Verteidigerinnen und Verteidigern einer Tugendethik formuliert, die die Möglichkeit einer universalen und prinzipienorientierten Moralbegründung mit Skepsis betrachten und auf die Bedeutung identitätsstiftender

---

260 A.a.O.: 116.
261 A.a.O.: 119f.

communities verweisen. Ähnlich wie viele Kommunitaristinnen und Kommunitaristen betonen sie die Bedeutung sozialer Kontexte und historischer Erfahrungen für die moralische Entscheidungsfindung; anders als für diese spielen für Tugendethikerinnen und Tugendethiker dabei überlieferte Traditionen und Werte eine größere Rolle gegenüber dem Ethos gegenwärtig existierender Gemeinschaften.

Die Ansätze der modernen Tugendethik gehen zurück auf den Begriff der Tugend in der aristotelischen Ethik. Für Aristoteles ist die *arete* die charakterliche Disposition des Menschen. Diese charakterliche Disposition oder Haltung kann nicht durch theoretische Reflexion (allein) erreicht werden, sondern nur durch ständiges Einüben im praktischen Handeln. Ziel dieses Lernprozesses ist es, zu seinen Affekten ein angemessenes Verhältnis zu entwickeln und auf dieser Basis die richtigen Ziele spontan anstreben zu können.[262]

Moderne Tugendethikerinnen und Tugendethiker bemängeln an prinzipien-orientierten Ethikkonzeptionen, dass diese häufig eine angemessene Wahrnehmung der moralisch relevanten Eigenschaften einer Situation verhindern würde und ein unangemessenes Bild von moralischen Akteuren habe. Menschen handelten in aller Regel nicht aufgrund von abstrakten Prinzipien; die Motivation zum Handeln speise sich vielmehr aus persönlichen Beziehungen, dem eigenen normativen Selbstverständnis und aus Vorstellungen vom Guten. Im Zentrum der moralischen Überlegungen sollten aus Sicht von Tugendethikerinnen und Tugendethikern die moralischen Akteure und deren Tugenden im Sinne von »Kompetenzen« stehen, nicht die Bewertung von Handlungen. Wichtiger als die Kenntnis moralischer Regeln und Prinzipien und formaler, lösungsorientierter Verfahren der Entscheidungsfindung seien die Rückbeziehung auf geteilte Werte und Traditionen, die Sensibilität für konkrete Kontexte, ein Geschick für die Wahrnehmung moralischer Aspekte und situationsspezifisches Können. Aufgabe der Ethik sei die Festigung und Förderung der sozialen Regeln und kulturellen Ideale, die die moralischen Praktiken von Gemeinschaften motivieren und regeln.

Manche Tugendethikerinnen und Tugendethiker wenden sich als Kritikerinnen und Kritiker der Aufklärung und des Liberalismus vom Universalitätsanspruch prinzipienorientierter Ethikkonzeptionen und der Idee der Möglichkeit einer geschichts- und kulturunabhängigen Moralbegründung ab. So hält

---

262 Siehe genauer Höffe 1998: 46ff.

beispielsweise Alasdair MacIntyre – in kulturkritischer Intention – eine objektive, wissenschaftlich begründete, universalistische Moral für unmöglich.[263] Statt dessen plädiert MacIntyre für Normen, die in bezug auf ihren Ursprung und ihren Geltungsbereich lokal gebunden sind. An die Stelle einer universalistische Geltung beanspruchenden Moraltheorie könne gegenwärtig nur noch eine narrative Theorie der Moral treten; unterschiedliche Erzählungen, in denen die Tugenden als Veranschaulichung von Lebenshaltungen wiederentdeckt werden könnten. Die Wiederbelebung der Moral bedürfe, so MacIntyre, der Wiederaneignung von partikularen Tugenden in moralischen Gemeinschaften, nicht der analytischen und rationalen Konstruktion.

Andere Tugendethiker unterstellen – auch mit Bezug auf Aristoteles – doch eine universelle, nicht relative Geltung von spezifischen Tugenden und einen allgemeingültigen Kern gemeinschaftsbezogener Tugendbegriffe. Diese Ansätze gehen von einer nominalen Definition der Tugend aus: Tugend bezieht sich danach auf einen bestimmten Erfahrungsbereich, den alle Menschen erleben; einen Bereich von »Grunderfahrungen«, d.h. kulturübergreifenden Berührungspunkten, Übereinstimmungen und Verständigungsmöglichkeiten. Mit »Tugend« ist dann die Bereitschaft gemeint, in diesem Bereich richtig zu entscheiden und zu handeln.[264] Den allgemeinen Bedürfnissen und Möglichkeiten des Lebens verpflichtet, bestimmt die Ethik dieser Auffassung zufolge, sensibel gegenüber der konkreten historischen und kulturellen Situation das, was als richtig betrachtet wird.

Anschließen können tugendethische Positionen nach Auffassung mancher Bioethiker im Bereich der Medizinethik vor allem an das *telos* ärztlichen Handelns. Anders als über das für den Menschen Gute generell, über das in modernen, pluralistischen Gesellschaften kein Konsens mehr erzielt werden könne, seien eine Definition von Tugenden, eine Theorie des Heilens und eine Liste von auf beide bezogenen Tugenden im Rahmen einer ärztlichen Berufsethik durchaus realistisch:

»Unlike general ethics, professional ethics offers the possibility of some agreement on a *telos* – i.e., an end and a good. In a healing relationship between a health care professional and a patient, most would agree that the primary end must be the good of the patient. The healing relationship, itself, provides a phenomenological grounding for professional ethics that applies to all healers by

---

263 MacIntyre 1987; aber auch Foot 1978.
264 Nussbaum 1998:122f; siehe auch Höffe 1998: 57f.

virtue of the kind of activity that healing entails. In general ethics, on the other hand, at least at present, the analogous possibility for agreement on something so fundamental as the *telos*, end, or good of human life is so remote as to be practically unattainable.«[265]

Erforderlich für die Entwicklung einer tugendethisch orientierten medizinischen Ethik seien daher

»(1) a theory of medicine to define the *telos*, the good of medicine as an activity; (2) a definition of virtue in terms of that theory; and (3) a set of virtues entailed by the theory to characterize the ›good‹ health professional.«[266]

Pellegrino zählt die folgenden Tugenden auf, die seiner Auffassung nach in der medizinischen Tätigkeit des Heilens gleichsam »enthalten« sind: »Fidelity to Trust and Promise«, »Benevolence«, »Effacement and Self-Interest«, »Compassion and Caring«, »Intellectual Honesty«, »Justice« und »Prudence«.[267]

Tugendethischen Ansätzen wird in der gegenwärtigen bioethischen Diskussion zugestanden, wichtige Impulse wieder neu belebt zu haben, die innerhalb der rationalen Konstruktion von Moraltheorien unterbewertet worden waren. Dazu gehören beispielsweise Aspekte oder Elemente wie Kontextsensibilität, Empathiefähigkeit und allgemein die Bedeutung der Frage nach der Motivation für moralisches Handeln. Eingewandt wird von manchen Bioethikerinnen und Bioethikern jedoch, dass tugendethische Ansätze zu praktischen Fragen und Problemen wie Abtreibung, Sterbehilfe oder Embryonenforschung oftmals keine Orientierung zu geben vermögen. Tugendethische Ansätze müssten daher in Moraltheorien bzw. Theorien einer philosophischen Anthropologie verankert werden, die eine Bestimmung dessen, was als tugendhaftes Handeln gelten könne, erst möglich mache. Unter dieser Voraussetzung werde die Tugendethik, wie manche Bioethikerinnen und Bioethiker heute glauben, in der Zukunft jedoch eine wichtige Rolle für die Bioethik spielen.[268]

---

265 Pellegrino 1995: 266.
266 A.a.O.: 266f.
267 A.a.O.: 269f.
268 Pellegrino 1993: 1161; Beauchamp/Childress 1994: 502; Honecker 1998: 180; Louden 1998: 208.

Kapitel III
Bioethik als angewandte Ethik

1. Institutionalisierung und Selbstreflexion

Zunächst als Folge der Bemühungen um eine Institutionalisierung der Bioethik, dann zunehmend aber auch als Folge der Professionalisierung und Institutionalisierung selbst wurde von den Akteurinnen und Akteuren, den Bioethikerinnen und Bioethikern, die Frage nach der Rolle, Funktion und Aufgabe der
Bioethik diskutiert. Welche spezifischen Kompetenzen haben Bioethikerinnen
und Bioethiker, die sie für die Teilnahme an Ethik-Kommissionen, Beratergruppen oder Projekten der Technikfolgen-Abschätzung geeignet machen?
Welche Aufgabe kommt ihnen in den unterschiedlichen institutionellen Zusammenhängen zu? Sollen sie sich auf die Rolle einer Moderatorin bzw. eines
Moderators beschränken oder auch inhaltlich zu moralischen Fragen Stellung
beziehen? Wie ist das Verhältnis von theoretischer Ethik als der Bezugsdisziplin und Bioethik als angewandter Ethik zu bestimmen? Was bedeutet es, »angewandte« Ethik zu betreiben?

Rechtfertigung »nach außen«

Die Beantwortung dieser Fragen scheint aus zwei verschiedenen Gründen heraus von Bedeutung: Einerseits musste die Bioethik als neue Disziplin sich *nach*
außen rechtfertigen. Bioethikerinnen und Bioethiker verfügten häufig weder
über eine medizinische Ausbildung noch über umfangreiche Erfahrungen in
der klinischen Praxis. Sie waren in der Regel *outsider* des medizinischen Be-
triebes, die sich gleichwohl anschickten, die moralischen und ethischen Rahmenbedingungen der Arzt-Patient-Beziehungen, des Umgangs mit neuen Technologien, von Allokationsentscheidungen etc. zu formulieren und bei moralisch

oder ethisch relevanten Entscheidungen in Kommissionen und Beratungs-
komitees mit zu diskutieren und mit zu entscheiden. Auch wenn die Beschreibung dieses Prozesses als einer »Usurpation« der medizinischen Welt durch
Fremde kaum zutrifft, da der Problemdruck, der die Bioethik schließlich ins
Spiel gebracht hat, nicht zuletzt auch aus der Medizin selbst kam, mag so manch
einer der Beteiligten aus der Medizin den Umstand, dass »outsiders now fra-
med the normative principles«,[269] wie eine solche empfunden haben.[270] Während die Teilnahme von Juristinnen und Juristen an der Diskussion über ethische *guidelines* oder Entscheidungen von Medizinerinnen und Medizinern aus
naheliegenden Gründen eher geduldet wurde, sahen sich insbesondere Theologen und Philosophen unter Druck gesetzt, ihre Anwesenheit zu rechtfertigen
und ihre »Nützlichkeit« zu erweisen. Als Fremde, die in die ursprünglich mehr
oder weniger abgeschottete Domäne der ärztlichen Profession einbrachen, waren
ihre Anwesenheit und damit ihre Rolle und Funktion den Angehörigen dieser
Profession gegenüber zumindest erklärungsbedürftig.

Darüber hinaus gehört die Etablierung einer neuen Disziplin zu den Kenn-
zeichen eines jeden wissenschaftlichen Institutionalisierungsprozesses. Dies
bedeutete aber für die Bioethik als neuer Disziplin nicht nur, dass – auf organi-
satorischer Ebene – Institute wie das *Hastings Center* oder das *Kennedy Institute of Ethics* gegründet wurden, sondern genauso, dass das Feld originärer
bioethischer Forschungen und Fragestellungen inhaltlich abgesteckt werden
musste. Die Formierung der Bioethik als neuer Disziplin erforderte auch in
dieser Hinsicht eine nach außen, vor allem an die Öffentlichkeit, politische
Institutionen und Geldgeber gerichtete, Rechtfertigung des eigenen Tuns.

---

269 Rothman 1991: 4.

270 So äußerte beispielsweise Siegler (1999: 584) mit Bezug auf Ethik-Komitees die Befürchtung, »that these committees will, directly or indirectly, become increasingly involved in
 patient care decisions and will thus usurp the role and responsibility of those who should be
 making such decisions.« Auch Callahan reflektiert ähnliche Befürchtungen, wenn er von der
 Bioethik als »a friendly, not hostile force within medicine« spricht (Callahan, zit. nach Jonson
 1993: 4); vgl. auch den Bericht von Fletcher und Boverman (1989), der ebenfalls die Vorbehalte, die Bioethikerinnen und Bioethikern am Anfang entgegengebracht wurden, deutlich
 macht.

Rechtfertigung »nach innen«

Während die Bioethik nach außen vornehmlich ihre »Nützlichkeit« zu erweisen hatte, beschäftigte sich die Diskussion um das Selbstverständnis der Disziplin *nach innen*, vor allem wenn es sich bei den Bioethikerinnen um Theologinnen bzw. um Philosophinnen handelte, vorwiegend mit methodischen und professions-ethischen Fragestellungen. Umstritten war dabei nicht nur der Status der Bioethik als einer angewandten Ethik und damit die Frage, was »anwenden« im Zusammenhang ethischer Überlegungen überhaupt heißen könne, sondern ebenso sehr die Fragen, was eine ethische Expertise kennzeichnet und wie sich die Diskussionen innerhalb der »institutionalisierten« Bioethik von den Diskussionen in der akademischen (Bio-)Ethik unterscheiden. Und schließlich war auch fraglich, wie sich die Aufgabe von Bioethikerinnen und Bioethikern in den unterschiedlichen institutionellen Zusammenhängen vor dem Hintergrund der zuletzt genannten Fragen genauer beschreiben lasse. Neben den zunächst eher theoretisch ausgerichteten Überlegungen spielten in diesem Selbstverständigungsprozess zunehmend auch reflektierte Erfahrungen eine Rolle, die Bioethikerinnen und Bioethiker in Kommissionen, Beratergruppen oder verschiedenen Gremien etc. machen konnten. Erfahrungen, die sowohl im Hinblick auf die Anwendungsproblematik als auch im Hinblick auf die Aufgabe von Bioethikerinnen und Bioethikern in Ethik-Kommissionen und anderen Zusammenhängen fruchtbar gemacht werden konnten. Die Tatsache, dass die praktisch im Bereich bioethischer Expertise Tätigen sich häufig nicht als Bioethiker verstehen resp. der Bezeichnung des »Bioethikers« immer noch erklärende Zusätze hinzuzufügen wünschen, ist ein Hinweis darauf, dass die Rechtfertigung »nach innen« ein noch nicht abgeschlossener Prozess ist.

Wir werden im Folgenden die verschiedenen Aspekte dieses Selbstverständigungsprozesses der Bioethik in drei Schritten nachzuzeichnen versuchen. Zu diesem Zweck werden wir in diesem Kapitel in einem ersten Schritt die Diskussion über die Frage, was »anwenden« im Kontext angewandter Ethik heißen kann, etwas genauer beleuchten. Daran werden wir in einem zweiten Schritt eine knappe Darstellung der verschiedenen »Methoden der Bioethik« anschließen. An diese Überlegungen anschließend werden wir im folgenden Kapitel in einem dritten Schritt – ausgehend von einer knappen Beschreibung unterschiedlicher institutioneller Kontexte, in denen bioethische Expertise nachgefragt wird, und anhand von verschiedenen »Leitdifferenzen« – die Funktion von Bioethikerinnen und Bioethikern und ihr Selbstverständnis in unterschiedlichen institutionellen Zusammenhängen untersuchen und versuchen, spezifische Problem- und Konfliktpotenziale zu identifizieren. Abschließen werden wir diesen Teil unserer Untersuchung mit einer Darstellung der Diskussion von Bioethikerinnen und Bioethikern über die Frage, ob bzw. in welchem Sinne sie einen Expertinnen- bzw. Expertenstatus für sich in Anspruch nehmen können und was eine bioethische Expertise ist sowie über die sich daran anschließende Frage, ob professionelle Bioethikerinnen und Bioethiker benötigt werden.

2. Bioethik als angewandte Ethik oder: Was heißt »anwenden«?

Als angewandte Ethik gehört die Bioethik in den Bereich der (philosophischen) Ethik. Diese bildet nach üblicher Auffassung ihre Bezugsdisziplin – auch wenn längst nicht alle Bioethikerinnen und Bioethiker (theologische oder philosophische) Ethikerinnen bzw. Ethiker sind.[271] Angewandte Ethik unterscheidet sich nicht nur von der *Metaethik* als einer Theorie der Bedeutung der moralischen Wörter und der moralischen Urteile bzw. einer Theorie der Begründung von normativen Aussagen einerseits und von einer *deskriptiven Ethik*, der es beispielsweise um eine Beschreibung der in einer Gesellschaft geltenden moralischen Regeln, um die in einer Gruppe vorherrschenden moralischen Auffassungen oder um die empirisch untersuchbaren Bedingungen moralischen Lernens etc. geht andererseits, sondern auch von der *theoretischen normativen Ethik*. Gerade letztere Beziehung, die Beziehung zwischen theoretischer normativer Ethik und angewandter Ethik, wird in der bioethischen Literatur wie in der Literatur zur angewandten Ethik allgemein kontrovers diskutiert. Während man nämlich durchaus sagen kann, das Verhältnis von Metaethik und theoretischer normativer Ethik sei etwa das gleiche wie das Verhältnis zwischen der Wissenschaftstheorie der Physik und der Physik, ist es alles andere als klar, ob man das Verhältnis zwischen theoretischer normativer Ethik und angewandter

---

271 Shanner (1996: 133) ist allerdings der Auffassung, dass »bioethics is an unique enterprise, often quite different not just from philosophical ethics but also from other fields of applied ethics, such as business, legal, or enviromental ethics.«

Ethik in ähnlicher Weise mit dem Verhältnis zwischen theoretischer und angewandter Physik oder Mathematik und angewandter Mathematik vergleichen kann.[272] Was »anwenden« im Zusammenhang angewandter Ethik heißt und worin das Verhältnis zwischen theoretischer normativer Ethik und angewandter normativer Ethik besteht, wird kontrovers diskutiert.

Geht man von dem Wort »anwenden« aus, so scheint die Sache auf den ersten Blick, wie die folgende Charakterisierung von Morscher et al. suggeriert, nicht besonders schwierig zu sein:

»What is applied in Applied Ethics is ethics itself, more precisely, prescriptive or normative ethics, in the sense of a theory or a theoretical enterprise. There is no single prescriptive ethics: what there is instead is a plethora of different theories or attempts at theories in prescriptive ethics. Whenever such an ethical theory, or part or a principle from one, is employed with regard to concrete case or used to solve a moral problem, one is applying ethics.«[273]

»Anwendung« bringt also Morscher et al. zufolge eine dreistellige Relation zum Ausdruck: Jemand (»one«) wendet etwas (»an ethical theory, or part or a principle from one«) auf etwas anderes (»concrete case«, »moral problem«) an.

Diese Rekonstruktion des Anwendungsbegriffes ist freilich noch unterbestimmt. Es scheint sinnvoll, als weitere Relata eine Situationsbeschreibung hinzuzufügen sowie den Zweck oder das Ziel, das mit der Anwendung verfolgt wird. Der Begriff »Anwendung« ließe sich entsprechend folgendermaßen rekonstruieren: *Jemand (A) wendet etwas (P) in einer bestimmten Situation (S) mit dem Ziel (Z) auf etwas anderes (F) an.*

Bereits diese kurze formale Präzisierung des Anwendungsbegriffes macht freilich, setzt man für die Variablen unterschiedliche Kandidaten ein, bereits sichtbar, dass »anwenden« ein sehr viel komplexeres Unterfangen ist, als es die einfache Rede von einer »angewandten Ethik« nahelegt. Bei der Anwenderin bzw. beim Anwender (A) kann es sich um so verschiedene Akteure wie zum Beispiel eine professionelle Ethikerin bzw. einen professionellen Ethiker, ein Mitglied einer Ethik-Kommission oder um eine Ärztin bzw. einen Arzt mit einem spezifischen moralischen Problem handeln. Angewendet (P) werden können ethische Theorien, Prinzipien, Normen, Maximen oder Regeln etc. Die Anwendung kann im Rahmen (S) einer Gutachter- oder Beratertätigkeit erfolgen, in einem konkreten Entscheidungsfall oder beim Abfassen einer Abhand-

---

272 Nida-Rümelin 1996: 4; vgl. auch Kopelman 1990: 200ff.
273 Morscher, Neumaier, Simons 1998: ixf.

lung. Das Ziel (Z) kann beispielsweise in der Lösung eines moralischen Problems bestehen, in der Beratung eines Ratsuchenden oder in der Formulierung von *guidelines*. Bei (F), also dem, worauf etwas angewendet wird, kann es sich um einen einzelnen Problemfall handeln oder um Handlungstypen etc.

Der Ertrag eines solchen Rekonstruktionsversuches ist damit gering. Er erlaubt allenfalls die Erstellung eines Tableaus von Anwendungskontexten. Was genau »Anwendung« in diesen verschiedenen Fällen bedeuten kann erhellt die angedeutete Rekonstruktion nicht; dies hängt offensichtlich von weiteren Überlegungen ab und nicht zuletzt davon, welche Art von normativer Theorie man für aussichtsreich hält. Vor allem aber ist, hält man sich die Komplexität der Anwendungssituationen und die Vielzahl der verschiedenen Einsetzungsmöglichkeiten vor Augen, zumindest nicht von vornherein klar, dass in allen diesen Fällen jeweils das gleiche gemeint ist, wenn von »Anwendung« gesprochen wird.

Kontrovers diskutiert wird in der bioethischen Diskussion allerdings nicht nur die Frage, was »anwenden« heißen kann; umstritten ist auch, ob das üblicherweise unter dem Namen einer »angewandten Ethik« geführte Unternehmen mit diesem Namen überhaupt zutreffend bezeichnet ist. Zahlreiche Autorinnen und Autoren in der bioethischen Diskussion haben genau dies bezweifelt und statt dessen vorgeschlagen, von einer »praktischen Ethik«, von einer »anwendungsorientierten Ethik«, von verschiedenen »Bereichsethiken« oder von »problematic ethics« zu sprechen.

Heiner Hastedt zum Beispiel zieht gegenüber der Rede von einer »angewandten Ethik« den Titel einer »anwendungsorientierten Ethik« vor:

»Auch wenn die Anklänge an die angelsächsische Tradition der *applied philosophy* erwünscht sein mögen, so löst der Titel ›Angewandte Ethik‹ Missverständnisse des Typs aus, daß die eigentliche Ethik in der Angewandten Ethik eben nur angewendet werden muß. Eine solche Auffassung hat Nachteile gegenüber der (…) anwendungsorientierten Ethik, weil eine starre Anwendung einer feststehenden Grundsatznorm weder den praktischen Handlungsfeldern in der Vielfältigkeit ihrer Probleme noch den Reflexionsansprüchen einer philosophischen Ethik gerecht wird.«[274]

Julian Nida-Rümelin dagegen plädiert dafür, den Ausdruck »angewandte Ethik« zugunsten des Ausdrucks »Bereichsethiken« aufzugeben. Denn es sei, meint Nida-Rümelin, anders als der Ausdruck »angewandte Ethik« nahe lege,

---

274 Hastedt 1991: 60f.

»nicht ausgeschlossen, daß für verschiedene Bereiche menschlicher Praxis unterschiedliche normative Kriterien angemessen sind, die sich – sei es aus Gründen der Begrenztheit menschlichen Erkenntnisvermögens oder aus tieferliegenden systematischen Gründen – nicht auf ein einziges System moralischer Regeln und Prinzipien reduzieren lassen. Zumindest erscheint es heuristisch zweckmäßig, größere Komplexe menschlicher Praxis, denen jeweils spezifische Charakterisierungen gemeinsam sind, einer eigenständigen normativen Analyse zu unterziehen.«[275]

Abraham Edel, Elizabeth Flower und Finbarr W. O'Connor wiederum kritisieren am Anwendungsbegriff, dass dieser eine Separierung von Theorie und Praxis nahe lege:

»Applied ethics suggests that its core is in contrast with pure ethics and that what is being applied is a pure or systematic ethical theory. This separation of theory and practice is a holdover from early twentieth-century philosophy, which still haunts the field. If we had the power to legislate, we would prefer the label ›practical ethics‹ or perhaps, ›problematic ethics‹«[276]

3. Methoden der Bioethik[277]

Die Gründe dafür, warum der Anwendungs-Begriff als »irreführende Metapher«[278] oder als »unfortunate choice«[279] angesehen wird, sind vielfältig, hängen aber offenkundig untereinander zusammen. Zahlreiche Autorinnen und Autoren kritisieren an der Anwendungs-Metapher zum Beispiel, dass diese ein Verständnis »angewandter« Ethik nahe lege, bei dem Anwendungsfälle einfach und rückstandslos unter allgemeine Regeln subsumiert werden. Andere sind der Auffassung, die Anwendungsmetapher sei irreführend, da sie suggeriere, theoretische normative Ethik und »angewandte« Ethik seien zwei separierte Unternehmungen und die Beziehung zwischen beiden eine »deduktive Einbahnstraße«,[280] so dass die komplexen Wechselbeziehungen und Rückkop-

---

275 Nida-Rümelin 1996: 63; vgl. auch Nida-Rümelin 1999: 265.
276 Edel et al. 1994: 7.
277 Wir borgen uns diesen Titel von Hare (1996), der seinerseits auf die »Methods of Ethics« von Henry Sidgwick anspielt (vgl. Sidgwick 1909). Hare ist der Auffassung, die in der Bioethik angemessenen Methoden seien die gleichen, die auch in der Moralphilosophie generell angemessen sind. Auch diese Auffassung ist freilich nicht unumstritten.
278 Childress 1997: 38.
279 Edel et al. 1994: 7.
280 Bayertz 1991: 17.

pelungseffekte zwischen theoretischer und angewandter Ethik nicht mehr erkennbar seien. Wieder andere schließlich kritisieren am Anwendungsbegriff, dieser verdecke die Möglichkeit, dass in verschiedenen Handlungsbereichen unterschiedliche moralische Prinzipien oder Normen Geltung besitzen oder problemaufschließend sein könnten.

Deduktiv-hierarchisches Rechtfertigungsmodell

Gemeinsam ist diesen verschiedenen Kritiken am Anwendungsbegriff die Kritik an einem deduktiv-hierarchischen Rechtfertigungsmodell »angewandter« Ethik. Vereinfacht lässt sich dieses Modell folgendermaßen darstellen:[281]

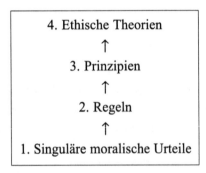

Singuläre moralische Urteile lassen sich diesem Schema entsprechend durch einen mehrstufigen Subsumptionsprozess rechtfertigen: »Particular judgements are justified by moral rules, which in turn are justified by principles, which ultimatively are defended by an ethical theory.«[282]

Dass die Pfeile im Schema von Tom L. Beauchamp und James Childress von unten nach oben zeigen ist allerdings in zweifacher Hinsicht irreführend. Die Rechtfertigungskaskade für singuläre Urteile verläuft, folgt man dem Modell, von oben nach unten und gerade nicht umgekehrt. Begründen heißt in diesem Modell singuläre Urteile auf übergeordnete Regeln und Prinzipien zurückzuführen, die sich durch ihre größere Abstraktheit und ihren höheren

---

281 Vgl. Beauchamp/Childress 1989: 6.
282 Beauchamp/Childress 1989: 7.

Systematisierungsgrad auszeichnen. Die Geltung einzelner Urteile verdankt sich also der Geltung dieser übergeordneten Regeln und schließlich der ethischen Theorie, von der diese abgeleitet werden können. Irreführend ist das Schema von Beauchamp und Childress jedoch auch deshalb, weil die beiden Autoren selbst einen Ansatz verfolgen, der von einer »Letztbegründung« von Regeln oder Prinzipien in einer ethischen Theorie gerade abzusehen versucht.[283] Beauchamp und Childress schwebt, wie sie sagen, »in opposition to monistic or absolutistic theories« eine »composite theory« vor.[284] Die von ihnen favorisierten »Principles of Biomedical Ethics« sollen nur prima facie-Geltung besitzen: »A composite theory permits each basic principle to have weight without assigning a priority weighting or ranking.«[285] Eine solche Konzeption sei daher, wie Beauchamp an anderer Stelle schreibt,

»the enemy, not the friend, of deductivism. It is not the function of prima facie principles to be instruments for *deducing* unexceptionable rules or judgements. On the prima facie model, the rightness or permissibility of an action cannot in any situation of contingent conflict be derived directly from principles or rules and is always dependent on moral thinking in the circumstances of conflict. A nondeductivist account of moral thinking therefore must supplement any moral theory committed to prima facie principles or rules.«[286]

Der *principlism* von Beauchamp und Childress, der über Jahre die bioethische Diskussion bestimmte, wurde in Kapitel II bereits ausführlicher dargestellt. An dieser Stelle reicht der Hinweis, dass Beauchamp und Childress mit ihrer Konzeption, die Prinzipien mittlerer Geltungsweite und mittlerer Begründungstiefe ins Zentrum stellt, in gewisser Weise eine vermittelnde, *kohärentistische* Position eingenommen haben zwischen *deduktivistischen* Ansätzen einerseits, die einem *top-down*-Modell von Begründung folgen, und *kontextualistischen* Ansätzen andererseits, die umgekehrt ein *bottom-up*-Modell favorisieren.[287]

Die Ausdrücke Deduktivismus, Kontextualismus und Kohärentismus für die drei Methoden der Bioethik sind freilich alles andere als trennscharf. Wie sich im Folgenden erweisen wird, fassen sie jeweils sehr unterschiedliche Kon-

---

283 Vgl. dazu auch: Degrazia 1992: 519; Clouser und Gert 1990: 231 haben den Umstand besonders hervorgehoben, dass an der Spitze des Diagramms von Beauchamp und Childress »ethical theories« stehen, statt einer »single unified ethical theory«.
284 Beauchamp/Childress 1989: 51.
285 Ebd.
286 Beauchamp 1996: 87.
287 Eine differenziertere Einteilung findet sich beispielsweise bei Kamm 1988.

zeptionen zusammen. Das gilt insbesondere für den Kontextualismus, der neben kasuistischen Konzeptionen zum Beispiel auch feministische oder narrative bioethische Ansätze umfassen soll. Ohnehin handelt es sich bei dieser Unterscheidung von drei verschiedenen methodischen Zugängen um eine künstliche Unterscheidung, die von vielen Bioethikerinnen und Bioethikern heute als nicht mehr adäquat angesehen wird. Es scheint, als habe sich die methodische Diskussion inzwischen längst irgendwo in der Mitte zwischen *top-down* und *buttom-up*-Ansätzen getroffen.[288] Mitunter fällt es sogar schwer, die methodischen Differenzen zwischen verschiedenen Positionen überhaupt noch zu identifizieren. Wenn wir dennoch an der Unterscheidung zwischen Deduktivismus, Kontextualismus und Kohärentismus für den Moment festhalten, dann deshalb, weil es uns an dieser Stelle nicht um die Rekonstruktion der bioethischen methodischen Diskussion geht, sondern um eine Diskussion der Vor- und Nachteile der verschiedenen methodischen Zugänge.

3.1 Deduktivismus

Das deduktivistische Modell wurde bei unserer Diskussion des Anwendungsbegriffes bereits angedeutet. Die Rechtfertigung oder Begründung singulärer moralischer Urteile erfolgt durch die Anwendung abstrakter moralischer Prinzipien oder Theorien wie beispielsweise utilitaristischer Konzeptionen, dem kategorischen Imperativ Kants oder dem Autonomie-Prinzip auf Handlungen, konkrete Fälle, Problemsituationen oder möglicherweise auch auf Personen. Das Verfahren ist dabei, wie Donagan feststellt, rein deduktiv:

»The structure consisting of fundamental principle, derived precepts, and specificatory premises is strictly deductive; for every derived precept is strictly deduced, by way of some specificatory premise, either from the fundamental principle or from some precept already derived... [S]ome concept either in the fundamental principle or in a derived precept is applied to some new species of case.«[289]

Wie man sich diesen Prozess der Anwendung im Sinne einer Deduktion genauer vorstellen soll, wird von Morscher et al. folgendermaßen beschrieben:

---

288 Das ist auch der Eindruck der Herausgeber eines Sammelbandes, der der philosophischen Reflexion der Bioethik gewidmet ist: Sumner/Boyle 1996: 7.
289 Donagan, zit. nach Beauchamp 1996: 86.

»The answer is simple: the application of moral principles and ethical theories to concrete situations, problems, conflicts etc. is nothing else but the application of a covering principle (generalising from the term ›covering law‹), using what we may call *subsumptive inference*. From a given moral principle and a serious of instantiations of the antecedent conditions, sentences which are empirically verifiable, we may infer the corresponding instantiations of the prescriptive consequence.

In standard cases we need only elementary logic to show the validity of a subsumtive inference, using the simple inference rules of *Universal Instantiation (UI), Conjunction Introduction (CI)* and *Modus Ponens (MP)*, in the following form:

1. $\forall x\,[(D_1 x \wedge D_2 x \wedge D_3 x \wedge \ldots \wedge$
   $D_n x) \to Px]$ Moral principle
2. $D_1 a$
3. $D_2 a$
4. $D_3 a$ $\left.\rule{0pt}{4.5em}\right\}$ Antecedent conditions
.

.

.

$n + 1.\ D_n a$
$n + 2.\ (D_1 a \wedge D_2 a \wedge D_3 a \wedge \ldots \wedge D_n a)$
$\quad \to Pa$ (1,UI)
$n + 3.\ D_1 a \wedge D_2 a \wedge D_3 a \wedge \ldots \wedge D_n a$ (2, 3, …, n+1, CI)
$n + 4.\ Pa$ (n+2, n+3, MP)

Of course subsumptive inferences may take on more complicated forms, and in particular they may employ theorems and inference rules of prescriptive (evaluative or normative) logics.«[290]

Was das deduktivistische Modell angewandter Ethik attraktiv macht ist leicht einzusehen: Einzelfallurteile bedürfen immer einer Begründung um nicht willkürlich und beliebig zu sein. Genau diese Begründung vermag das deduktivistische Modell zu liefern, in dem es ermöglicht, Einzelfallurteile durch einen Rekurs auf höherstufige Prinzipien zu rechtfertigen, die selbst (möglicherweise) wiederum durch einen Rekurs auf eine grundlegende moralische Theorie gerechtfertigt werden können. »The application of moral principles to concrete cases serves primarily to furnish particular moral problems with rationally justifiable prescriptive solutions that are carefully, critically and systematically thought out.«[291] Die Richtigkeit eines singulären moralischen Urteils ist also im Rahmen eines deduktivistischen Modells durch die Richtigkeit oder Plausi-

---

290 Morscher et al. 1998 xiv.
291 Ebd.

bilität des zugrundeliegenden Prinzips bzw. der zugrundeliegenden Moraltheorie verbürgt. Natürlich teilt, wie Nida-Rümelin zu Recht bemerkt, diese Auffassung angewandter Ethik »mit dem erkenntnistheoretischen Rationalismus das Problem, das Fundament zu bestimmen, auf dem sich das deduktive Gebäude der Gesamttheorie erheben kann.«[292] Die Qualität der erreichbaren Begründung hängt also, mit anderen Worten, noch immer davon ab, in welchem Sinne das zugrundeliegende Prinzip bzw. die zugrundeliegende Moraltheorie als begründet gelten können, davon also, ob diese als »objektiv richtig« beweisbar oder nur als plausibel ausweisbar sind. Von diesem Problem einmal abgesehen ist jedoch klar, dass ein Mehr an Begründung, als eine Verankerung von Einzelfallurteilen in höchst abstrakten Prinzipien oder Theorien sie zu leisten vermag, schwer vorstellbar ist.

Die Attraktivität des deduktivistischen Modells hat freilich noch einen zweiten Grund. Im Rahmen des deduktiven Rechtfertigungsmodelles scheint es aufgrund der hohen Systematisierungsleistung dieses Modells prinzipiell möglich zu sein, auf *jedes* moralische Problem eine *eindeutige* Antwort zu geben. Das hängt damit zusammen, dass entweder an der Spitze des hierarchisch geordneten Ganzen ein einziges moralisches Prinzip steht (Prinzipien-Monismus), oder aber, sollte es mehrere verschiedene, möglicherweise konfligierende moralische Prinzipien geben (Prinzipien-Pluralismus), ein Regelwerk von Vorrang- oder Vorzugsregeln zur Verfügung steht, das eine lexikalische Ordnung der Prinzipien erlaubt. Dies verhindert nicht nur die Möglichkeit von – zum Beispiel durch einen Appell an moralische Intuitionen »begründeten« – Ausnahmen, sondern auch die Möglichkeit echter moralischer Dilemmasituationen. »This structure«, so auch Beauchamp, »constitutes the authority empowered to override any apparent moral conflict.«[293] Es kann daher kaum überraschen, dass dieser Umstand – neben der Begründungsproblematik – ein deduktivistisches Verfahren gerade in einem Bereich wie der Bioethik besonders attraktiv macht, der durch das gehäufte Auftreten moralischer Dilemmasituationen geprägt ist, und wo von der Ethik handlungsorientierende Antworten (*moral action guides*) erwartet werden.

---

292 Nida-Rümelin 1996: 57.
293 Beauchamp 1996: 82.

Trotz ihrer Attraktivität hat die deduktivistische Methode in der Bioethik allerdings vielfältige Kritik auf sich gezogen. Kritisiert werden – in theoretischer Perspektive – nicht nur die überzogenen Erwartungen, die mit einem deduktiven Rechtfertigungsmodell verknüpft werden; bezweifelt wird – in praktischer Perspektive – auch, ob ein deduktives Rechtfertigungsmodell den besonderen Anforderungen, die sich an eine angewandte Ethik richten, tatsächlich gerecht werden kann. Eine Reihe dieser Einwände werden wir im Folgenden exemplarisch darstellen:

Ein erster Einwand gegen das deduktivistische Modell hat mit der bereits angesprochenen Problematik zu tun, dass die »Qualität« erreichbarer Begründungen in diesem Modell davon abhängt, in welchem Sinne das zugrunde liegende Prinzip bzw. die zugrunde liegende Moraltheorie als begründet gelten können. Diese können, etwas vereinfacht, entweder »objektiv richtig« bzw. »zwingend« sein, oder aber nur plausibel. Was die erste Möglichkeit angeht, so wird die Hoffnung, eine Moralkonzeption lasse sich als »objektiv richtig« demonstrieren, heute nur noch von wenigen vertreten. Die Mehrzahl der Ethikerinnen und Ethiker anerkennt vielmehr den Pluralismus als Faktum: Nicht nur gibt es – zumindest in liberalen Gesellschaften – de facto eine Pluralität von ethischen und moralischen Auffassungen und Überzeugungen; auch die verschiedenen Versuche einer »Letztbegründung« haben sich als – zumindest bislang – wenig überzeugend herausgestellt. Kann allerdings die Geltung von Prinzipien oder ganzen Moralkonzeptionen nicht als »zwingend« demonstriert werden, dann gilt auch für die aus diesen Prinzipien oder Theorien abgeleiteten singulären Urteile, dass sie nicht »zwingend« sind. Ein begründeter Dissens bleibt also grundsätzlich immer möglich, wie gut die Begründung innerhalb eines bestimmten *frameworks* im Einzelfall auch ausfallen mag. Eine noch so brillante Argumentation einer Utilitaristin wird nicht verhindern, dass möglicherweise ein Kantianer – und zwar mit guten Gründen – zu einer anderen Auffassung gelangt. Die vom deduktivistischen Modell geweckte Erwartung an die Begründungsleistung von Moralkonzeptionen ist in dieser Hinsicht also bestenfalls überzogen.

Dies bedeutet nun natürlich nicht, dass eine Begründung moralischer Urteile unmöglich wäre. »Begründung« kann dann aber nur noch heißen, Plausibilitätsgründe für die eigenen Überzeugungen zu formulieren. Solche Gründe

»zwingen nicht, sondern machen nur dazu geneigt, dem Begründeten zuzu-stimmen.«[294] Fragt man sich aber nach den Ressourcen für Plausibilitätsgrün-de, dann scheint klar, dass bei einer Begründung im Sinne einer Plausibilisie-rung – neben beispielsweise Rationalitätserfordernissen – in der Regel auch moralische Intuitionen eine mehr oder minder große Rolle spielen. In die Ethik fließt, mit anderen Worten, »ein irreduzibles Moment von Subjektivität«[295] ein.

Dieser Umstand führt nach Ansicht mancher Bioethikerinnen und Bioethi-ker nicht nur dazu, dass ethische Expertise von Nicht-Ethikerinnen und Nicht-Ethikern in Ethik-Kommissionen und anderen Gremien häufig letztlich für eine bloße Geschmacksfrage gehalten wird; auch für die angewandte Ethik selbst stellt sich das Problem, wie die unausweichliche »Kontamination« moralischer Prinzipien bzw. Theorien durch moralische Intuitionen kontrolliert werden kann. Man müsse sich fragen, so beispielsweise Holmes,

> »whether ethicists hold the particular positions they do on issues of bioethics because those posi-tions follow from the application of what they consider to be the correct normative theories, or whether what they take to be the correct normative theories (along with the philosophical scaffol-dings that goes into the interpretation and applying them) is determined by what supports their pre-critical convictions on specific moral issues.«[296]

Eng mit diesem ersten Einwand zusammen hängt ein zweiter Einwand gegen das deduktivistische Modell. Generelle moralische Prinzipen bzw. Moraltheo-rien seien, wird behauptet, grundsätzlich *unterbestimmt* und erlaubten daher keine einfache Ableitung singulärer Urteile. »That is, even with knowledge of the relevant facts, deductivist theories cannot determine an answer for each moral problem; in fact, they generally do not come close.«[297] Von generellen moralischen Prinzipien bzw. Theorien führt, anders als das deduktivistische Modell verspricht, kein einfacher Weg zu Einzelfallurteilen. Für die Gewin-nung von Antworten ist, um den kantischen Terminus zu benutzen, die »be-stimmende Urteilskraft« allein nicht ausreichend.[298] Moralische Prinzipien, so auch Hoffmaster, »are too general and vague to apply determinately to concre-te situations. In any moral controversy the question of whether, and, if so, how,

---

294 Birnbacher 1993: 61.
295 A.a.O.: 62.
296 Holmes 1990: 149f.
297 DeGrazia 1992: 513.
298 Zur Unterscheidung zwischen bestimmender und reflektierender Urteilskraft: Kant 1983: 251.

a principle is to be brought to bear upon that dispute is itself contentious.«[299] Dies wird, neben einer Reihe weiterer Gründe, als ein wichtiger Grund für die häufig zu machende Beobachtung genannt, dass auch Ethikerinnen und Ethiker, die ansonsten ein moralisches Prinzip bzw. eine Moralkonzeption teilen, im Einzelfall durchaus zu divergierenden Bewertungen gelangen können.

Indirekte Bestätigung erfährt die Unterbestimmtheits-Behauptung auch dadurch, dass moralisches Denken, wie Tom L. Beauchamp darlegt, in aller Regel tatsächlich nicht in der Ableitung von Einzelfallurteilen aus einem oder einigen wenigen Prinzipien besteht, sondern wesentlich komplexer ist:

»[T]he lines of descent in our moral thinking are much more complicated (both buttom up and top down) than the linear model of deductive subsumption can capture, whether or not principles are involved. When we deliberate about and reach difficult moral judgements, we almost never move to a conclusion from one or two principles or even from one or two considered judgements at any level. Several norms often join together in practical judgement. Not some linear descent of argument, but several persuasive and often loosely related considerations support our considerations.«[300]

Die Unterbestimmtheit von Prinzipien oder Theorien im Hinblick auf einzelne problematische Fälle, Handlungen oder Personen führt aber nicht nur dazu, dass diese der Praxis gegenüber gleichsam »leer« bleiben, sondern führt bzw. verführt, wie Holmes meint, dazu, dass mit ihrer Hilfe und unter Ausnutzung des unvermeidlichen Interpretationsspielraumes im Grunde (beinahe) jede Position mit (beinahe) jedem Prinzip bzw. mit (beinahe) jeder Theorie kompatibel gemacht werden kann. Das Prinzip bzw. die Theorie wäre dann für die Beurteilung von Einzelfällen kaum noch von größerer Bedeutung, das Ergebnis der Anwendung, also das konkrete Urteil, nicht viel mehr als eine Art elaboriertes Vorurteil:

»One could, of course, have an antecedent commitment to a particular normative theory, ›apply‹ that theory to a problem in bioethics, then accept the result even if that meant abandoning the initially firmly held conviction. One wonders, however, how often that happens. One need not be unduly sceptical to suspect that philosophers rarely change their views about issues like abortion and euthanasia because they become convinced that as Kantians, consequentialists, or whatever, they cannot consistently hold that position. Even if one remains committed to the initial theory, a little philosophical ingenuity can almost always make it yield the desired outcome when it is allied. (…) Given enough assumptions, any of the standard normative theories can be interpreted

---

299 Hoffmaster 1993: 369.
300 Beauchamp 1996: 88.

so as to support either side on most controversial issues in bioethics. To detail the particulars of how that theory ›applies‹ in some specific case may be interesting and of some theoretical value, but it cannot claim any greater objective warrant than simply committing oneself to one side or the other on the initial problem at the outset.«[301]

Während die beiden bislang genannten Einwände gegen den Deduktivismus eher theoretischer Natur waren, stellen die verbleibenden Einwände in Frage, ob dieses Modell den besonderen Anforderungen, denen sich eine angewandte Ethik gegenübersieht, angemessen ist. Sie haben alle in der einen oder anderen Weise mit einer behaupteten *Alltagsferne* genereller normativer Prinzipien bzw. Moraltheorien zu tun.

Diese Alltagsferne moralischer Prinzipien und Theorien zeigt sich zunächst bereits in der Diskrepanz ihrer Ergebnisse mit der Alltagsmoral und den oft extrem kontraintuitiven Ergebnissen angewandt-ethischer Untersuchungen.[302] Zu denken wäre dabei zum Beispiel an die Rechtfertigung des Infantizids,[303] den Speziesismus-Vorwurf[304] oder auch an die Forderung nach umfangreicher Hilfeleistung für Menschen in der Dritten Welt.[305] Den entscheidenden Grund für diese Diskrepanz sehen Kritikerinnen und Kritiker in den Übersimplifizierungen und einem Vereinheitlichungsstreben des deduktivistischen Modells:

»The reductionist program of simplification and unification is the heart of the problem. The reductions proposed are less plausible than the initial considered judgement and create more problems and doubts than those judgements themselves create. Although philosophical ingenuity is not lacking in these writings, close contact is often lost with the widely shared, core premises in that body of norms of conduct from which philosophical thinking about ethics begins (but does not end).«[306]

Diese Distanz wird, wie DeGrazia festhält, insbesondere von solchen Philosophinnen und Philosophen als problematisch empfunden, die in klinischen Zusammenhängen medizinische Ethik unterrichten. »Moral philosophers«, so DeGrazia,

301 Holmes 1990: 149.
302 Ironischerweise haben frühe Kritikerinnen wie Noble (1982) der angewandten Ethik diese aufgrund ihres latenten Konservativismus kritisiert. Ihre Ergebnisse und Schlussfolgerungen seien »conventional and tame« (1982: 8). Vgl. dazu auch Jamieson 1988; Macklin 1988 und die Antworten auf Noble von Singer (1982), Wikler (1982) und Beauchamp (1982).
303 Tooley 1983.
304 Singer 1979.
305 Singer 1972a.
306 Beauchamp 1996: 85.

»who have taught medical ethics in clinical settings are often surprised to learn how infrequently it seems necessary to refer to theories, as opposed to principles or rules supportable by various theories. Indeed, for such teachers, tracing these norms back to theories often seems irresponsible, for risking unnecessary complication of the issues, or for dogmatic adherence to a theory when pluralism seems more appropriate. And actual ethical decision-making in medicine suggests the remoteness of ethical theories.«[307]

Der tiefere Grund für diese Distanzerfahrung liegt dabei, wie manche Kritikerinnen und Kritiker meinen, weniger darin, dass Ethikerinnen und Ethiker als nicht in die klinischen Praxis eingebundene Personen etwa das erforderliche Wissen fehlte. Er hat vielmehr etwas damit zu tun, dass die Instrumente, also die Prinzipien und ethischen Theorien, für die Erfassung der komplexen Situationen in der Realität untauglich seien:

»Academic philosophers tend to have a specific and limited set of tools – a theory or a set of principles – and we often try to apply them equally in courtrooms, boardrooms, hospital rooms, private rooms, and everywhere else we go. Often this tools work well across the range of settings, but sometimes they seem to miss the point, and sometimes they compound the dilemmas and confuse us even further. Approaching a complex, real-life situation with a theoretical framework in mind sometimes allows us to answer a theoretical question that was asked, but fails to respond adequately to the more difficult practical problem. This is the heart of criticisms that philosophers inhabit ivory towers and know not of what they speak – for a philosopher attempting to work in applied areas like bioethics, such a criticism is damning indeed.«[308]

Das Problem angewandter Ethik besteht für Shanner mit anderen Worten also nicht nur darin, dass Philosophinnen und Philosophen auf die Komplexität realer Situationen nicht ausreichend vorbereitet seien oder etwa unwillig, sich auf diese in gebührender Weise einzulassen. Es sind – wie sie anhand eines Sprichwortes zu verdeutlichen versucht – vielmehr die theoretischen Instrumente, die Prinzipien und Theorien selbst, die eine adäquate Erfassung realer Probleme ihrer Meinung nach tendenziell vereiteln: »When all you have is a hammer, everything looks like a nail.«[309] Deduktivistische Modelle sind, mit anderen Worten, nicht nur einfach »kontextvergessen«; sie erschweren auch eine adäquate Erfassung komplexer Situationen.

Eng mit diesem Vorwurf hängt schließlich auch die von Jamieson und anderen gemachte Beobachtung zusammen, dass es in einem Gutteil der Litera-

---

307 DeGrazia 1992: 514.
308 Shanner 1996: 116.
309 Ebd.

tur zur angewandten Ethik nicht wirklich um die Anwendungsprobleme geht, die vorgeblich das Thema der Untersuchung sind:

»Some philosophers write about animal rights because they are concerned with the nature and scope of rights in general. Other philosophers address the physician/patient relationship because of their interest in arguments for and against paternalism and coercion. Problems of world hunger provide a convenient backdrop to discussions of action theory and its relation to moral responsibility. The list could go on. I do not mean to suggest that everyone working in applied ethics has a hidden agenda, only that much work that seems to be about ›real issues‹ is not. (...) To put the point the other way: some of the critics of applied ethics have noticed, perhaps obliquely, that most work in *Philosophy and Public Affairs*, for example, is really about philosophy rather than public affairs.«[310]

Anstatt reale Probleme zu diskutieren, werden Anwendungsbeispiele in Abhandlungen zur angewandten Ethik häufig nur zur Illustration eines Moralprinzips oder bestenfalls als »Gedankenexperiment«, mit dessen Hilfe die Schwächen oder Stärken einer normativen Theorie »getestet« werden sollen, herangezogen.[311]

Der Deduktivismus als Methode der Bioethik ist also, so lässt sich die Kritik pointiert zusammenfassen, inadäquat, weil er erstens durch seine Orientierung an generellen Prinzipien und abstrakten Theorien überzogene und uneinlösbare Erwartungen an die Begründungsleistungen angewandter Ethik wecke, weil zweitens generelle Prinzipien und moralische Theorien prinzipiell zu unbestimmt seien, als dass sich hieraus im Zuge eines deduktiven Verfahrens Handlungsanleitungen oder Einzelfallurteile gewinnen ließen, weil er drittens zu reduktionistischen Vereinheitlichungstendenzen und Übersimplifizierungen neige, weil er viertens eine adäquate Erfassung komplexer realer Situationen durch das »Überstülpen« eines unflexiblen Theorieapparates nicht nur zufällig, sondern systematisch erschwere und weil er schließlich fünftens generell zu einer Abwertung des Anwendungsproblems tendiere.

---

310 Jamieson 1988: 134.
311 Vgl. auch Bayertz (1991: 13), der hierin einen zentralen theoretischen Grund für die Geringschätzung der angewandten Ethik in der neueren Moralphilosophie sieht.

3.2 Kontextualismus

Die Entwicklung und Formulierung kontextualistischer Ansätze in der Bioethik geht teilweise als Reaktion auf die Defizite des deduktivistischen Modells zurück, verdankt sich andererseits aber auch den praktischen Erfahrungen, die Ethikerinnen und Ethiker in Gremien und Kommissionen machen konnten.[312] Die Bemühungen um einen Neuansatz sind dabei so vielfältig wie die Kritikmotive am Deduktivismus. Unter dem Titel Kontextualismus fassen wir an dieser Stelle – ansonsten so unterschiedliche – Ansätze wie kasuistische oder Fürsorge-Ethiken (*care ethics*), aber auch narrative Ansätze und tugendethische Konzeptionen zusammen. Wir haben einige dieser Ansätze im zweiten Kapitel bereits ausführlicher vorgestellt. Gemeinsam ist den verschiedenen Ansätzen die Forderung, die behauptete Alltagsferne des deduktivistischen Modells zu überwinden und statt dessen die realen Problemkonstellationen in ihrer Komplexität wieder in das Zentrum zu stellen und die sozialen Kontexte, in die diese eingebettet sind, mit in den Blick zu nehmen. Der Unterschied zwischen einem deduktivistischen Modell angewandter Ethik und einem kontextualistischen Ansatz besteht damit, wie Winkler zu Recht hervorhebt, in unterschiedlichen Auffassung davon, wie moralisches Denken, Begründen und Entscheiden aussehen kann:

»Traditional moral philosophy has virtually identified the possibility of genuine moral knowledge with the possibility of universally valid ethical theory. Accordingly, it has supposed that all acceptable standards, of every time and place, can be rationally ordered and explained by reference to some set of fundamental principles. A corollary of this conception of moral knowledge has been the view that moral reasoning is essentially a matter of deductively applying basic principles to cases.«

Der Kontextualismus dagegen ist, wie Winkler meint,

»sceptical about the very possibility of any complete, universally valid ethical theory that is even remotely adequate to the moral life. This scepticism springs from the sense that whatever appearance of universality is achieved by general normative theory is necessarily purchased at the price of separating thought about morality from the historical and sociological realities, traditions, and practices of particular cultures. The result of this separation is a level of abstraction and ahistoricism that makes traditional ethical theory virtually useless in guiding moral decision-making about real problems in specific social settings. This is the fundamental reason for

---

312 Jonsen 1995: 239.

contextualism's claim that we would do well to separate our thoughts about intellectual ambitions of normative theory, having to do with systematic, ordered, synoptic, but inevitably oversimplified understandings of the complex phenomenon of social morality, from thoughts about the practical usefulness of its constructions.«[313]

Die Proponentinnen und Proponenten alternativer Möglichkeiten bioethischen Nachdenkens und Entscheidens, so auch Jonsen, »all favor, I think, the opinion, modestly proposed, that the case is the base of moral perception, reasoning, and judgement.«[314] Höherstufige moralische Prinzipien oder Normen stehen, sofern sie in diesen Ansätzen überhaupt noch eine (wichtige) Rolle einnehmen, am Ende des Reflexions- und Entscheidungsprozesses, nicht an dessen Anfang. Im Unterschied zum deduktivistischen Modell, das wir als *top-down*-Modell beschrieben hatten, handelt es sich bei kontextualistischen Konzeptionen also *cum grano salis* um *bottom-up*-Modelle.

Kasuistik

Ein prominentes Beispiel für kontextualistische Ansätze ist die von Albert R. Jonsen und Stephen Toulmin »wiederentdeckte« Kasuistik.[315] Im Zentrum kasuistischer Überlegungen steht die Beurteilung konkreter moralischer Probleme oder Problemkonstellationen auf der Basis realer, detaillierter und umfassender Situationsbeschreibungen, die in drei Schritten erfolgt.[316] In einem ersten Schritt geht es zunächst um das »who, what, why, when, and where«[317] einer Situation. Die »Umstände«, in denen ein Problem sich stellt oder in denen eine Problemkonstellation verortet ist, werden dabei nicht als (vernachlässigbare) Randbedingungen verstanden, sondern im Gegenteil als Rahmenbedingungen mit moralischer Relevanz wahrgenommen. Sie sind für ein adäquates Verständ-

---

313 Winkler 1996: 73f.
314 Jonsen 1995: 250.
315 Jonsen/Toulmin 1988.
316 Bei unserer Unterscheidung von drei Schritten der kasuistischen Ethik handelt es sich um eine analytische Unterscheidung. Folgt man den Überlegungen kasuistischer Ethikerinnen und Ethiker, muss man moralisches Denken und Entscheiden eher als einen Prozess verstehen, bei dem die verschiedenen Aspekte geflechtartig miteinander ins Spiel gebracht und immer wieder neu aufeinander bezogen werden.
317 Jonsen 1995: 243.

nis einer Situation konstitutiv; die Umstände, so Jonsen, »make the case«.[318] In einem zweiten Schritt werden Probleme oder Problemkonstellationen im Lichte tradierter bzw. sozial eingebetteter Normen diskutiert. Hierbei spielen »paradigmatische Fälle«, Präzedenzfälle, Analogien und Disanalogien, Modelle, Klassifikationsschemata und Intuitionen eine entscheidende Rolle. Ein dritter und letzter Schritt kasuistischer Ethik schließlich besteht im Vergleich verschiedener Fälle:

»In this view, ethical reasoning is primarily reasoning by analogy, seeking to identify cases similar to the one under scrutiny and to discern whether the changed circumstances justify a different judgement in the new case than they did in the former. (…) The ultimate view of the case and its appropriate resolution comes, not from a single principle, nor from a dominant theory, but from the converging impression made by all of the relevant facts and arguments that appear.«[319]

Kasuistisches Denken misst Moraltheorien daher nur eine sehr begrenzte Bedeutung zu. Mit Ausnahme einiger weniger Problemkonstellationen, so Jonsen,

»[c]asuistry does not need moral theory (…) And even when the story is appropriately invoked, casuistry has no special theoretical allegiances, proposing instead that one ethical theory might be suited for certain sorts of problems, and another for others.«[320]

Gleichwohl ist auch kasuistisches Denken für Jonsen nicht gänzlich »theoriefrei«. Einzelfallentscheidungen müssen in einen größeren Rahmen einbettbar sein. »The particular judgement itself must be fitted into a larger set of judgements about moral suitability of behaviour and practices.«[321] Auf diese Weise lassen sich Prinzipien oder Maximen gewinnen. Dies bedeutet aber, dass solche allgemeineren Prinzipien nicht einfach auf konkrete Fälle angewendet werden können; sie werden vielmehr durch die Analyse konkreter Situationen erst gewonnen und in deren Licht ständig revidiert:

»(…) principles that are invoked in any case of moral perplexity are ›fitted‹ into the contexts and patterns of circumstances. Any principle or maxim, acknowledged as morally important in itself, becomes relevant within such a factual pattern. Principles and maxims ›come into focus‹ against a background of circumstances. Change the background either by addition or removal of some fact or by hightening or shading of the circumstances, and one or another maxim will appear more vividly and centrally. Seeing these patterns constitutes an essential feature of moral judgement.«[322]

---

318 Ebd.: 243.
319 A.a.O.: 245.
320 A.a.O.: 246.
321 Jonsen 1996: 45.
322 A.a.O.: 46.

Für die Gewinnung solcher Prinzipien oder Maximen und deren Revidierung ebenso wie für die Identifizierung ›paradigmatischer Fälle‹, die gleichsam zum Abgleich mit dem aktuellen Fall dienen sollen, ist Urteilskraft erforderlich. Allerdings reicht hier, anders als im deduktivistischen Modell, die bestimmende Urteilskraft nicht aus. Erforderlich und entscheidend ist vielmehr ein Vermögen, das Kant »reflektierende Urteilskaft« genannt hatte.

Alltagsnähe und Kontextsensibilität

Der entscheidende Vorzug kontextualistischer Ansätze in der Bioethik besteht offenkundig darin, die »Alltagsferne«, die an deduktivistischen Modellen kritisiert wird, zu vermeiden. Wenn »circumstances make the case«, dann besteht die primäre Aufgabe der Ethik gerade in einer möglichst adäquaten, kontextsensiblen Wahrnehmung und Erfassung von – immer komplexen – Problemkonstellationen. Ein solches Vorgehen soll der Gefahr vorschneller Generalisierungen ebenso vorbeugen wie der Gefahr, Fälle, die sich in relevanten Aspekten unterscheiden, über den Kamm eines einzigen Prinzips bzw. einiger weniger Prinzipien zu scheren. Die »Tyrannei« der Prinzipien[323] wird zugunsten einer Methode gebrochen, die vom »who, what, why, when, and where« konkreter, individueller Fälle und Probleme ihren Ausgang nimmt. Dies bedeutet auch, dass kontextualistische Konzeptionen wie die kasuistische Ethik der am deduktivistischen Modell kritisierten Abwertung des Anwendungsproblems entgegenwirken. Die kasuistische Ethik impliziert, wie Kurt Bayertz hervorhebt, »eine starke Aufwertung der Anwendungsdiskussion und hebt Elemente der moralischen Urteilsbildung in Einzelfällen hervor, die von der Regel- und Prinzipienethik oft unterschlagen oder vernachlässigt worden sind.«[324] Die Attraktivität kontextualistischer Konzeptionen erweist sich damit gerade in jenen Bereichen, in denen, wie in der Medizinethik, individuelle Fälle, einzelne Patienten und konkrete Schicksale im Mittelpunkt der Diskussion stehen.

Die Alltagsnähe kontextualistischer Ethiken zeigt sich, wie ihre Proponentinnen und Proponenten meinen, auch darin, dass sie ein realistischeres Bild davon zeichnen als das deduktivistische Modell, wie moralisches Denken und

---

323 Toulmin 1981.
324 Bayertz 1991: 17.

Entscheiden im Alltag aussehen. Im Alltag wird man nur sehr selten, wenn überhaupt, von generellen Prinzipien oder Moraltheorien ausgehen, um Einzelfälle zu beurteilen. Moralisches Denken besteht vielmehr in einem komplizierten Wechselspiel von Situationsbeschreibungen, »morally appreciated circumstances«,[325] Analogieschlüssen, moralischen Intuitionen und weithin akzeptierten Prinzipien und Normen. Und auch das Ergebnis moralischen Nachdenkens besteht in den seltensten Fällen in einer »zwingenden« und eindeutigen »Lösung« eines Problems. Kontextualistische Ansätze in der Bioethik nehmen, mit anderen Worten, das aristotelische Prinzip der gegenstandsadäquaten Genauigkeit ernst und begnügen sich »mit demjenigen Grade von Bestimmtheit (…), der dem gegebenen Stoffe entspricht.«[326]

Ein weiterer wichtiger Grund für die besondere Attraktivität kontextualistischer Ansätze in der Bioethik besteht – neben deren Alltagsnähe – darin, dass ein Verfahren, das bei konkreten Fällen und moralischen Alltagserfahrungen ansetzt, größere Aussichten darauf eröffnet, bei Diskussionen in Kommissionen oder Gremien zu einem moralischen Konsens zu gelangen. Offenbar ist es sehr viel einfacher, hinsichtlich der Bewertung von Einzelfällen zu konsensuellen Urteilen zu kommen, als hinsichtlich der Gründe, die für die jeweiligen Wertungen in Anspruch genommen werden. Erfahrungsgemäß lassen sich größere inhaltliche Konvergenzen hinsichtlich singulärer Urteile oder auch hinsichtlich zu formulierender *guidelines* auch bei Teilnehmerinnen und Teilnehmern auffinden, die ansonsten in divergierenden ethischen Traditionen verwurzelt sind – solange die Gründe, die für diese Urteile bzw. die für die Formulierung entsprechender *guidelines* jeweils in Anspruch genommen werden, nicht selbst zum Gegenstand der Auseinandersetzung werden.[327]

Kritik am Kontextualismus

Auch kontextualistische Ansätze in der Bioethik und insbesondere das kasuistische Ethikmodell, mit dem wir uns an dieser Stelle vorrangig beschäftigt haben, werden – trotz ihrer in der Regel durchaus auch von Gegnerinnen und

---

325 Jonsen 1996.
326 Aristoteles 1995: 106.
327 Jonson/Toulmin 1988: 18; Arras 1991: 32.

Gegnern anerkannten Vorzüge[328] – aus verschiedenen Gründen kritisiert. Diese Kritik verhält sich, wenn man so will, spiegelverkehrt zur Kritik, die am deduktivistischen Ansatz geübt wird. Wird dieser aufgrund seiner Alltagsferne kritisiert, so richtet sich die Kritik am Kontextualismus gerade gegen dessen allzu große, distanzlose Verwurzelung in der Alltagsmoral. Wird der Deduktivismus wegen seiner Theorielastigkeit kritisiert, so der Kontextualismus wegen seiner (tendenziellen) Theorielosigkeit, die moralisches Denken letztlich an ungerechtfertigte individuelle wie soziale Vorurteile ausliefere. Während der Deduktivismus aufgrund seiner Orientierung an generellen Prinzipien und abstrakten Theorien »leer« sei, könnte man in Anlehnung an eine Formulierung Kants sagen, sei der Kontextualismus aufgrund seines weitgehenden Verzichts auf höherstufige Prinzipien »blind«.

Diese »Blindheit« des kontextualistischen Ansatzes zeigt sich nach Auffassung seiner Kritikerinnen und Kritiker bereits bei der Frage, wie moralische Probleme als solche überhaupt identifiziert werden können.[329] Dass eine Handlung als moralisch problematisch erscheint oder ein Problem als moralisch interessant, kann nicht an den Umständen »an sich« liegen. Damit eine bestimmte Handlung oder ein Problem zum Gegenstand moralischen Denkens werden kann, sind vielmehr bereits allgemeine moralische Überzeugungen vorausgesetzt. Kontextualistische Ansätze stehen damit vor der Alternative, entweder zugeben zu müssen, dass sie zu einer Identifizierung moralischer Probleme nicht in der Lage sind, oder aber zuzugestehen, dass bereits die Konstitution eines moralischen Problems über das Singuläre hinausgeht.[330] Diese »Theoriegetränktheit« bereits der Problemkonstitution und auch der anschließenden Fallanalyse wird nach Auffassung von Kritikerinnen und Kritikern von kontextualistisch argumentierenden Autorinnen und Autoren in der Regel jedoch nicht, zumindest nicht ausreichend, thematisiert.

Ein weitgehender Verzicht auf generalisierte moralische Prinzipien oder ethische Theorien ist jedoch nicht nur in Hinblick auf die Konstitution eines Problems als einem moralischen Problem problematisch, sondern auch in Hinblick auf dessen Lösung. Sollen moralische Entscheidungen mehr sein als bloße Dezisionen bzw. mehr oder minder elaborierte Vorurteile, dann scheint eine

---

328 Vgl. zum Beispiel Hare 1996.
329 Allgemein zu dieser Frage: Edel et al. 1994: 93ff.; O'Neill 1988.
330 Vgl. dazu auch Bayertz 1991: 18.

Methode, die sich allein auf Analogien bzw. Disanalogien, auf Präzedenzfälle, eingespielte moralische Traditionen oder moralische Intuitionen verlässt, ungeeignet. Besonders deutlich wird dieser Punkt von Hare hervorgehoben:

»Sich auf moralische Intuitionen zu berufen genügt als eine Basis für ein moralisches System nie. Sicher, man kann, wie das ja auch manche Denker sogar unserer Zeit gemacht haben, alle moralischen Meinungen, derer man sich selbst ebenso wie die übrigen Zeitgenossen am sichersten ist, sammeln, eine relativ einfache Methode finden, von der sich, wenn man nur hie und da einiges zurechtfrisiert sowie plausible Annahmen über die diversen Lebensumstände macht, auch zeigen läßt, daß sie alle diese Meinungen generiert – und dann verkünden, daß dies das moralische System sei, von dem wir alle, zumindest nach einiger Reflexion, doch zugeben müßten, daß es das richtige ist.«

Aber wer so vorgehe, könne bezüglich seiner Behauptung absolut keine Autorität vorweisen, die über die ursprünglichen Überzeugungen hinausgehe, und habe für diese keinen Grund und kein Argument vorgebracht. Das »Gleichgewicht«, das so erreicht würde, ist, nach Auffassung Hares,

»eines zwischen Kräften, die von bloßen Vorurteilen erzeugt sein könnten; und auch bei noch so viel Reflexion läßt sich daraus keine solide Basis für die Moral gewinnen. Es könnte sein, daß sich mit dieser Vorgehensweise auch zwei miteinander verträgliche Systeme vereinigen lassen – womit dann lediglich gezeigt wäre, daß ihre jeweiligen Proponenten eben in verschiedenen moralischen Umgebungen aufgewachsen sind.«[331]

Mit ähnlicher Intention kritisiert auch Arras die kasuistische Methode in der Bioethik. Da ethische Normen nach Auffassung kasuistischer Ethikerinnen und Ethiker nicht mehr seien, als »mere summaries of our intuitive responses to paradigmatic cases, their method might suffer from ideological distortions and lack of a critical edge.«[332]

Sichtbar werden die Grenzen eines kontextualistischen Modells, das sich auf moralische Alltagsvorstellungen, Konvention und intuitive Beurteilungen verlässt, insbesondere dort, wo tief verzwurzelte Überzeugungen und Wertvorstellungen miteinander konkurrieren oder wo neuartige Probleme zur Diskussion stehen. Kontextualistische Ansätze bleiben in solchen Situationen, wo der Appell an Intuitionen seine konsensstiftende Wirkung verliert oder aber die moralische Intuitionen selbst ihren Dienst versagen, kompasslos – gerade in solchen Situationen also, in denen kritisches moralisches Denken besonders unverzichtbar ist.

---

331 Hare 1992: 52f.
332 Arras 1991: 49.

Eng mit diesem zuletzt benannten Problem zusammen hängen zwei weitere Einwände gegen den Kontextualismus. Dieser sei, wie Arras und andere hervorheben, konservativ und verhindere es, größere Zusammenhänge und neue ethische Perspektiven in den Blick zu nehmen. Bemängelt wird von Kritikerinnen und Kritikern, dass das kontextualistische Modell, in dem es moralische Alltagsvorstellungen, Konventionen und Intuitionen zu einer zentralen Kategorie erhebt, den Anspruch darauf, eine kritische Funktion einzunehmen, weitgehend aufgibt, wenn sie nicht zum Beispiel um eine kritische Reflexion ökonomischer und sozialer Einflussfaktoren oder sozialer Beziehungen ergänzt werde. »[R]elying so heavily on the perceptions and agenda of health care professionals«, so unterstreicht beispielsweise Arras, »casuists might tend to ignore the existence of important issues that could be revealed by other theoretical perspectives, such as feminism.«[333]

Diese Kritik kulminiert in dem Vorwurf, dass zumindest die Kasuistik auf diese Weise den individualistischen und reduktionistischen Charakter einer deduktivistischen Bioethik, der die Kritik dieses Modells wesentlich motiviert hat, nicht nur nicht verhindere, sondern nachgerade noch befördere. Sie vereitele die Möglichkeiten einer kritischen Reflexion gesellschaftlicher Voraussetzungen und der Auswirkungen neuer Handlungsoptionen, passe moralisches Denken letztlich den technologischen Innovationen an und ignoriere damit deren Bedrohungscharakter für fundamentale Institutionen und Werte.[334] Darüber hinaus verstelle sie durch ihre Orientierung an singulären Fällen und Problemen nicht nur den Blick auf größere Zusammenhänge, sondern auch auf neue ethische Fragestellungen, wie beispielsweise den moralischen Status von Tieren oder – etwa im Zusammenhang der Transplantationsmedizin – Fragen der distributiven Gerechtigkeit.[335]

3.3 Kohärentismus

Kohärentistische Ansätze in der Bioethik favorisieren eine Methode, die die Nachteile deduktivistischer und kontextualistischer Modelle vermeiden, deren jeweilige Stärken jedoch bewahren soll. Sie nehmen insofern eine Art Mittler-

---

333 Ebd.
334 Vgl. dazu a.a.O. 1991.
335 DeGrazia 1992: 518.

position zwischen den beiden konkurrierenden methodischen Ansätzen ein und plädieren für ein kontextsensitives bioethisches Nachdenken und Urteilen bei gleichzeitigem Verzicht auf einen Rekurs auf eine vollständige und ausgearbeitete ethische Theorie.

Reflexive Überlegungsgleichgewichte

Auch der Ausdruck Kohärentismus bündelt eine Reihe verschiedener Konzeptionen. Gemeinsam ist diesen Ansätzen vor allem, dass sie Anwendung und Begründung nicht als disjunkte Bereiche sehen. Es kommt vielmehr »zu einer Wechselwirkung: Die Anwendung der Prinzipien auf neue Problemlagen wirkt auf deren Inhalt und Begründungszusammenhang zurück. Eine strikte Trennung zwischen ›angewandter‹ und ›theoretischer‹ Ethik kann unter diesen Umständen nicht aufrecht erhalten werden.«[336] Theoretische und praktische oder angewandte Ethik bilden vielmehr ein Kontinuum.[337] Die Alternative zwischen einem *top-down* bzw. einem *bottom-up approach* wird von kohärentistischen Modellen zugunsten einer Konzeption aufgegeben, die ein »Hin und Her« zwischen beiden Argumentationsweisen zulässt bzw. sogar erfordert. Die »Aporien rein induktivistischer oder rein deduktivistischer Normfindung machen deutlich«, so beispielsweise auch Ludger Honnefelder,

»dass die von *angewandter Ethik* zu verfolgende Urteilsbildung als eine kritisch-produktive Konkretion universaler ethischer Kriterien verstanden werden muss, die das Wissen um den Kontext der jeweiligen Handlungskonstellation mit dem Wissen um die Verbindlichkeit der allgemeinen Norm und die damit verbundene Begründungspflicht zu verbinden mag.«[338]

Theoretischer Bezugspunkt für viele kohärentistische Modelle in der Bioethik ist der Gedanke eines »reflexiven Überlegungsgleichgewichts« (*reflective equilibrium*), den John Rawls in seiner *Theorie der Gerechtigkeit* entfaltet hat.[339]

---

336 Bayertz 1991: 33f.
337 »Theoretische und praktische Fragen der Ethik bilden nicht zwei disjunkte Klassen, sondern ein Kontinuum, und die Begründungsrelationen verlaufen weder von der Theorie zur Praxis, sondern richten sich nach dem Gewißheitsgefälle unserer moralischen Überzeugungen.« (Nida-Rümelin 1996: 61).
338 Honnefelder 1999a: 281 (Hervorhebung im Original).
339 Vgl. zum Beispiel: Brody 1990; Daniels 1996.

Bei Rawls dient das Verfahren der Herstellung eines solchen Gleichgewichts der Konkretisierung des »Urzustands« (*original position*), also einer fairen Ausgangssituation, in der die Individuen hinter dem »Schleier des Nichtwissens« (*veil of ignorance*) die Grundvereinbarungen für eine gerechte Gesellschaft auswählen:

»Bei der Suche nach der bevorzugten Konkretisierung dieser Situation gehen wir von beiden Enden her vor. Zunächst beschreiben wir sie so, dass sie allgemein akzeptierten und möglichst schwachen Bedingungen genügt. Dann prüfen wir, ob diese Bedingungen so stark sind, dass aus ihnen ein nicht-triviales System von Grundsätzen folgt. Wenn nicht, suchen wir weitere, ebenso vernünftige Voraussetzungen. Wenn das gelingt und die sich ergebenden Grundsätze unseren wohlüberlegten Gerechtigkeitsvorstellungen entsprechen, ist es gut. Doch wahrscheinlich wird es Abweichungen geben. Dann können wir zweierlei tun. Wir können entweder die Konkretisierung des Urzustands oder unsere gegenwärtigen Urteile abändern, denn auch unsere vorläufigen Fixpunkte können ja revidiert werden. Wir gehen hin und her, einmal ändern wir die Bedingungen für die Vertragssituation, ein andermal geben wir unsere Urteile auf und passen sie den Grundsätzen an; so, glaube ich, gelangen wir schließlich zu einer Konkretisierung des Urzustandes, die sowohl vernünftigen Bedingungen genügt als auch zu Grundsätzen führt, die mit unseren – gebührend bereinigten – wohlüberlegten Urteilen übereinstimmen. Diesen Zustand nenne ich Überlegungs-Gleichgewicht. Es ist ein Gleichgewicht, weil schließlich unsere Grundsätze und unsere Urteile übereinstimmen; und es ist ein Gleichgewicht der Überlegung, weil wir wissen, welchen Grundsätzen unsere Urteile entsprechen, und aus welchen Voraussetzungen diese abgeleitet sind.«[340]

Zu den prominentesten kohärentistischen Positionen gehört zweifellos der prinzipienethische Ansatz, wie er insbesondere von Tom L. Beauchamp und James F. Childress in ihren *Principles of Biomedical Ethics* ausgearbeitet worden ist.[341] Beauchamp und Childress schlagen, wie in Kapitel II bereits ausführlicher dargestellt, die Prinzipien der Nichtschädigung (*nonmaleficence*), des Wohltuns (*beneficence*), der Autonomie (*autonomy*) und der Gerechtigkeit (*justice*) als »Leitbegriffe des moralischen Diskurses«[342] im Bereich der Medizin[343] vor. Diese Prinzipien etablieren nur prima-facie-Verpflichtungen und haben den Charakter von »Prinzipien mittlerer Reichweite«, über die in pluralistischen Gesellschaften Einverständnis erzielt werden kann.

---

340 Rawls 1993: 37f.
341 Andere prinzipienethische Ansätze finden sich beispielsweise bei Engelhardt 1986 oder Veatch 1981; 1995.
342 Birnbacher 1993: 53.
343 Beauchamp (1995: 182) weist eigens darauf hin, dass das von ihnen ausgewählte »set of principles was developed specifically for biomedical ethics and was never presented as a comprehensive ethical theory.«

Als Antwort auf die – in Kapitel II ebenfalls bereits ausführlicher dargestellte – an ihrem Ansatz geübte Kritik haben Beauchamp und Childress in einer Neuauflage der *Principles of Biomedical Ethics* versucht, die Prinzipien und ihren Zusammenhang kohärentistisch zu untermauern und durch ein dialektisches Verhältnis zwischen der Ebene moralischer Erfahrung einerseits und moralischer Theorie andererseits auszuzeichnen. Die vier Prinzipien sind, wie sie meinen, mit anderen Aspekten des moralischen Lebens, mit Emotionen, Werten und Rechten verbunden. Dass Beauchamp und Childress dennoch von mittleren Prinzipien ausgehen, begründen sie damit, dass diese Prinzipien durch weit verbreitete Moralvorstellungen abgedeckt seien und das Ergebnis einer – immer wieder feststellbaren – Konvergenz paradigmatischer Moraltheorien darstellten. Die vier Prinzipien werden ausdrücklich als komplexe Begriffe verstanden, wobei die Vielzahl expliziter und impliziter subsidiärer Normen innerhalb der Prinzipien wie auch zwischen den Prinzipien kollidieren können. Ergänzend werden zentrale moralische Tugenden und Ideale einbezogen. Beim Entscheidungsverfahren muss eine möglichst große Annäherung an eine kohärente Argumentation erreicht werden. Die Kohärenz des Entscheidungsverfahrens wird an verschiedene Bedingungen geknüpft, die in gewisser Weise ihre Verlässlichkeit sichern sollen: grundlegende Normen und Anwendungsurteile müssen jeweils ähnlichen Begründungsweisen unterzogen werden, die Perspektive der Universalisierung muss zugrundegelegt werden, das reflexive Gleichgewicht zwischen den Ebenen des Urteilsverfahrens muss garantiert sein etc. Die Forderung nach einer – die verschiedenen Normen vereinheitlichenden – Theorie lehnen die Autoren ab, da diese Form eines vereinheitlichenden Fundamentalismus der Komplexität von Entscheidungsprozessen in pluralistischen Gesellschaften nicht gerecht werde.

Auch Beauchamp und Childress sehen in ihrem methodischen Ansatz Berührungspunkte zum Verfahren der Herstellung eines »Überlegungs-Gleichgewichtes« bei Rawls.[344] Anders als bei Rawls sollen hier jedoch nicht die Grundsätze einer gerechten Gesellschaft definiert werden;[345] es geht Beauchamp und

---

344 Beauchamp 1995: 183; 1996: 93.
345 Van Willigenburg (1991) vermutet hierin den entscheidenden Grund dafür, dass das Modell eines »Überlegungs-Gleichgewichtes« im Anschluss an Rawls, wie er meint, in der angewandten Ethik nicht tragfähig ist.

Childress vielmehr darum, zwischen den Prinzipien und singulären moralischen Urteilen ein »Gleichgewicht« herzustellen:

> »The relation between principles and particular judgements about cases is best viewed as circular or dialectical. Agents move back and forth between them, using principles in their judgements about particular cases but sometimes modifying their interpretation of the meaning and stringency of principles in the light of particular cases. Sometimes it is unclear whether the principles or the particular judgements require modification.«[346]

Kritik am Kohärentismus

Auch wenn sich kohärentistische Modelle der angewandten Ethik bzw. der Bioethik gegenwärtig großer Beliebtheit erfreuen, sind sie dennoch gleichzeitig Gegenstand einer nicht verstummenden Kritik, die sich insbesondere daran entzündet, dass zum Beispiel die bei Beauchamp und Childress herangezogenen Prinzipien in keinem erkennbaren systematischen Verhältnis zueinander stehen. Die Methode des »Hin und Her« ist, wie Kritikerinnen und Kritiker zugestehen, zwar möglicherweise informativ; letztlich könne man auf diesem Weg aber nicht zu handlungsleitenden Urteilen gelangen.

Mit Blick auf den prinzipienethischen Ansatz von Beauchamp und Childress stellt beispielsweise David DeGrazia fest, dass dieser eine Reihe grundlegender Schwächen aufweise:

> »[P]rinciplism, as presented by Beauchamp und Childress, has the following weaknesses: (1) It mistakenly suggests, in places, that ethical theories (more general than the principles) have a significant role in justification; (2) To the extent (which is unclear) that any general norms are to be cited in order to generate more specific norms or judgements, no clear method affording discursive justification has been presented for dealing with conflicts; (3) To the extent that reflective equilibrium (which does allow for discursive justification) is to be used, it is not clear in what ways and at what levels; (4) Assuming that the principles are at least partly grounded in tradition, no defense of that foundation – or explanation of what it amounts to – has been offered.«[347]

Insbesondere solange keine Prioritäts- und Gewichtungsregeln angegeben werden könnten, die den Prozess des »Hin und Her« transparent machen, kommt das kohärentistische Verfahren, so seine Kritikerinnen und Kritikern, über einen bloßen Appell an Intuitionen letztlich nicht hinaus. Welche Faktoren oder

---

346 Childress 1997: 45.
347 DeGrazia 1992

Gesichtspunkte jeweils für relevant gehalten und wie diese gewichtet werden, bleibe dem subjektiven Ermessen der jeweiligen Entscheiderin bzw. des jeweiligen Entscheiders anheim gestellt. Das Verfahren des »Hin und Her« – das zu *considered judgements* oder reflexiven Überlegungsleichgewichten führen soll – gleicht, wie seine Kritikerinnen und Kritiker meinen, genau genommen einer *black box*.[348]

Die gegenwärtige Methodendiskussion in der Bioethik ist, da die Mehrzahl der Bioethikerinnen und Bioethiker sich auf eine im weitesten Sinne kohärentistische Methode geeinigt zu haben scheinen, nicht mehr durch die Alternative zwischen *top-down* bzw. *bottom-up*-Modellen geprägt. »Thus we may have an argument not over alternative models«, so zusammenfassend Susan Wolf,

»that are purely deductive or inductive, but alternative admixtures of deductivism and inductivism. Some might say this moots the debate, that we all now agree on some form of reflective equilibrium, as Rawls would call it, even if the admixtures vary from camp to camp. Yet as someone trained in the law, I find the debate not mooted, merely more realistic. (…) The debate starts, not ends with the recognition that you must travel both ways; the question is exactly how.«[349]

---

348 Honnefelder (1999: 281) hält das Problem, »eine Form praktischer Rationalität zu entwickeln, die den konkreten Handlungskontext und die leitenden universalen ethischen Kriterien angemessen zu verbinden vermag« sogar für eine »Herausforderung (…), vor der die heutige Ethik generell steht.«

349 Wolf 1996: 16.

Kapitel IV
Institutionalisierung der Bioethik

1. Kontexte und Folgen der Institutionalisierung

Spezifische Rolle und spezifische Problem- und Konfliktpotenziale

Bioethische Expertise wird in unterschiedlichen institutionellen Zusammenhängen nachgefragt. Dazu gehören Ethikzentren und Institutionen bzw. Einrichtungen der Technikfolgen-Abschätzung, verschiedene Formen von Ethik-Kommissionen sowie Gremien oder Beratergruppen auf verschiedenen politischen Ebenen. Gemeinsam ist diesen – ansonsten sehr unterschiedlichen – institutionellen Zusammenhängen, dass zunehmend auch Ethikerinnen und Ethiker als Expertinnen oder Experten bzw. als Beraterinnen oder Berater an den Diskussionen und Entscheidungen beteiligt sind. Gemeinsam ist diesen Gruppen bzw. Institutionen darüber hinaus, dass sie auf (moralisch relevante) Konflikte reagieren und insofern Instrumente der Konfliktbewältigung sind. Ihre Ergebnisse stellen sich in Form von erreichten Konsensen, *guidelines*, Stellungnahmen oder Empfehlungen bzw. in Form von Gutachten oder Szenarien normativer Art dar.

Ein genauerer Blick auf die angesprochenen Institutionen, Gremien oder Gruppen zeigt allerdings, dass diese sich in einer Reihe von Aspekten voneinander unterscheiden. Dies betrifft nicht nur deren Funktion, die beispielsweise in der professionellen Selbstkontrolle oder aber auch in der Politikberatung bestehen kann, sondern auch die unterschiedliche Form der Ergebnisse oder Produkte dieser Institutionen, deren grundlegendem Ziel sowie deren Arbeits- und Reflexionsprozess. Diese Aspekte sind auch im Hinblick auf die Rolle, die Bioethikerinnen und Bioethiker in diesen Zusammenhängen übernehmen, von Bedeutung.

Die Arbeit einer Bioethikerin bzw. eines Bioethikers in einer Beratergruppe, deren Aufgabe darin besteht, politische Entscheidungsträger bei ihrer Entscheidung zu unterstützen, unterscheidet sich beispielsweise von der Arbeit eines Mitglieds in einer klinischen Ethik-Kommission oder einem Ethik-Konsil, die den entscheidenden Arzt bzw. die entscheidende Ärztin in einem problematischen Einzelfall unterstützen sollen. Ebenso macht es für die Arbeit eines Bioethikers bzw. einer Bioethikerin einen Unterschied, ob es sich beim Ergebnis des Arbeits- und Reflexionsprozesses um eine Richtlinie, ein Gutachten, einen Gesetzesvorschlag oder eine Stellungnahme in einem problematischen Einzelfall handelt. Allein mit Bezug auf einen klinischen Kontext beispielsweise haben Skeel und Self vier verschiedene Rollen unterschieden, die Bioethikerinnen und Bioethiker übernehmen:

>»The first role concerns the medical ethicist who is called in to make recommendations on patient care in difficult cases. (…) A second interpretation of the role of the ethicist in the clinical setting is that of an educator who works with health care providers, students, and staff (but usually not with patients) to analyze issues and raise questions. (…) A third role for the ethicist in the clinical setting is that of a counselor to health care providers (medical students, residents, attendings, and staff) but not to patients. (…) Finally, the patient advocate model depicts the ethicist as one who protects patients and defends their rights.«[350]

Die spezifische Rolle, die die bioethische Expertise in den verschiedenen Zusammenhängen spielt, und die spezifischen Probleme und Konfliktpotenziale, die sich hieraus für die bioethischen Akteure ergeben, lassen sich daher nur im Hinblick auf eine Spezifizierung der jeweiligen Kontexte näher bestimmen. Diese seien in folgender Übersicht (Seite 140) kurz dargestellt.

Wir werden im folgenden Abschnitt den Versuch unternehmen, das Selbstverständnis von Bioethikerinnen und Bioethikern in institutionellen Zusammenhängen etwas genauer zu untersuchen und spezifische Problem- und Konfliktpotenziale zu identifizieren, die sich für Bioethikerinnen und Bioethiker aus ihrer Tätigkeit als Sachverständige, Mitglieder oder Berater von Mitgliedern unterschiedlicher Kommissionen oder Gremien ergeben. Unsere Darstellung wird sich dabei an verschiedenen »Leitdifferenzen« orientieren und im Wesentlichen auf die Tätigkeit von Ethikerinnen und Ethikern in Forschungsethik-Kommissionen, Ethik-Konsilen und politischen Gremien beschränken.

---

350 Skeel/Self 1989: 54ff.

	Technikfolgen-Abschätzung	Gremien / Kommissionen / Beratergruppen	Ethik-Kommissionen	Ethikzentren und -institute
Funktion	Politikberatung	Regulierung	professionelle Selbstkontrolle	interdisziplinäre Forschung, Aus- und Weiterbildung, Lehre, Politikberatung, Expertise, Gutachten
Adressaten	Auftraggeber aus Politik, Wirtschaft etc., Parlamente	Parlamente, Entscheidungsträger, Öffentlichkeit	Standesorganisa-tionen, Entscheidungs-träger, Öffentlichkeit	scientific community, Öffentlichkeit, Auftraggeber aus Politik und Wirtschaft
Ergebnis/ Produkt	Gutachten, Szenarien und Optionen	Empfehlungen, points to consider	Protokoll, Stellungnahme, Richtlinie, problematischer Einzelfall	wiss. Publikationen, Gutachten
Ziel	»Frühwarnsystem«	Kompromiss, (Minimal-)Konsens	Normenkontrolle	Wissenserwerb, Zuwachs an Verständnis, Transparenz, Vermittlung
Arbeits- und Reflexions-prozess	Expertenbefragung/ Workshops / partizipative Verfahren	Gremienarbeit	nicht- oder teilöffentliche Kommission, Beratung	»... in Einsamkeit und Freiheit«
Selbstverständ-nis bioethischer Akteure	Organisator, Moderator / Experte	»Personen mit ethikrelevanter Kompetenz«	wiss. Experte / aufgeklärter Laie	wiss. Experte

Dies hat zunächst pragmatische Gründe. Allerdings kommt es uns im Folgenden ohnehin nicht auf eine umfassende Darstellung der Funktion und des Selbstverständnisses von Bioethikerinnen und Bioethikern an, die in solchen institutionellen Kontexten tätig sind, sondern nur auf eine exemplarische Darstellung verschiedener zentraler Aspekte.

Shift from moral philosopher to ethicist?

Jonathan Moreno zufolge gibt es zwischen der klinischen Ethik einerseits und der Moralphilosophie andererseits so gravierende Unterschiede, dass man »angewandte Ethik« nicht (umstandslos) als »angewandte Moralphilosophie« verstehen bzw. missverstehen dürfe. Klinische Ethik und Moralphilosophie seien, wie Moreno meint, vielmehr »qualitatively different activities«; die Tätigkeit und damit auch die Rolle einer klinischen Ethikerin bzw. eines klinischen Ethikers unterscheide sich von derjenigen einer Moralphilosophin bzw. eines Moralphilosophen in wichtigen Hinsichten:

> »(A)pplied ethics as such (…) cannot simply be considered ›moral philosophy applied‹. Because this is not appreciated there has been no satisfactory analysis of the role the ›bioethicist‹ or clinical ethicist, whose activities cannot be understood simply an extension of the traditional role of the moral philosopher. The qualitative difference between moral philosophy and the application of ethics to specific clinical situations in turn imposes different requirements on those who practice in this field.«[351]

Moreno spricht daher von einem »shift from moral philosopher to ethicist«, einem tiefgreifenden Rollen- und Funktionswandel, dessen Bedeutung bislang nur unzureichend wahrgenommen worden sei. Im Anschluss an diese Überlegungen von Moreno kann man die uns im vorliegenden Kapitel interessierende Frage daher auch folgendermaßen formulieren: Lässt sich im Kontext der biomedizinischen Ethik tatsächlich, wie Moreno glaubt, eine Transformation von der Moralphilosophin bzw. dem Moralphilosophen zur Ethikerin bzw. zum Ethiker beobachten? Und wie wäre diese Verschiebung näher zu charakterisieren? An diese Fragen anschließend werden wir dann die Diskussionen darüber aufgreifen, was eine bioethische Expertise ist bzw. wofür Bioethiker Experten sind und ob es möglicherweise professioneller Bioethiker bedarf.

---

351 Moreno 1995: 51.

2. Selbstverständnis bioethischer Akteure in institutionellen Kontexten

Eine methodische Schwierigkeit

Das Selbstverständnis, die spezifische Rolle und die spezifischen Probleme und Konfliktpotenziale bioethischen Nachdenkens in unterschiedlichen institutionellen Zusammenhängen nachzuzeichnen, und dies gleichsam »von innen heraus«, also aus der Sicht der bioethischen Akteure selbst, zu versuchen, ist ein problematisches Unternehmen. Eine erste Schwierigkeit bei dem Versuch, das Selbstverständnis von Bioethikerinnen und Bioethikern zu untersuchen, liegt darin begründet, dass es nur sehr wenige systematisch orientierte Untersuchungen über die Arbeit von Bioethikerinnen und Bioethikern in Kommissionen, Gremien etc. gibt[352] und die Berichte von den Akteurinnen und Akteuren selbst oftmals eher anekdotischen Charakter haben.

Eine zweite Schwierigkeit unseres Vorgehens besteht darin, dass unser Versuch, einen Beitrag zur Selbstaufklärung der Bioethik zu leisten, wie jede Form der Selbstbeobachtung methodisch problematisch ist. Die Schwierigkeit besteht darin, dass der sich selbst Beobachtende zugleich Subjekt und Objekt der Beobachtung ist und nur durch ein »Hin und Her« zwischen beiden Perspektiven zu Ergebnissen gelangen kann. Eine Selbstaufklärung der Bioethik kann, wie man auch sagen könnte, nicht aus einer Beobachter-, sondern immer nur aus einer Teilnehmerperspektive heraus geschehen; eine Unterscheidung zwischen Insidern und Outsidern ist zumindest schwierig. Um zu einem objektiveren Bild zu gelangen wäre es daher erforderlich, die gewonnenen Ergebnisse mit soziologischen und ethnographischen Forschungsergebnissen zur Rolle und Funktion der Bioethik zu konfrontieren. Auch entsprechende Untersuchungen hierzu gibt es bislang allerdings erst in Ansätzen.[353]

Unsere Rekonstruktion des Selbstverständnisses von Bioethikerinnen und Bioethikern hinsichtlich ihrer Rolle in den verschiedenen institutionellen Kon-

---

352 Eine Ausnahme stellt der Bericht von Forsman/Welin (1995) dar, auf den wir an späterer Stelle ausführlicher eingehen werden.
353 DeVries/Subedi 1998.

texten kann aus beiden Gründen daher nicht viel mehr beanspruchen, als der Versuch einer mehr oder weniger *plausiblen Interpretation* zu sein. Diese gibt zwar im Wesentlichen nur die subjektive Wahrnehmung der Beteiligten wieder und lässt insofern allenfalls eine Formulierung von Trends zu; sie leistet damit aber einen ersten wichtigen Beitrag zu einer Analyse der Binnenfolgen der Institutionalisierung der Bioethik und dient damit auch der Generierung und Formulierung weitergehender Fragen und Forschungshypothesen.

2.1 Ethik in Ethik-Kommissionen

Von einigen Bioethikerinnen und Bioethikern wird beklagt, dass philosophische Argumente in Ethik-Kommissionen häufig – wenn überhaupt – eine untergeordnete Rolle spielen. John R. Williams beispielsweise stellt nach einem Überblick über verschiedene bioethische Kommissionen in Kanada fest:

»It is evident from the foregoing discussion of commissions in Canada that philosophers and philosophy have not played an especially prominent role in their deliberations. (…) Since commissions do deal with issues which have major philosophical implications, their lack of philosophical expertise is likely to have deleterious effects on their treatment of these issues. Although it would require a thoroughgoing analysis of each document to identify the specific philosophical inadequacies, some general characteristics have been described above: logical inconsistency, and confusion about the nature of ethics and its role in medical decision-making and public policy formation. By and large, the commissions discussed here have either ignored the philosophical and ethical problematic of their work or else have dealt with it in an amateurish fashion.«[354]

Zu einem ähnlich ernüchternden Befund gelangen auch Baruch A. Brody in seiner Kritik der Arbeit der *President's Commission* in den USA,[355] Alastair V. Campbell in seiner Darstellung der Arbeit der Ethik-Kommissionen in Großbritannien[356] oder Pascal Kasimba und Peter Singer in ihrem Bericht über australische Bioethik-Kommissionen und -Komitees.[357] Auch Birgitta Forsman und Stellan Welin kommen in ihrer Studie *The Treatment of Ethics in a Swedish Government Commission on Gene Technology* zu einem ähnlichen Ergebnis:

---

354 Williams 1989: 440f.
355 Brody 1989.
356 Campbell 1989.
357 Kasimba/Singer 1989.

143

»The ethical issues in connection with gene technology were rather poorly treated by the Commission on Gene Technology. The value basis was arbitrarily formed, and the chosen principles and values were seldom argued for. Several relevant issues were not addressed at all. The adopted analysis scheme, which from the beginning seemed to play a central part, was not seriously used. There was a deductive gap between the Commission's value premises and some of its suggestions.«[358]

Die Gründe, die jeweils für die eingeschränkte Rolle philosophischer bzw. bioethischer Expertise in der Arbeit von Ethik-Kommissionen verantwortlich gemacht werden, sind vielfältig. Williams macht in seinem Bericht über kanadische Ethik-Kommissionen geltend, dass in diesen Philosophen und Philosophinnen praktisch nicht vertreten waren:

»In contrast to the Warnock Commission in Great Britain, none of the Canadian inquiries was headed by a philosopher, and in very few instances was a philosopher included as a commission member. Nor, except for the Law Reform Commission in Canada, did any of the commissions employ philosophers as staff, and their use as consultants was also very limited. For their part, philosophers seem to have shown little interest in participation in these inquiries as intervenors, either as individuals or through their academic associations.«[359]

Kommissionen und Philosophinnen bzw. Philosophen seien sich in Kanada, so Williams, wechselseitig geradezu aus dem Weg gegangen:

»Most of the commissions were established to deal with concrete problems in law and medicine, which were seen by the responsible public authorities as requiring expertise in these two professional disciplines and the allied health professions and social sciences. These authorities did not consider that philosophers might have a useful perspective to provide on the matters under consideration. For their part, philosophers are likely to share the view of a great many Canadians that public inquiries are established either to legitimate decisions which have already been made, or else to postpone the need to make decisions on politically sensitive issues. In the absence of any specific request for their services, philosophers can find more satisfying ways to spend their time and energy, especially research and teaching.«[360]

Andere Beobachter machen strukturelle Gründe für den Mangel an philosophischer Problemdurchdringung in den Ergebnissen der Arbeit von Ethik-Kommissionen verantwortlich. Dass ethische Überlegungen in Kommissionen oftmals eine – zumindest aus der Sicht philosophischer Ethikerinnen und Ethiker – nachgeordnete Rolle spielen, liegt demzufolge daran, dass entsprechende Insti-

---

358 Forsman/Welin 1995.
359 Williams 1989: 440.
360 A.a.O.: 440f.

tutionen von vornherein eine andere soziologische Funktion haben. Ihre primäre Aufgabe bestünde beispielsweise darin, die Träger der Institution vor rechtlichen Problemen zu bewahren. George Annas geht sogar soweit, zu behaupten, dass selbst klinische Ethik-Kommissionen im Wesentlichen diese Funktion haben: »Like all of the previous committees that could be labelled ethics committees, their primary preoccupation has been to respond to legal changes and challenges, rather than to do anything a philosopher might label ›ethics‹.«[361] Ähnlich meint Matthias Kettner, es sei zumindest eine »zu überprüfende Negativhypothese, dass unter dem Titel von *Ethik*-Komitees institutionelle Arrangements entwickelt werden, die bei Licht besehen doch nur die Abwehr legalistischer Verwicklungen bezwecken: sozusagen Ärger-mit-dem-Gesetz-Vermeidungskomitees.«[362]

Ausführlicher haben Forsman und Welin in ihrem Bericht Gründe dafür diskutiert, warum ethische Fragestellungen in der von ihnen untersuchten Kommission nicht ausreichend thematisiert und bearbeitet worden sind. Insgesamt nennen Forsman und Welin sieben mögliche Ursachen:

»*1. The power-holders in society asked for a certain answer and got it.* Powerful actors in society had a firm conviction about the necessity of gene technology. The government requested and received the answers they needed for maintaining technical developments. (…)
2. Deficiencies in the Ethicists. The Ethicists were selected among people who were (in)adequate in the following ways: (a) They loyally supported the technical development; (b) They had insufficient analytical skills; (c) They were ignorant of the international bioethical debate; (d) They embraced ›wrong‹ fundamental values for understanding the issue at all. (…)
3. Deficiencies in the rest of the Commission. The non-ethicists of the Commission did not admit or use what the Ethicists provided. The members of the Commission and the other experts were not competent in dicussing ethical issues. (…)
4. Victims of groupthink. The Ethicists were ›victims of groupthink‹; they did not dare to express deviant opinions against the Commission chairman and majority. (…)
5. Lack of time, interest and resources. The Ethicists did not have the time or interest needed to do a good job. The Commission did not have enough economic resources. (…)
6. Lack of NGOs. There were no NGO representatives on the Commission who could put pressure on the representatives of more ›official‹ categories. (…)
7. There is no use for ethicists. The whole enterprise using ethicists as experts is doomed from the beginning.«[363]

---

361 Annas 1991: 19.
362 Kettner 1999: 341.
363 Forsman/Welin 1995: 24-31.

Es scheint uns plausibel, dass die von Forsman und Welin diskutierten Aspekte tatsächlich einige der wichtigeren Ursachen dafür benennen, warum ethische Fragen in Ethik-Kommissionen nach Auffassung einiger Bioethikerinnen und Bioethiker oftmals nicht die ihnen gebührende Aufmerksamkeit erfahren. Forsman und Welin halten im Falle der von ihnen untersuchten Kommission nur einige der genannten Gründe für ausschlaggebend. Darauf kommt es uns im Moment jedoch nicht an. Wir werden im Folgenden statt dessen den Versuch unternehmen, mögliche Veränderungen der Reflexionsprozesse von Bioethikerinnen und Bioethikern in institutionellen Zusammenhängen gegenüber der Diskussion in eher akademischen Kontexten etwas genauer in den Blick zu bekommen.

Um in dieser Frage zu mehr als vorläufigen Hypothesen zu gelangen wären mehr empirische Untersuchungen der Art des Berichts von Forsman und Welin erforderlich. Forsman und Welin geben in ihrer Untersuchung auch einen Bericht über das »Verhalten« der drei »Ethik-Experten« in der insgesamt 26-köpfigen *Commission on Gene Technology*: einem Professor für Philosophie und medizinische Ethik, einem Professor für Theologie sowie einem bekannten Schriftsteller, der sich in einigen seiner Veröffentlichungen mit bioethischen Fragestellungen beschäftigt hatte.

»At six of the sixteen meetings none of the Ethicists were present. Often one or two of them were absent. This means that there was not much of a direct communication between the Ethicists and the other experts or members of the Commission. Also, important ethical decisions were made on meetings when all the Ethicists were absent. At meeting number 14 ›the majority stated that all kinds of transgenic animals should be permitted on condition of a working ethical control‹. At meeting number 15 it was ›decided that patents on animals shall be permitted‹. At these two meetings all the Ethicists were absent, so we do not know what possible arguments they would have provided. From the occasions when they were present one can, however, discern a pattern of ›behaviour‹: The Philosopher talked mostly about forms and procedures for obtaining reasonable ethical decisions of the problems and claimed at one of the first meetings that the Commission did not have the task to allay the fears of the people. The Theologian talked about values. He often spoke about the allegedly changed views on nature. On one occasion, one of the secretaries asked if there were any ethical problems in connection with transferring human genes into animals used for food. The Theologian gave his personal opinion and answered that he could not see any such problems. Time and again he called attention to the importance of making surveys of people's views on nature. The Author, finally, seems to have said very little at all. He attended more meetings than the other Ethicists, but there are few traces about what he might have expressed. On one occasion, the hearing of NGOs, he made a statement about animal ethics in which he said that all living beings are worthy of protection but that we now live in a culture that is the result of a totally different view. Then he talked about how the conflict should be solved and stated that gene technology does not call for any special treatment other than that given to bioethical problems in general.«[364]

2.2 Leitdifferenzen

In Ermangelung vergleichbarer weiterer empirischer Untersuchungen[365] werden wir uns im Folgenden mit der Formulierung von »Leitdifferenzen« behelfen, die sich aus der in der bioethischen Literatur geführten Diskussion über die Rolle bzw. die Funktion bioethischer Expertise in den verschiedenen institutionellen Kontexten heraus destillieren lassen. Dabei handelt es sich beispielsweise um die Frage, ob es die Aufgabe von Bioethikerinnen und Bioethikern in solchen Kontexten sein kann, moralisch strittige Fragen zu beantworten, oder ob sich ihre Aufgabe auf eine Analyse von Problemkonstellationen beschränken muss. Strittig ist aber auch, ob sich die Aufgabe von Bioethikerinnen und Bioethikern in der Diskussion moralischer Fragen und beispielsweise der Formulierung von *guidelines* oder der Beratung orientierungssuchender Ärztinnen und Ärzte erschöpft, oder ob zu den Aufgaben von Bioethikerinnen und Bioethikern etwa in Ethikkommissionen darüber hinaus auch gehört, sicherzustellen, dass die als moralisch richtig erkannten Lösungen in der Praxis umgesetzt werden, also gleichsam ein »moral monitoring«. Weitere Fragen betreffen beispielsweise die erforderliche Parteilichkeit oder Unparteilichkeit bioethischer Akteure usw.

Von »Leitdifferenzen« sprechen wir deshalb, weil es sich bei den angedeuteten Differenzen in der Tat um Auseinandersetzungen über die Rolle bzw. Funktion von Bioethikerinnen und Bioethikern handelt, die quer durch alle institutionellen Kontexte hindurch eine wichtige, wenn auch je unterschiedlich akzentuierte, Rolle spielen und die für das Selbstverständnis der bioethischen Akteure offenkundig von großer Bedeutung sind. Anhand dieser Leitdifferenzen lässt sich daher zum einen die allgemeine Frage nach möglichen Veränderungen der Reflexionsprozesse in den verschiedenen Zusammenhängen und den dort herangezogenen Argumenten und Argumenttypen gegenüber der Diskussion in eher akademischen Kontexten stellen; zum anderen können sie dazu dienen, die

---

364 A.a.O. 1995: 22.
365 Vgl. aber die Interviews von Lenk mit Brom, Birnbacher, Mieth und Hucklenbroich in Gesang 2002.

spezifischen Probleme und Konfliktpotenziale, die sich in den jeweiligen institutionellen Kontexten ergeben, näher in den Blick zu nehmen zu können.[366]

2.2.1 Analyse versus Antwort

Eine der zentralen Diskussionen über die Rolle und Funktion von Bioethikerinnen in institutionellen Kontexten betrifft die Frage, ob die Aufgabe von Bioethikerinnen in solchen Kontexten darauf beschränkt bleiben sollte, eine *Rekonstruktion und Analyse* der jeweils diskutierten moralischen Probleme oder Konflikte vorzunehmen, oder ob es auch zu ihrer Aufgabe gehört, moralisch gehaltvolle *Antworten* zu geben. Eng damit zusammen hängt die weitere Frage, ob Bioethikerinnen hinsichtlich der Setzung von Normen eine besondere Autorität haben.[367] Sind sie möglicherweise auch moralische Expertinnen?[368]

Moralische Expertise, moralische Kartographie und moralische Landkarte

Im Großen und Ganzen stehen bioethischen Akteuren in dieser Frage drei verschiedene Optionen offen, die sich mit den Stichworten »moralische Ex-

---

366 Vgl. dazu auch Ackerman (1989: 37), der eine Taxonomie von Eigenschaften entwickelt hat, die für ethische Beratung einer Ärztin bzw. eines Arztes im Hinblick auf die Behandlung eines konkreten Patienten bzw. einer konkreten Patientin charakteristisch sind. Ackerman schließt jedoch die Möglichkeit nicht aus, »that general properties can be identified that should apply to all types of consultation«.

367 Wir unterscheiden in diesem Abschnitt zwischen »Moral« als dem Phänomenbereich, in dem wir es mit moralischen Normen, Prinzipien oder Werten, moralischen Dispositionen und Charakterzügen, moralischen Motiven, Einstellungen und Idealen etc. zu tun haben, und »Ethik« als der theoretischen Beschäftigung mit dem Phänomen der Moral.

368 Diese Frage ist, wie Arthur Caplan (1989: 62) zu Recht festgestellt hat, keineswegs neu: »Despite the relative silence among philosophers and those in cognate fields about what some working in the area of applied ethics now do, or what is being done in their name by publishers, companies, and advertising agencies, the question of wether either moral experts or moral expertise exist is as germane today as it was in the time of Socrates and Plato. Is it appropriate for any philosopher under any circumstances to claim to be a moral expert? Should legislators, courts, and other institutions of society seek out those with alleged moral expertise, or are such efforts incompatible with personal responsibility for one's actions and behaviour as well as any reasonable theory of democracy?«.

pertise«, »moralische Kartographie« und »moralische Landkarte« bezeichnen lassen. Der ersten Option (»moralische Expertise«) zufolge handeln Bioethikerinnen und Bioethiker in institutionellen Kontexten nicht nur als ethische, sondern auch als eine Art von moralischen Expertinnen und Experten, indem sie ihr eigenes moralisches Urteil in einem Konflikt bzw. ihre eigenen moralischen Überzeugungen zu einem Problem äußern und deutlich machen. Von einer Ethikerin bzw. einem Ethiker wird man in diesem Fall allerdings zu Recht erwarten, dass sie bzw. er ihre bzw. seine Auffassung nicht nur äußert, sondern auch zu begründen versucht, mit anderen Worten also die Gründe offen legt, die sie bzw. ihn dazu bewogen haben, das geäußerte moralische Urteil bzw. die eigene moralische Überzeugung für richtig zu halten. Der zweiten Option (»moralische Kartographie«) folgend besteht die Aufgabe von Bioethikerinnen und Bioethikern in Gremien oder Kommissionen darin, eine Analyse eines moralischen Problems vorzunehmen und verschiedene Handlungsoptionen und deren jeweilige moralischen Rechtfertigungen zu präsentieren. Als moralische Kartographin bzw. als moralischer Kartograph hätte sich die Bioethikerin bzw. der Bioethiker dementsprechend um eine möglichst neutrale Darstellung der verschiedenen Optionen und deren jeweiligen Konsequenzen, Implikationen, Stärken bzw. Schwächen zu bemühen, ohne jedoch deutlich zu machen, welche der Optionen sie bzw. er selbst für die beste oder moralisch richtige hält. Der dritten Option (»moralische Landkarte«) folgend schließlich besteht die Aufgabe einer Bioethikerin bzw. eines Bioethikers darin, nicht nur die zur Verfügung stehenden Optionen und deren jeweilige moralischen Rechtfertigungen angemessen darzustellen, sondern auch darin, ausgehend von diesem Panorama einen begründeten Vorschlag zu machen, d.h. Argumente für eine Handlungsoption zu geben, die sie oder er für die beste bzw. die moralisch richtige hält. Die dritte Option versucht insofern einen Mittelweg zwischen den beiden anderen Optionen. Die Bioethikerin bzw. der Bioethiker betätigt sich nicht nur als moralische Kartographin bzw. als moralischer Kartograph, sondern erstellt zudem gewissermaßen eine Landkarte, auf der nicht nur der gegenwärtige Standort, sondern auch ein (moralisches) Ziel und ein entsprechender (argumentativer) Weg dorthin eingetragen sind.[369]

---

369 Crosthwaite 1995: 367f.

»Je entscheidungsnaher die Institution,
desto größer der Bedarf an Antworten«

Manche Bioethikerinnen und Bioethiker sind sogar der Auffassung, dass nicht nur die praktische Nützlichkeit bioethischer Expertise davon abhänge, ob es Bioethikerinnen und Bioethikern gelingt, möglichst detaillierte und konkrete Handlungsvorschläge zu unterbreiten, sondern dass es auch ein Zeichen der Güte bioethischer Methode sei, wenn sie diejenigen, die sie anwenden, in die Lage versetze,

»to reach specific, clear decisions in those instances which require them – in the case of what is to be done about Mrs. Jones by four o'clock tomorrow afternoon, after which she will either live or die depending upon the decision made.«[370]

Ob von Bioethikerinnen eher Analysen oder eher Antworten erwartet werden, hängt nicht zuletzt davon ab, um welche Art von Kommission oder Gremium es sich handelt. »What is appropriate for the philosopher *qua* member of a decision-making body will depend on the nature of, and the proper procedures for, such decision-making, and whether their membership is a professional ethicist or not.«[371] Insbesondere in entscheidungsnahen Institutionen wird von Bioethikerinnen und Bioethikern nicht nur eine neutrale Analyse und Präsentation verschiedener Optionen, sondern (auch) eine substanzielle moralische Antwort erwartet. »[M]y own experience suggests«, so berichtet auch Moreno,

»that the more clinical the context the less welcome is an exercise that only succeeds in heightening intellectual frustration. Normally when the ethics consultant is called the ethical problem is already all too clear to the health care providers, and they are in need of a plan of action, sometimes desperately so.«[372]

Würden sich Bioethiker in solchen Kontexten auf die Rolle des Kritikers, der sich einer eigenen Stellungnahme enthält, zurückziehen, so sähe er sich, wie Jonathan Moreno meint, bald dem Vorwurf ausgesetzt, Bewohner eines Elfenbeinturmes zu sein und nichts Hilfreiches zur Arbeit der Kommission oder des Gremiums beizutragen zu können. Von Bioethikern werde erwartet, so Moreno weiter, »to take a position, give advice, express an educated opinion, or at

---

370 Callahan 1973 (zit. nach Ackerman 1989: 40).
371 Crosthwaite 1995: 368.
372 Moreno 1995: 52.

the very least offer constructive options. This, after all, is the very essence of what it is to be an applied ethicist.«[373]

»Intellectual preparation is not enough«

Für die Möglichkeit einer moralischen Expertise wurde geltend gemacht, dass Bioethikerinnen und Bioethiker nicht nur über spezifische analytische und rekonstruktive Kompetenzen sowie spezifische Kenntnisse verfügen, sondern auch über die nötige Muße, um über komplexe medizinethische Probleme nachzudenken:

»Someone familiar with moral concepts and with moral argument, who has ample time to gather information and think about it, may reasonably be expected to reach a soundly based conclusion more often than someone who is unfamiliar with moral concepts and moral arguments and has little time. So moral expertise would seem to be possible. (…) Indeed, if this were not the case, one might wonder whether moral philosophy was worthwhile.«[374]

Darüber hinaus halten manche Bioethikerinnen und Bioethiker die Vorstellung, bioethische Expertise könne neutral und objektiv sein, prinzipiell für illusorisch. Bereits die Analyse und Rekonstruktion von moralischen Problemen sei theoriegetränkt und damit auch von substanziellen moralischen Überzeugungen geprägt.[375] Erforderlich seien daher, so zum Beispiel Richard W. Momeyer, Transparenz und Offenheit, nicht eine – ohnehin unrealistische – normative Zurückhaltung:

»Instead of illusions of neutrality and objectivity and value-free rationality, and over and against self-imposed restraints on the legitimate limits of employing philosophical skills in public policy forums, I would recommend the modest and attainable virtues of openness and fairness. To be fair to other points of view is not necessarily to be neutral, and to be open-minded and candid is not the same as being uncommitted.«[376]

Momeyer nennt darüber hinaus zwei weitere, eher pragmatische, Gründe, die aus seiner Sicht dafür sprechen, dass Bioethikerinnen und Bioethiker »should function as advocates for those positions their moral convictions lead them to«:

---

373 Ebd.
374 Singer 1972b: 116f.
375 Rehmann-Sutter 1998: 23ff.
376 Momeyer 1990: 397.

»[O]ne of the criticisms made of philosophers as participants in the public policy process is that we are at best ineffective, largely because of a professional propensity to abstract generalization, to seeing larger contexts and deeper issues than public policy makers can or wish to consider, and because of a love of argument for its own sake, even when – perhaps especially when – no practical conclusions are reached. Thus, as an antidote to this perception that philosophy is endless debate that reaches no conclusions (or even worse: the perception that philosophy consistently supports contrary conclusions), it is highly desirable that applied ethicists demonstrate that their expertise in a mode of reasoning is one that leads to useful conclusions that they are willing to advocate. Another reason for straightforward, even vigorous, advocacy of positions arrived at through moral analysis and argument by philosophers/ethicists is connected, paradoxically, to the relative weakness of moral argument. Many things in this world move us, chief among them violence, coercion, and self-interest. Public policy makers are certainly no exception. Where there is the possibility of shaping public policy through appeal to moral considerations, those with special facility for making moral arguments would do well to be assertive in their judgements. Philosophically moral argument may rarely triumph in such forums, but it will surely never even be influential where not attempted by its proponents.«[377]

Benjamin Freedman hat, ausgehend von eigenen Erfahrungen als philosophischer Ethiker in einem *hospital ethics committee*, sogar davor gewarnt, Bioethikern eine Sonderrolle in Kommissionen oder Gremien zuzuweisen, indem man ihre Tätigkeit auf eine möglichst neutrale Analyse und Rekonstruktion moralischer Probleme und Konflikte einschränkt:

»An ethics group needs somebody who is used to analyzing issues, someone who can identify relevant points and recognize red herrings. And they need someone sufficiently well read in literature to be able to confront the group with the best arguments for and against proposed ethical problems. But intellectual preparation is not enough. A member must feel free to act as a human being within the group. Membership implies a willingness to expose one's personal views of right and wrong. This is a responsibility that all the members of the group have accepted. To do otherwise, to say that *as a philosopher* I can venture no option, would achieve the reverse of what is intended. Its effect would be to claim for philosophers a privileged position on ethical reflection, requiring them to withhold opinions that other professionals must make.«[378]

---

377 A.a.O.: 398.
378 Freedman 1981: 22. Hucklenbroich verweist demgegenüber darauf, dass es oft gerade dann zu wissenschaftlich wertvollen Diskussionen im Ethik-Komitee kommen kann, wenn der eigene, gut begründbare Standpunkt von der allgemeinen Lehrmeinung abweicht und man deshalb gemeinsam die Argumente pro und contra neu prüfen muss – in einer fruchtbaren und selbstverständlich ergebnisoffenen Debatte (Interview mit Lenk in: Gesang 2002).

Andere Bioethikerinnen und Bioethiker haben die Behauptung, es könne so etwas wie ein »moralisches Privileg des Ethikers« geben, zurückgewiesen.[379] Die Erwartung, dass ein scharfsinniger Moralphilosoph auch über einen verlässlichen moralischen Sinn verfüge, sei, wie beispielsweise Rainer Hegselmann meint, in etwa ebenso verfehlt wie die Erwartung, ein guter Automechaniker müsse auch ein guter Autofahrer sein.[380] Bereits C. D. Broad hatte dargelegt, dass es »no part of the professional business of moral philosophers« sei, »to tell people what they ought to do (…) Moral philosophers, as such, have no special information not available to the general public, about what is right and what is wrong; nor have they any call to undertake those hortatory functions which are so adequately performed by clergymen, politicians, leader-writers (…)«[381]

Der primäre Grund dafür, dass den Möglichkeiten von Bioethikerinnen und Bioethiker zu einer begründeten Parteinahme in substanziellen moralischen Fragen nach Auffassung vieler Philosophinnen und Philosophen enge Grenzen gezogen sind, ist jedoch kein empirischer oder demokratietheoretischer, sondern ein philosophischer Grund. Dass Bioethikerinnen und Bioethiker die Rolle von »secular priests« (Engelhardt[382]) nicht übernehmen können, liegt demzufolge nicht etwa an schlechten Erfahrungen, die man mit den Ratschlägen philosophischer Beraterinnen oder Berater gemacht hätte, und auch nicht daran, dass sich erfahrungsgemäß nicht alle Philosophinnen und Philosophen durch einen überdurchschnittlich moralischen Lebenswandel auszeichnen, der sie für eine verlässliche moralische Orientierung geeignet machen würde. Das Problem wird aber auch nicht darin gesehen, dass die Inanspruchnahme einer Autorität für substanzielle moralische Urteile durch Bioethikerinnen und Bioethiker eine Expertokratie befördern und gleichsam eine Herrschaft der Philosophen-Könige etablieren würde.

---

379 Birnbacher 1999: 275; Nickel 1988: 144; Singer (1982: 9) hat in seinem Aufsatz von 1982 hervorgehoben, dass die von ihm behauptete Expertise des Ethikers »does not consist in the possession of special moral wisdom, or privileged insight into moral truth, but in understanding the nature of moral theories and the possible methods of moral argument.«

380 Hegselmann 1998: 251.

381 Broad, zit. nach Singer 1972: 115.

382 »Bioethicists as secular priests« lautete der Titel eines Vortrags, den Engelhardt 2000 an der Universität Münster hielt.

Ein moralisches Privileg ließe sich nach Auffassung zahlreicher Bioethikerinnen und Bioethiker vielmehr erst dann für sich in Anspruch nehmen, wenn moralische Überzeugungen sich »zwingend« begründen ließen. Die Mehrheit der gegenwärtig vertretenen Moralkonzeptionen folgt demgegenüber jedoch der non-deskriptivistischen Auffassung, dass alle normativen Aussagen zumindest zum Teil emotiver, präskriptiver oder evaluativer Art sind. Eine moralische Überzeugung zu »begründen« könne daher nur heißen, Plausibilitätsargumente für die eigene Auffassung geltend zu machen bzw. konkurrierende Argumente zu deplausibilisieren.[383]

Aus dieser Auffassung folge nun zwar keineswegs, dass rationale Argumente bei der Formulierung moralischer Argumente keine Rolle spielten. Und es folge daraus auch nicht, dass Bioethikerinnen und Bioethiker auf strikte Neutralität festgelegt wären. Sie könnten durchaus und legitimerweise persönliche moralische Urteile formulieren, solange sie diese als solche kennzeichnen und transparent machen. Allerdings handelt es sich dann um nicht mehr – freilich auch um nicht weniger – als ungewöhnlich gut begründete und klar formulierte persönliche Stellungnahmen. Eine moralische Expertise können Bioethikerinnen und Bioethiker, folgt man dieser Auffassung, für sich jedoch nicht reklamieren. *Qua* Experten können Bioethiker daher, wie Dieter Birnbacher feststellt, »stets nur negativ (…) argumentieren«[384], indem sie beispielsweise unhaltbare oder auf problematischen Prämissen aufbauende Argumentationen und Positionen aus den rational wählbaren Optionen eliminieren. Ohne einen Anspruch darauf erheben zu können, »richtige« Lösungen präsentieren zu können, komme Bioethikerinnen und Bioethikern damit aber immerhin eine wichtige »Filterfunktion«[385] zu.

Die Differenz zwischen ethischer und moralischer Expertise muss »gelernt« werden

Auch wenn die Möglichkeit einer moralischen Expertise von der Mehrheit der Bioethikerinnen und Bioethiker aus metaethischen Gründen zurückgewiesen wird, wird die praktische Erfordernis, zumindest in entscheidungsnahen Kon-

---

383 Ach 1999: 44f.
384 Birnbacher 1999: 273.
385 A.a.O.: 271.

texten über eine bloß analytische und rekonstruktive Tätigkeit hinauszugehen, von vielen Bioethikerinnen und Bioethikern gleichwohl anerkannt. Häufig wird in solchen Situationen das oben als »moralische Landkarte« bezeichnete Verfahren angewendet, wobei die Gewichtung zwischen dem analytischen/rekonstruktiven Teil einerseits und dem inhaltlich-substanziellen Teil andererseits offenbar durchaus unterschiedlich ausfallen kann. Die Differenz zwischen ethischer und moralischer Perspektive wird auf diese Weise festgehalten – muss aber insbesondere von den nicht philosophisch vorgebildeten Mitgliedern von Gremien oder Kommissionen, wie von Klaus-Peter Rippe, selbst Mitglied in mehreren Ethikkommissionen in der Schweiz, hervorgehoben wird, in der Regel erst »gelernt« werden.[386]

2.2.2 Parteilichkeit vs. Unparteilichkeit

Eine zweite wichtige Auseinandersetzung über die Rolle von Bioethikerinnen und Bioethikern in institutionellen Kontexten kreist um die Frage, wem gegenüber diese verantwortlich sind. Sollten Bioethiker parteilich sein – also zum Beispiel in klinischen Ethik-Komitees oder Forschungs-Ethikkommissionen als Anwälte der Interessen und Rechte von Patienten bzw. Probanden auftreten? Oder ist es ihre Aufgabe, die Interessen aller betroffenen Parteien unparteiisch gegeneinander abzuwägen?

Unterschiedliche Funktionen von Kommissionen
und resultierende Zielkonflikte

Worin das Problem der Parteilichkeit bzw. Unparteilichkeit bioethischer Expertise in institutionellen Kontexten genau besteht, wird deutlicher sichtbar, wenn man sich vor Augen hält, dass Kommissionen und Gremien ganz unterschiedliche Rollen und Funktionen übernehmen.[387] Entsprechend unterschiedliche Färbungen können auch mögliche Zielkonflikte und das Problem der Parteilichkeit bzw. Unparteilichkeit haben.

---

386 Persönliche Mitteilung.
387 Walters 1989: 364f.

Eine Kommission hat unter Umständen mehrere Aufgaben: Sie soll nicht nur die Richtlinien der Organisation weiter entwickeln, für die sie tätig ist, und als eine Art »Zukunftskommission« die zukünftige Politik der Organisation mitbestimmen, sondern auch zu strittigen moralischen Problem-Situationen beratend Stellung nehmen. Darüber hinaus hat sie auch die Aufgabe, zu einer positiven Außendarstellung der Organisation beizutragen. Es muss nicht eigens erläutert werden, dass Zielkonflikte angesichts der unterschiedlichen Erwartungen, die sich an eine solche Ethik-Kommission richten, unvermeidlich sind. Zumindest kann man sich leicht Situationen vorstellen, in denen eine Entscheidung, die der Bioethiker im Hinblick auf einen konkreten Fall für moralisch richtig hält, mit einer positiven Außendarstellung der Organisation als Ganzer in Konflikt gerät.

Anwaltschaft für moralische Interessen von Patientinnen und Patienten?

Für die Auffassung, Bioethikerinnen und Bioethiker sollten in diesen und ähnlichen Fällen als Anwältin bzw. Anwalt der moralischen Interessen der Patientinnen und Patienten auftreten, könnte, wie Ackerman deutlich gemacht hat, geltend gemacht werden, dass es auch die Rolle der jeweils involvierten Ärztin bzw. des involvierten Arztes sein sollte, als Treuhänderin bzw. Treuhänder der Interessen der ihm anvertrauten Personen zu wirken. »By analogy it might appear self-evident that the ethics consultant's primary obligation is to articulate and defend the patients' moral interests. However«, so Ackerman weiter,

»there are many moral problems in clinical medicine characterized by a conflict between the moral interests of the patient and those of other patients, family members, or society at large. For example, should the physician strongly encourage an unwilling, but debilitated elderly patient to enter a nursing home, since he or she knows that the demands of care are causing a heavy physical and emotional burden for the daughter with whom the patient is living? Should the physician briefly sustain the life of a young child grievously injured in an auto accident until the parents can better accept the child's impending death? There is no a priori reason for assuming that the result of thorough moral reflection should always be assignment of priority status to the patient's moral interests. If the consultant's primary role is to skilfully facilitate moral reflection, it is possible that the analysis or recommendation may produce a clinical care plan that does not give preeminent weight to the patient's moral interests.«[388]

---

388 Ackerman 1989: 42.

Ackerman folgert aus den eben zitierten Überlegungen, dass Bioethikerinnen und Bioethiker in klinischen Ethikkomitees die moralischen Interessen aller Betroffenen unparteilich zu berücksichtigen hätten. Eine einseitige Orientierung an den Interessen und Rechten individueller Patientinnen und Patienten gefährde, wie Ackerman meint, sogar die Integrität des moralischen Reflexionsprozesses:

»The function of moral inquiry is to identify patterns of social interaction that evoke a shared social commitment, because they impartially protect and promote the diverse outcomes cherished by different members of the moral community. As a facilitator of moral reflection, the ethics consultant has a responsibility to assure that the variety of moral interests relevant to a situation are fully considered in constructing a solution. The locus of these moral interests does not reside exclusively with the patient, nor do the interests of the patient always achieve priority status in moral inquiry. Therefore the ethics consultant cannot be considered only an advocate for the moral interests of the patient without jeopardizing the integrity of the reflective process.«[389]

Manche Bioethiker sind der Auffassung, dass der Ethiker gewissermaßen als »Lobbyist« derjenigen Gruppen oder Betroffenen zu agieren habe, die selber auf Grund der institutionellen Verhältnisse (weil sie nicht in der Kommission vertreten sind) oder weil sie dazu aus verschiedensten Gründen nicht in der Lage sind (z.B. nichteinwilligungsfähige Patienten) ihre eigenen Interessen nicht vertreten können. So sieht zum Beispiel Dieter Birnbacher eine besondere Verantwortung des Ethikers gegenüber bestimmten Gruppen in der Gesellschaft, »die in Beratungen sowohl in der Politik wie auch in der Standespolitik keine Stimme haben.«[390] Zu diesem Personenkreis zählt er auf dem Gebiet der medizinischen Ethik nicht nur Patienten, sondern auch Behinderte, chronisch Kranke sowie Menschen mit einem erhöhtem Krankheitsrisiko.

2.2.3 Kritik versus Interpretation

Ethik-Kommissionen, Ethik-Konsile oder Gremien sind häufig in institutionelle Kontexte eingebettet, die den Diskussions- und Entscheidungsprozessen in den Kommissionen, Konsilen oder Gremien mehr oder weniger enge Grenzen ziehen.

---

389 A.a.O.: 48.
390 Interview mit Dieter Birnbacher, in: Gesang 2002.

Die Diskussion in klinischen Ethik-Komitees beispielsweise ist häufig durch die die vorherrschende Moral des Trägers wiedergebende*policy* oder Hauspolitik limitiert. Dies gilt gerade auch für die Situation in Deutschland, in der klinische Ethik-Komitees derzeit vor allem an konfessionellen Einrichtungen eingeführt werden. In einer Broschüre des Katholischen Krankenhausverbandes Deutschland und des Deutschen Evangelischen Krankenhausverbandes beispielsweise heißt es in einem Beitrag, der ethische Reflexionen zu den Fragestellungen in klinischen Ethik-Komitees zum Gegenstand hat, unmissverständlich:

»Eine echte Frage unterscheidet sich von einer ›strategischen‹ Frage dadurch, dass die Frage (wenn sie gestellt wird) noch offen ist für alle Antworten und keine der möglichen Antworten von vornherein als ›falsch‹ oder ›nicht möglich‹ qualifiziert. Unterschwellig schon beantwortete Fragen gehören nicht in das Ethik-Komitee. Wenn in einem katholischen Krankenhaus beispielsweise vom Träger her alle Schwangerschaftsabbrüche von vornherein als sittlich unzulässig eingestuft sind, hat es keinen Sinn, dass das zuständige Komitee mit der therapeutischen Alternative eines Abbruchs befasst wird, geschweige denn sich mit dieser theoretischen Alternative beschäftigt. Es sei denn, das Komitee hätte zur Aufgabe, die ›Policy-Richtlinien‹ des Krankenhauses bzw. des Krankenhausträgers ethisch zu überprüfen. Es wird also ersichtlich, dass das Komitee nicht im luftleeren Raum ethischer Theorien tätig ist, sondern im Rahmen der vorherrschenden Moral des Trägers, der das Komitee gewollt hat.«[391]

Neben der Hauspolitik bzw. den in einer Institution geltenden Leitlinien kommen in Ethik-Komitees und Ethik-Kommissionen, in denen Mitglieder der ärztlichen Profession in der Regel zahlenmäßig überrepräsentiert sind, weitere, die Diskussions- und Entscheidungsprozesse limitierende Aspekte hinzu, die aus dem Standesethos bzw. aus den ethischen Richtlinien der jeweiligen Standesgesellschaften resultieren. Darüber hinaus spielen auch rechtliche Rahmenbedingungen oftmals eine wichtige Rolle.

Mary Warnock, Vorsitzende des nach ihr benannten *Warnock Committee on Human Embryology*, hat in einem Bericht über die Arbeit des Komitees deutlich gemacht, dass auch die Diskussions- und Entscheidungsprozesse von Kommissionen, die in politische Prozesse involviert sind, durch ein »pragmatic framework« eingeschränkt sind:

»In the first place, we had to make recommendations to Ministers; and that meant that we had to think in terms of future legislation. It is a cliché that politics is the art of the possible; but it is in trying to formulate recommendations on behalf of such committees as ours that the truth of the cliché becomes apparent. It is no good making recommendations that for legislation which could never in any conceivable circumstances be carried through Parliament, nor recommendations

---

391 Gillen 1997: 19.

which, if eventually they became law, would be unenforcable. As soon as a committee (or more generally its chairman) begins to think in terms of what would be a realistic proposal to turn into law, it becomes clear that the relation between morality and the law is not simple. Still less it is easy to say what is the relation between very strongly held but not universally shared moral views and legislation, which must be binding on everyone whatever their views. And so all the deliberations of the Committee were restricted, though not always explicitly, by a kind of pragmatic framework. At no time could we allow ourselves to indulge in idealism (and this was something that some members of the Committee found it quite hard to accept). Yet, on the other hand, our recommendations could not be too overtly practical or pragmatic. They had also, as far as possible, to be acceptable to society as a whole, and a society increasingly conscious of the moral dilemmas involved.«[392]

Besteht die Aufgabe von Bioethikerinnen und Bioethikern, die als Sachverständige, Berater oder Mitglieder in solchen Komitees, Kommissionen oder Gremien mitarbeiten, darin, die jeweiligen moralischen Probleme und Konflikte im Lichte der normativen Vorgaben der Institution zu interpretieren, oder gehört es zur Integrität von Bioethikerinnen und Bioethikern, die normativen Rahmenbedingungen zu transzendieren und in eine von allen Vorgaben freie Erörterung und Bewertung einzutreten? Für beide Alternativen sprechen, wie Ackerman am Beispiel einer Ethik-Beratung in klinischen Kontexten zeigt, gute Gründe:

»On one hand, the ethics consultant is usually a salaried member of the institution. As a licensed and accredited facility, the hospital pledges to adhere to existing social norms (including legal rules) and formulates policy guidelines for implementing these norms under local conditions. In accepting a salaried position, any regular staff person seems to incur a obligation to function within the framework of social rules acknowledged by the institution. The commitment applies to members of the medical staff and might be extended to include the ethics consultant. If this line of reasoning is sound, then it appears that the consulting ethicist must constrain his or her analysis or recommendations within existing social parameters.«

Andererseits, so Ackerman weiter,

»as an investigator of moral problems, the integrity of the ethics consultant's role seems to depend upon the freedom to frame whatever analyses or recommendations regarding the subject matter investigated are warranted by sound application of the methodology of the discipline. Moreover, it is obvious that existing laws, social norms, and institutional guidelines are often deficient from the standpoint of various moral parameters. Thus, there is the obvious possibility that the soundest advice that the ethics consultant can formulate may run contrary to the prevailing social norms under which a health care institution operates.«[393]

---

392 Warnock 1985: 505.
393 Ackerman 1989: 43f.

Ackerman selbst plädiert für die zweite Option, der zufolge einer Bioethikerin bzw. einem Bioethiker »maximum investigative freedom to critically assess existing social rules related to the care of patients« zugestanden werden sollte. Aus seiner Sicht sprechen zwei wichtige Gründe für diese Entscheidung:

»First, legal rules and institutional policies are intended to promote specific states of affairs cherished by the members of the moral commuity. However, they are often unlikely to represent other states of affairs that members of the moral community also regard as worthy. Assignment of a critical function to the ethics consultant helps to assure the impartial review of relevant moral considerations essential to competent moral inquiry. Second, legal rules and institutional guidelines may be developed under conditions that do not fully satisfy the requirements of rigorous moral inquiry. Thorough reflection involves determining whether options adopted are effective in protecting states of affairs cherished by members of the moral community. Building justification for our moral decisions (as embodied in legal and institutional rules) depends upon critical examination of how these guidelines work out in a variety of clinical circumstances. Assigning to ethics consultants a critical (versus merely interpretive) function permits thorough review of the clinical operation of existing social rules.«[394]

Unterstützt wird diese Entscheidung auch durch die Beobachtung zahlreicher Bioethiker ebenso wie sozialwissenschaftlich ausgerichteter Beobachter der Arbeit von Ethikkommissionen, dass sowohl die Diskussionen innerhalb der Kommissionen als auch deren Ergebnisse in Form von Empfehlungen und anderen Dokumenten eine *positivistische Tendenz* aufweisen. »They are positivists«, so beispielsweise Williams über Kommissions-Dokumente in Kanada,

»in that they accept, often uncritically, the prevailing values and rules of society in general or of certain professions (especially medicine) as the standard of ethical acceptability. The inquiries seldom seek to ascertain these values and rules in any methodical fashion; rather these seem to emanate from the commissioners themselves.«[395]

Demgegenüber steht die Auffassung, dass es in ethischen Beratungen nicht nur um eng umgrenzte Sachfragen gehen könne, sondern dass auch allgemeine Rahmenbedingungen bei der ethischen Entscheidungsfindung berücksichtigt werden müssen, resp. dass es *gerade* eine Leistung ethischer Entscheidungsfindung sein müsse, auch allgemeinere soziale, gesellschaftliche und politische Aspekte einzubeziehen.

---

394 A.a.O.: 49f.
395 Williams 1989: 441.

2.2.4 Theorie versus Kompromiss

Eine weitere »Leitdifferenz« betrifft die Frage, welche Rolle ethische Theorien bei der Arbeit von Ethik-Kommissionen *de facto* spielen bzw. *idealiter* spielen sollten. Diese Frage hat eine Reihe unterschiedlicher Aspekte, die wir an dieser Stelle wiederum nur andeuten können. Ein erster Aspekt betrifft die Frage, welchen Gebrauch Bioethikerinnen und Bioethiker bei der Arbeit in Kommissionen tatsächlich von moralphilosophischen Theorien machen, ein zweiter die Frage des »Nutzens« von Moralphilosophie in entsprechenden institutionellen Zusammenhängen generell, ein dritter schließlich die Frage, wie sich die »strategischen Implikationen«[396] der Arbeit von Kommissionen auf die Tätigkeit der Bioethikerin bzw. des Bioethikers auswirken.

»Je konkreter die Fälle, desto weniger kann man
mit allgemeinen Theorien arbeiten.«

Tatsächlich hängt die Verwendung ethischer Theorien und Methoden offenbar davon ab, um welche Kommissionen es sich jeweils handelt. Als Faustregel kann dabei gelten, dass allgemeine Theorien eine um so geringere Rolle spielen, je konkreter die in der Kommission bearbeiteten Probleme und Konflikte sind. Die in der Arbeit und Diskussion von Ethik-Kommissionen ohnehin beobachtbare kasuistische Tendenz kommt, mit anderen Worten, um so mehr zum Tragen, je unmittelbarer die Kommission in Entscheidungsprozesse eingebunden ist. Dies hat zum einen damit zu tun, dass – wie bereits angedeutet – in entscheidungsnahen Kommissionen von Bioethikerinnen und Bioethikern eher moralisch gehaltvolle Stellungnahmen zu moralischen Problemen und Dilemmasituationen erwartet werden als eine Analyse des jeweiligen Problems bzw. der vorgetragenen moralischen Argumentationen oder Lösungsoptionen. Zum anderen ist ein kasuistisches Vorgehen den übrigen Kommissionsmitgliedern, insbesondere solchen mit einem medizinischen Hintergrund, oftmals vertrauter als eine ausführliche theoriegeleitete Erörterung von Problemen. Schließlich kommt hinzu, dass der Druck, zu einer konsensuellen Lösung zu gelangen, um

---

396 Mieth 1997: 217.

so größer ist, je entscheidungsnaher ein Komitee oder eine Kommission angesiedelt sind. Dies bedeutet *a fortiori*, dass Dissense um so weniger gut aushalt-
bar sind, je entscheidungsnaher ein Komitee oder eine Kommission sind.

Vom »Nutzen« der Moralphilosophie in institutionellen Kontexten

Welche Rolle sollte die Moralphilosophie bei der Tätigkeit von Ethikkommissionen spielen? Will Kymlicka hat den Nutzen der Moralphilosophie im Hinblick auf politische Gremien bzw. »für die Analyse von Aufgabenstellungen
der Staatstätigkeit«[397] bezweifelt. Ähnliche Vorbehalte werden jedoch auch
bezüglich anderer Komitees oder Kommissionen formuliert.

Kymlicka unterscheidet eine »ambitiöse« und eine »bescheidene« Haupt-
auffassung in der Frage, was Moralphilosophinnen und Moralphilosophen zur
Analyse der Empfehlungen der staatlichen Regulierung der neuen Reproduktionstechnologien beitragen können:

»Die ambitiöse Sicht geht davon aus, daß Moralphilosophen versuchen sollten, die Kommissionsmitglieder davon zu überzeugen, die richtige, umfassende Moraltheorie zu übernehmen (z.B. den
Deontologismus eher als den Utilitarismus oder den Kontraktualismus) und dann diese Theorie
auf bestimmte Politikfragen anzuwenden. Die eher bescheidene Sichtweise scheut davor zurück,
eine bestimmte Moraltheorie anzupreisen, bedenkt man, daß die relativen Verdienste der verschiedenen Moraltheorien sogar unter den Moralphilosophen selber umstritten sind. Statt dessen sollten Moralphilosophen versuchen sicherzustellen, daß die Argumente der Kommission klar und
konsistent sind. Die Philosophen sollten sich darauf konzentrieren, konzeptionelle Verwirrung
und/oder logische Inkonsistenzen innerhalb der Argumente der Kommission zu erkennen, und
zwar ohne deren Wahl für die zugrundeliegende Theorie zu beeinflussen.«[398]

Kymlicka hält beide Auffassungen für falsch. Die »ambitiöse« Auffassung deshalb, weil die Idee, innerhalb einer Kommission eine einheitliche Moraltheorie
zu finden, erstens unrealistisch sei, und zweitens auch »ziemlich unangebracht«:
Die Tatsache, dass die Kommissionsmitglieder sich auf eine solche Theorie
nicht einigen könnten, sei nicht ein bedauerlicher Zufall. Die Kommissionsmitglieder seien vielmehr dazu ausgewählt, verschiedene in der Gesellschaft
vertretene Gesichtspunkte und Überzeugungen zu repräsentieren. Die Annah-

---

397 Kymlicka 2000: 193.
398 A.a.O.: 195.

me einer bestimmten Moraltheorie durch eine Kommission würde Kymlicka zufolge daher den Zweck der Kommission selbst durchkreuzen. Die »bescheidene« Auffassung dagegen hält Kymlicka für falsch, weil sie »die Rolle eines Philosophen zu sehr nach der eines Technikers aussehen [lässt]«. Das Problem der »bescheidenen« Auffassung bestehe darin, »daß Argumente klar und konsistent sein können und zugleich moralisch verwerflich.«[399]

Gemeinsam sei beiden Auffassungen allerdings – und darauf kommt es Kymlicka vor allem an –, dass sie von der Auffassung ausgingen, Moral ernst nehmen hieße, Moralphilosophie ernst zu nehmen. Dem sei jedoch nicht so: »Moral ernstnehmen heißt zuallererst, Menschen ernstnehmen – Sorge tragen für das Leben von Menschen und ihre Interessen. Genauer gesagt heißt das, empfindungsfähiges Leben ernstnehmen, menschliches oder tierisches.«[400] Man müsse sich keiner bestimmten Moraltheorie verschreiben, um beispielsweise im Hinblick auf den Schutz von Kindern bewerten zu können,

»was als ein guter Grund zählt. Wenn eine bestimmte Politik die Interessen des Kindes fördert, so ist diese Tatsache ganz klar ein guter Grund, aus dem diese Politik Zustimmung verdient. Die Öffentlichkeit und die Politik akzeptieren dies selbst dann als guten Grund, wenn sie keine spezifische Moraltheorie angenommen oder auch nur verstanden haben. Jedem der daran zweifelt, ob die Förderung der Interessen von Kindern als ein moralisches Gut zählt, fehlt es an der grundsätzlichsten ethischen Sensibilität. Es ist ihm nicht gelungen zu verstehen, was es bedeutet, etwas von einem moralischen Standpunkt aus zu betrachten.«[401]

Eine verantwortungsvolle Kommission werde daher tun, was sie könne, um sich in die Lage der Betroffenen zu versetzen, etwa die Auswirkungen neuer Reproduktionstechnologien in ihren Empfehlungen zu berücksichtigen und eine kreative Politik zu finden, die ihnen, wann immer es möglich ist, entgegenkommen. Und sie werde, so Kymlicka, wenn sie diese Dinge richtig mache, »moralisch nicht allzu falsch handeln (...), selbst dann, wenn sie keinerlei philosophischen Anspruch verfolgt.[402] »[H]ochgestochene philosophische Ansprüche« seien für einen moralisch verantwortlichen Bericht zu diesem Thema »weder notwendig noch hinreichend«.[403]

---

399 A.a.O.: 204.
400 A.a.O.: 205.
401 A.a.O.: 209f.
402 A.a.O.: 211.
403 A.a.O.: 216.

Tatsächlich lasse eine Übersicht über existierende Regierungsberichte sogar den Schluss zu, dass es keine interessante Verbindung zwischen philosophischem Anspruch und moralischer Sensibilität gebe. Einige der Berichte, die in ihrer Diskussion der Moraltheorie sehr amateurhaft seien, hätten die moralisch relevanten Interessen sogar am besten identifiziert und geschützt. Kymlicka glaubt sogar,

»daß gerade Versuche, Politiker mit der akademischen Philosophie vertraut zu machen, teilweise verantwortlich sind für den Mangel an moralischer Seriosität und Sensibilität in vielen Regierungsberichten. Ein Grund dafür ist schlicht Mangel an Zeit und Energie. Die Zeit, die auf die Beherrschung der Komplexität der Moralphilosophie verwandt wird, ist Zeit, die nicht darauf verwandt wird, den Auswirkungen von NRT [neuen Reproduktionstechnologien] auf das Leben der Menschen nachzugehen. Aber es gibt noch zwei eher spekulative Gründe für die These, daß philosophischer Ehrgeiz hier kontraproduktiv werden kann. Ich befürchte erstens, daß die Ausübung ihrer alltagspraktischen moralischen Sensibilität verhindert wird, wenn man Politiker dazu bringt, Moralphilosophie ernstzunehmen. Das Problem ist (…), daß viele Leute glauben, Moraltheorien und Empfehlungen stünden in einem Eins-zu-eins-Verhältnis, so daß die Übernahme einer bestimmten Theorie einen an eine vorweg bestimmte Reihe von Empfehlungen bindet. (…) Je mehr jemand an so eine enge Verbindung zwischen Theorien und normativen Empfehlungen glaubt, desto unwahrscheinlicher wird es [jedoch], daß noch das Bedürfnis verspürt wird, sich wirklich in die Lage anderer Menschen zu versetzen und herauszufinden, wie deren Leben betroffen ist. (…) Zweitens befürchte ich, daß Philosophie, wenn sie ernstgenommen wird, das Vertrauen der Menschen in ihr alltägliches moralisches Gespür zerrütten könnte. Das Problem (…) ist, daß die (…) Moraltheorien hoch umstritten sind und die Debatten zwischen ihnen ziemlich verwirrend sein können. Und solche Verwirrung auf philosophischer Ebene könnte das Vertrauen auf der Ebene der alltagsmoralischen Prinzipien erschüttern.«[404]

Was mit letzterem Punkt gemeint ist, verdeutlicht Kymlicka anhand eines Beispiels im Zusammenhang der Diskussionen der President's Commission über die Einrichtung eines Fonds zur Entschädigung von Versuchspersonen:

»Die Kommissionsmitglieder hatten die Einrichtung eines Fonds zur Entschädigung von Versuchspersonen beschlossen, denen im Verlauf einer medizinischen Studie ein Schaden entsteht. Die Redaktion hatte Dan Wikler, sozusagen der Philosoph vom Dienst, gebeten, einigen ethischen Implikationen dieser Entscheidung nachzugehen. Er gab bei anderen Philosophen einige Aufsätze in Auftrag, die eine Vielfalt von Standpunkten repräsentierten. Ein Text, aus einer libertären Perspektive geschrieben, argumentierte gegen die Idee des Kompensationsschemas mit der Begründung, daß Leute, die freiwillig an Forschungsvorhaben teilnehmen, sich mit den Risiken einverstanden erklärt haben und somit auf ihr Recht auf Entschädigung verzichten. Die Kommissionsmitglieder hat dieses Argument nicht überzeugt, und die anderen Philosophen haben ihm auch widersprochen. Trotzdem verunsicherte die Tatsache des philosophischen Dissenses die

---

404 A.a.O.: 223.

Kommissionsmitglieder. Das führte zwar nicht dazu, daß sie ihre moralischen Überzeugungen änderten, aber dazu, daß sie auf moralische Überlegungen überhaupt weniger Wert legten. Die Kommissionsmitglieder begannen sich mehr auf ökonomische und politische Überlegungen zu konzentrieren, von denen viele gegen den Entschädigungsplan sprachen. Am Ende hat die Kommission den Plan weder gebilligt noch verworfen, sondern die Durchführung weiterer Untersuchungen empfohlen.«[405]

Bei den Kommissionsmitgliedern war, wie auch bei Alan Weisbard, selbst Mitglied der Kommission, der Eindruck entstanden,

»that the ethical arguments were conflicting and inconclusive and that one could *not* simply say that ›justice demands‹ compensation. Given those impressions, Commission members apparently felt themselves ›liberated‹ from any *moral* obligation to support compensation and therefore free to consider other factors.«[406]

Andere Bioethikerinnen und Bioethiker bestehen demgegenüber auf der Nützlichkeit und Notwendigkeit ethischer Expertise in institutionellen Kontexten und bemängeln an Kommissionsberichten und Empfehlungen – wie bereits angedeutet – gerade deren Mangel an philosophischer Aufklärung, der beispielsweise zu logischen Fehlern, Inkonsistenzen, zu *ad-hoc*-Formulierungen, unklaren Begrifflichkeiten oder inhaltlichen Auslassungen und Lücken führe. Zwar sei der Einwand zutreffend, (ethische) Expertise bewahre nicht aus sich selbst heraus vor schlechten Entscheidungen. Allerdings sei es vernünftig, zu erwarten, »that the more expert a committee was, the fewer bad decisions it would make.«[407] Peter Singer sieht freilich noch einen anderer Grund, warum ethischer Sachverstand und damit auch moralphilosophische Theorien in Kommissionen sinnvoll und wünschenswert seien:

»In the long run, it could be even more important that the reports of the ethics commission be well reasoned than that they come to the right conclusion. The general level of discussion of matters ethical is not high, as the Letters to the Editor columns of our daily newspapers show whenever euthanasia, abortion, genetic engineering, or other controversal matters are in the news. Intelligent, literate people readily abandon all rational standards of argument when they get into the area of morality. There is an urgent need to convince people, from the upper echelons of our society downwards, that there *are* ways of reasoning about complex ethical issues, that this is an area in which clear thinking, dispassionate reflection, and careful argument can get us somewhere. An expert ethics commission should show us, by its example, that this is the case. In doing so it would be doing something of immense educational value.«[408]

---

405 A.a.O.: 224.
406 Weisbard 1987: 781.
407 Singer 1988: 161.
408 Ebd.

Die zuletzt genannten Argumente gegen einen stärkeren Einbezug ethischer Expertise in die Arbeit von Ethik-Kommissionen verweist bereits auf einen weiteren Aspekt: Das von Kymlicka berichtete Beispiel der Diskussionen in der *President's Commission* sollte einerseits deutlich machen, dass moralphilosophische Reflexion – zumindest in diesem Fall – zu einem Vertrauensverlust der übrigen Kommissions- oder Gremienmitglieder, der Auftraggeber und Adressaten sowie der breiteren Öffentlichkeit in die eigene moralische Sensibilität geführt habe. Gleichzeitig ist das von Kymlicka angegebene Beispiel jedoch auch ein Beispiel dafür, dass moralphilosophische Reflexion – wiederum zumindest in diesem Fall –, obgleich auf theoretisch elegante und befriedigende Weise ausgeführt, politisch negative Folgen hatte: nämlich die, dass die Kommission den Plan zur Einführung einer Kompensationslösung nicht gebilligt (wenn auch nicht verworfen) hat. Manche Bioethikerinnen und Bioethiker wie Pascal Kasimba und Peter Singer stellen sich daher die Frage, ob die Qualität von Argumenten überhaupt das adäquate Kriterium zur Bewertung der Tätigkeit von Ethik-Kommissionen ist[409] bzw. ob es nicht, wie Dan Brock meint, einen – unauflöslichen, weil strukturellen – Zielkonflikt zwischen philosophischer Tätigkeit einerseits und der Tätigkeit von Kommissionen andererseits gibt. »[T]here is«, wie Brock glaubt zeigen zu können, »a deep conflict between the goals and constraints of the public policy process and the aims of academic scholary activity in general and philosophical activity in particular.«[410]

Dan Brock hebt vor allem zwei Aspekte dieses Problems hervor. Der erste Aspekt betrifft die Behauptung, anders als bei philosophisch-akademischen Überlegungen gehe es bei der Arbeit in Kommissionen um die jeweiligen politischen Folgen der Kommissionstätigkeit, der zweite Aspekt betrifft das »agenda problem«, das Diskussionsprozesse und die Entscheidungen von Ethikkommissionen einschränkt.

Das zentrale Problem hinsichtlich der Rolle von Philosophinnen und Philosophen in Ethikkommissionen besteht für Dan Brock, selbst 1981/82 wissenschaftlicher Mitarbeiter in der *President's Commission for the Study of Ethical Problems in Medicine*, darin

---

409 Kasimba/Singer 1989: 421.
410 Brock 1987: 786.

»that the first concern of those responsible for public policy is, and ought to be, the consequences of their actions for public policy and the persons that those politics affect. This is not to say that they should not be concerned with the moral evaluation of those consequences – they should; nor that they must be moral consequentialists in the evaluation of the policy, and in turn human, consequences of their actions – whether some form of consequentialism is an adequate moral theory is another matter. But it is to say that persons who directly participate in the formation of public policy would be irresponsible if they did not focus their concern on how their actions will affect policy and how that policy will in turn affect people. The virtues of academic research and scholarship that consist in an unconstrained search for truth, whatever the consequences, reflect not only the different goals of scholary work but also the fact that the effects of the scholary endeavor on the public are less direct, and are mediated more by other institutions and events, than are those of the public policy process. It is in part the very impotence in terms of major, direct effects on people's lives of most academic scholarship that makes it morally acceptable not to worry much about the social consequences of that scholarship. When philosophers move into the policy domain, they must shift their primary commitment from knowledge and truth to the policy consequences of what they do.«[411]

Aus eigener Erfahrung berichtet Brock, das Ziel seiner Arbeit habe manches Mal darin bestanden, Kommissionsmitglieder von einer bestimmten Auffassung zu überzeugen oder sie sogar zu dieser zu überreden, um ein wünschenswertes Ergebnis zu erreichen:

»Staff sometimes believed that Commissioners held particular views on indefensible grounds. If our report was to say what we thought they should say, we had to bring the Commissioners around to our views. It was in the resulting context of debate and dialogue that I and other staff members often found ourselves looking to what the consequences on others would be of making a particular argument or taking a particular position, instead of simply at whether we considered the argument or position sound. The goal often became to persuade or even manipulate others in order to reach a desired outcome instead of a common search for the truth.«[412]

Brock gibt selbst ein Beispiel für diesen Zielkonflikt zwischen »truth or consequences«:

»In our report on decisions about life-sustaining treatment, we adressed briefly a number of distinctions that commonly play a role in the reasoning underlying those decisions, distinctions such as between killing and allowing to die, between a physician's or a disease's being the cause of death, and so forth. I believe that on common understandings of the kill/allow to die distinction, the difference is not in itself morally important, and that stopping life-sustaining treatment is often killing, though justified killing. Needless to say, many of the Commisioners did not share this view. They believed that killing was far more seriously wrong than allowing to die, and that stopping of life-support was allowing the patient to die of his disease, not causing his death and

---

411 A.a.O.: 787.
412 A.a.O.: 788.

killing. We shared the conclusion that stopping life-sustaining treatment at the request of a competent patient was morally permissible, but I believed that their reason for this conclusion were confused and unsound and that I might have some success in convincing them of this. My philosophical instincts urged me to attack the confusion and to follow the argument wherever it led. But what would be the consequences of convincing them either that allowing to die is in itself no different morally than killing and/or that stopping life support was killing? A quite plausible case could be, and was, made that this could throw into question their acceptance of the moral permissibility of stopping life support. Could one then responsibly attack what seemed confusions in their view when the result of doing so might well be to lead them to an unwarranted and worse conclusion – and a conclusion, it is important to add, that could produce important adverse consequences in suffering and loss of self-determination for real people?«[413]

Ein zweiter Aspekt wird von Dan Brock unter dem Namen »agenda problem« angesprochen. Auch hier geht es um einen Zielkonflikt zwischen akademisch-philosophischer Reflexion einerseits und Funktion von Kommisionen bzw. den Ergebnissen von Kommissionstätigkeiten andererseits: »The problem is«, so Brock,

»what is to be taken as fixed or given for the purpose of setting or changing policy and what is to be taken as open to modification and so on the policy agenda. The scholary philosophical virtues (…) are intended to leave nothing fixed or given, and beyond criticism, revision, or rejection. This leads the philosopher toward an maximally wide agenda; no change is too far-reaching if persuasive arguments supports it. For seasoned policymakers and bureaucrats, on the other hand, who have lost as many battles as they have won and who are constantly subject to the competing forces and interest groups active in the policy process, all is not immediately possible. Many issues are not on their agenda because they are not politically feasible, or because it is not an opportune time for them, or because efforts must be focused on other, higher priority issues. Incrementalism and resistance to change may be endemic to policymakers and bureaucrats.«[414]

Anders ausgedrückt:

»[Q]uality of argument may not be the right criterion for judging reports, since a poorly reasoned report may be implemented, and do some good, while a rigorously argued report may simply languish on a shelf, and thus can be regarded as a failure, no matter how good the reasoning it contains.«[415]

---

413 A.a.O.: 789.
414 A.a.O.: 790.
415 Kasimba/Singer 1989: 421.

Preis des Konsenses

Zahlreiche Kommissionen sehen die Herstellung eines Konsenses als den Königsweg der Kommissionstätigkeit an. Auf die Gründe für die Attraktivität eines Konsensmodells bioethischer Deliberation haben wir an anderer Stelle bereits hingewiesen. Peter Singer und andere Autorinnen und Autoren haben – teilweise vor dem Hintergrund eigener Erfahrungen – jedoch auch auf den Preis aufmerksam gemacht, den Kommissionen für ihre Konsensorientierung mitunter bezahlen:

»The degree of consensus reached by the Commission [gemeint ist die National Commission] is at least in part testimony to the extent to which ethical expertise does, after all, cut across the differences between groups in a pluralistic society. Select from among the most open-minded members of each group; provide them with an expert staff to prepare fact-finding and background papers; sit them around a table with a specific problem to solve; and they will find themselves in agreement often enough to give useful answer. That is part of the story – the more positive part. Less positive is the fact that the agreement is often reached at a price. Fundamental ethical issues on which agreement would not be possible are evaded. Other disagreements are papered over by meaningless rhetoric at odds with the content of the specific recommendations made or by language so vague that each side can see it as an expression of its own view, although the views of the different sides are really incompatible.«[416]

»Rationale Kontrolle der strategischen Implikationen«

All dies bedeutet Brock und anderen Bioethikerinnen und Bioethikern zufolge nicht, dass Philosophinnen und Philosophen, die sich auf die Arbeit in politischen Kommissionen einlassen, etwa korrupt wären – jedenfalls solange nicht, als die unterschiedlichen Anforderungen an die akademische Philosophin bzw. den akademischen Philosophen einerseits und die Bioethikerin bzw. den Bioethiker als Sachverständige/n, Berater/in oder Kommissionsmitglied andererseits bewusst gehalten werden. Politische Naivität sei daher, wie auch Dietmar Mieth, Mitglied unter anderem des Beraterausschusses *Ethik in der Biotechnologie* der Europäischen Union, meint, in einer ethischen Politikberatung nicht am Platze: »Wissenschaftliche Rationalität in der Ethik verlangt hier rationale Kontrolle der strategischen Implikationen.«[417]

---

416 Singer 1988: 157.
417 Mieth 1997: 217.

3. Bioethische Expertise?

Wodurch rechtfertigt sich die Beteiligung von Bioethikerinnen und Bioethikern an Entscheidungen am Krankenbett, in Ethikkommissionen, in der Gremienarbeit oder der Politikberatung? Worin besteht eine bioethische Expertise und was qualifiziert eine »Expertin« bzw. einen »Experten« für Bioethik als solche bzw. als solchen? Diese Fragen stellen sich, wie Dieter Birnbacher deutlich gemacht hat, insbesondere dem »vor Ort« tätigen Ethiker immer wieder ganz konkret: »Denn in der Tat«, so Birnbacher,

»wird ihm in der konkreten Kommissionsarbeit gewöhnlich keinerlei Sonderkompetenz zugestanden – schon deshalb nicht, weil sich in Sachen Moral niemand so einfach ›belehren‹ lässt. Aber auch aus anderen Gründen hat der philosophische Ethiker keinen leichten Stand. Nicht nur steht er mit seinen normativen Beurteilungen in Konkurrenz mit den Kollegen aus Theologie und Rechtswissenschaft (…), er konkurriert auch mit den Vertretern relativ autonomer Binnen-, Standes- und Berufsmoralen, die sich innerhalb bestimmter Berufs- und Interessengruppen herausgebildet haben und die gegen die von dem philosophischen Ethiker ins Feld geführten allgemeinen normativen Prinzipien im Konflikt mit Zähnen und Klauen verteidigt werden. Dies gilt nicht nur für die ›ärztliche Ethik‹, für die Ärzte gemeinhin die alleinige Zuständigkeit reklamieren, sondern auch für Binnenmoralen, die sich zum Teil erst durch die Abgrenzung gegen die als ›Störung‹ erlebte Intervention professioneller Ethiker konstituieren.«[418]

Ließen sich auf die Fragen, wofür man eine Bioethikerin bzw. einen Bioethiker braucht und über welche »Sonderkompetenzen« sie bzw. er verfügt, keine befriedigenden Antworten finden, dann wäre nicht ersichtlich, warum Bioethikerinnen und Bioethiker an den Diskussionen und Entscheidungen in den jeweiligen Kommissionen und Gremien beteiligt werden sollten. Bevor die Bioethik wegen – im besten Falle – des Verdachts der Nutzlosigkeit oder – im schlimmeren Falle – dem Verdacht, eine bloße »Anpassungsethik«[419] zu sein, »den Laden dicht machen«[420] muss, lohnt eine Beschäftigung mit dieser Frage also allemal.

Wozu bedarf es einer Bioethikerin oder eines Bioethikers?

Die Frage, wofür Bioethikerinnen und Bioethiker in Ethik-Kommissionen oder politischen Gremien gebraucht werden, lässt sich offenkundig weniger leicht

---

418 Birnbacher 1999: 268f.
419 Fuchs 1999: 261.
420 Hare 1977.

beantworten als die Frage nach dem Bedarf an den übrigen Nicht-Medizinerinnen bzw. Nicht-Medizinern. Dass beispielsweise Juristinnen und Juristen dazu gebraucht werden, um die Einhaltung rechtlicher Vorschriften zu überwachen, um Forscherinnen und Forscher bzw. Forschungseinrichtungen vor nachteiligen Folgen zu bewahren, um die Einhaltung von Datenschutzbestimmungen oder um die Gesetzes- bzw. Verfassungskonformität von Richtlinien und Empfehlungen sicherzustellen, ist nicht weiter erläuterungsbedürftig.[421] Und auch für Theologinnen und Theologen besteht ein ähnlich motivierter Bedarf daran, mögliche Bedenken und Einwände von kirchlicher Seite zu antizipieren.[422] Ob es einen entsprechenden Bedarf auch für philosophisch ausgebildete Bioethikerinnen und Bioethiker gibt, ist dagegen weit weniger klar. Bioethikerinnen und Bioethiker verfügen über keine entsprechende institutionelle Verankerung, keinen vergleichbaren »autoritativen normativen Hintergrund«; sie verfügen über keine den gesetzlichen Bestimmungen, Verfassungsnormen oder kirchenamtlichen Stellungnahmen vergleichbaren Dokumente, auf die sie sich berufen und die ihren Stellungnahmen Autorität verleihen könnten. Was also können Bioethikerinnen und Bioethiker, das die Mitglieder der jeweiligen Kommissionen oder Gremien nicht, oder jedenfalls nicht in gleicher Weise, können?

Als ein Grund für die Beteiligung von Philosophinnen und Philosophen in Ethik-Kommissionen oder politischen Gremien wird manchmal genannt, »that a philosopher can represent the interests and views of the lay public«.[423] So weist beispielsweise Ludwig Siep darauf hin, dass der Philosoph im Verständnis der Kommissionen in der Regel nicht in der Rolle des Experten, sondern des »Laien«, genauer: des »medizinischen Laien«, tätig ist. Dass er anderen Laien vorgezogen wird, liege daran, dass er mit ethischen Problemstellungen vertraut und in Güterabwägungen geübt sei und den Wissenschaften, insbesondere der Medizin, näher stehe als die meisten Laien, die nicht ständig mit wissenschaftlichen Problemen und Ergebnissen unterschiedlicher Herkunft umzugehen gewohnt seien.[424]

421 Brudermüller 1999.
422 Birnbacher 1999: 268.
423 Caplan 1989: 60.
424 Siep 1997: 197.

Allerdings scheint klar, dass Bioethikerinnen und Bioethiker die Rolle einer Laienvertreterin bzw. eines Laienvertreters allenfalls zeitweise oder zusätzlich ausüben. Bioethikerinnen und Bioethiker werden in die jeweiligen Kommissionen oder Gremien nicht, zumindest nicht nur, als verständige oder verständigungswillige Laien, als Vertreterinnen und Vertreter der Öffentlichkeit oder als Repräsentantinnen und Repräsentanten bestimmter gesellschaftlicher Gruppen berufen, sondern *als* Bioethikerinnen und Bioethiker.[425] Zumindest ist es, wie Arthur Caplan mit Blick auf politische Gremien feststellt, »reasonable to assume that the use of philosophers in this capacity results from a growing belief on the part of legislators that philosophers, or at least some philosophers, possess expertise about ethical matters.« (Beziehungsweise, wie er ironisch hinzufügt, »that philosophers, or at least some philosophers, have successfully hoodwinked others into believing that they possess expertise about ethical matters.«)[426]

Bioethische Expertise: Transparenz, Konsistenz und Differenzierung

Eine erste Antwort auf die Frage nach dem Expertinnen- bzw. Expertenstatus von Bioethikerinnen bzw. Bioethikern lautet, dass diese über spezifische Kenntnisse und spezifische analytische ebenso wie rekonstruktive Kompetenzen verfügen. Für Peter Singer beispielsweise hat eine Moralphilosophin bzw. ein Moralphilosoph »some important advantages over the ordinarily man.«[427] Ein Moralphilosoph verfügt Singer zufolge über vier Vorteile gegenüber anderen:

»First, philosophers get general training in understanding logical arguments and detecting fallacies. Second, specific understanding of moral concepts is provided by undergraduate courses in what is known as ›meta-ethics‹, that is, the study of what it is to make a moral judgement. (...) Third, moral theories like utilitarianism, natural law theories, and theories of justice and of rights are also taught in undergraduate philosophy courses. (...) Fourth, moral philosophers can think full time about ethics, while most other people have separate occupation that interferes with pondering on ethical problems.«[428]

---

425 Birnbacher 1999: 62.
426 Caplan 1989: 61.
427 Singer 1972b: 117.
428 Singer 1982: 9f.

Erwarten darf man von Bioethikerinnen und Bioethikern also erstens, dass sie zu logischem Denken und rationalem Argumentieren in der Lage sind, über Sprachgefühl und einen Sinn für begriffliche Nuancen verfügen[429] und in ihren eigenen Stellungnahmen logische oder begriffliche Fehler vermeiden bzw. solche Fehler in den Stellungnahmen anderer Gesprächsteilnehmerinnen und -teilnehmer identifizieren können. Bioethikerinnen und Bioethiker sollten, mit anderen Worten, moralische Überzeugungen im Hinblick auf deren Konsistenz, Kohärenz und Plausibilität überprüfen können. Dies schließt auch die Fähigkeit ein, moralische Diskussionen zu strukturieren, unausgesprochene oder unbewusste Voraussetzungen und Implikationen moralischer Überzeugungen offen zu legen, Dissense zu identifizieren und gegebenenfalls auf ihren Kern zurückzuführen. Bioethikerinnen und Bioethiker haben, mit anderen Worten, »eine Nase« für schlechte Argumente und für Wert- und Zielkonflikte.[430]

Von Bioethikerinnen und Bioethikern erwartet man darüber hinaus zweitens, dass sie sich aufgrund ihrer Ausbildung in der Geschichte der Ethik auskennen, wichtige ethische Traditionen und bedeutende Moralkonzeptionen wie Utilitarismus, Kantianismus, Rechtstheorien usw. kennen, mit Binnenmoralen, wie beispielsweise der ärztlichen Standesethik, zumindest in Grundzügen vertraut sind, zu Begriffsanalysen und begrifflichen Differenzierungen in der Lage sind und die Bedeutung zentraler moralischer Ausdrücke wie beispielsweise der Begriffe der Menschenwürde oder der Autonomie u.a. verstehen.

Zu den besonderen Kompetenzen, über die Bioethikerinnen und Bioethiker verfügen sollten, gehört über die genannten hinaus drittens auch die Fähigkeit (und die Bereitschaft), Probleme in Bereichen und Fragestellungen zu identifizieren und zu artikulieren, die von anderen möglicherweise für unproblematisch gehalten werden. Insbesondere Arthur Caplan hat darauf hingewiesen, »that problem analysis and diagnosis are just as important in medical settings as is the solving of moral puzzles.«[431] Bioethikerinnen und Bioethiker sollten also in gewisser Weise Expertinnen bzw. Experten für die »Erzeugung«, mehr noch als für die Lösung, moralischer Probleme sein, insofern sie die Problematizität spezifischer Handlungsweisen oder Institutionen herausarbeiten und die moralische Dimension dieser Probleme identifizieren.[432]

429 Birnbacher 1999: 270.
430 Hegselmann 1998: 251.
431 Caplan 1983: 317.
432 Bayertz 1991: 44.

Schließlich sollten Bioethikerinnen und Bioethiker viertens mit den grundlegenden Sachverhalten, die jeweils zur Diskussion stehen, und mit den grundlegenden moralischen Überzeugungen, die von jenen geteilt werden, die in den entsprechenden Bereichen oder Institutionen arbeiten, vertraut sein. Für Terrence Ackerman beispielsweise gehören dazu nicht nur »current knowledge of the literature of bioethics«, sondern auch »basic knowledge of medicine and medical terminology« und »basic knowledge of the psychosocial literature relevant to moral issues in clinical care.«[433] Darüber hinaus sollte eine Bioethikerin bzw. ein Bioethiker, wie Jonathan Moreno meint,

»be aquainted with the relevant statutory and case law, the institutional structure of the health care system, the financing of health care, and the prevailing consensus and current issues in health policy. Some understanding of the economies of health care is very useful and an appreciation for the sociological and political processes of the clinical setting is essential.«[434]

Zum Erwerb der genannten Kenntnisse und Kompetenzen sind ein akademisches Studium bzw. eine philosophische Ausbildung, wie zahlreiche Autorinnen und Autoren hervorgehoben haben, zwar keineswegs zwingend erforderlich; von philosophisch ausgebildeten Bioethikerinnen und Bioethikern darf man jedoch erwarten, dass sie in besonderer Weise dazu prädestiniert sind, zu mehr Transparenz, Konsistenz und Differenzierung in bioethischen Diskussionen beizutragen.[435]

Sokratische und mediatorische Fähigkeiten

Ob es allerdings hauptsächlich die bisher genannten spezifischen Kenntnisse und spezifischen analytischen wie rekonstruktiven Kompetenzen sind, die Bioethikerinnen und Bioethiker für die Arbeit in Kommissionen und Gremien geeignet machen, ist zumindest fragwürdig. Welche Kenntnisse, Kompetenzen, Fähigkeiten oder Eigenschaften eine Bioethikerin bzw. ein Bioethiker benötigt, hängt offenbar – zumindest teilweise – davon ab, um welche Tätigkeit bzw. um welche Art von Kommission es sich genauer handelt, in der sie sich engagieren. Die Bedeutung einer ethischen Expertise im engeren Sinne scheint jedenfalls

---

433 Ackerman 1987: 317.
434 Moreno 1991: 194f.
435 Birnbacher 1999: 271.

um so größer zu sein, je allgemeiner und abstrakter die Fragestellungen sind, die in diesen Institutionen zur Diskussion stehen. Demgegenüber scheinen, je entscheidungsnaher solche Institutionen angesiedelt sind, d.h. je unmittelbarer sie in den Prozess der Entscheidungsfindung in konkreten ethischen Problemsituationen eingebunden sind, bei Bioethikerinnen und Bioethikern eher sokratische und mediatorische Fähigkeiten gefragt zu sein.

Zumindest in manchen Kommissionen scheint es weniger auf die ethische Expertise anzukommen, die eine Bioethikerin bzw. einen Bioethiker für die Mitarbeit qualifiziert, sondern auf andere Eigenschaften. Die Persönlichkeit und der persönliche wie berufliche Erfahrungshintergrund scheinen mindestens ebenso wichtige »Qualifikationsmerkmale« für die Mitarbeit in einem solchen Komitee zu sein wie die fachliche Kompetenz. Deutlich kommt dies beispielsweise in den Leitlinien für lokale forschungsethische Komitees der *Voluntary Licensing Authority* in Großbritannien zum Ausdruck, in denen es heißt: »Es ist nicht nötig, dass die Mitglieder des Komitees Experten für Moralphilosophie oder für andere Disziplinen sind; nötig ist nur, dass es sich um Personen handelt, die guten Willens und fähig zum Nachdenken sind, und dass sie eine hohe Achtung für die menschliche Personalität aufbringen und Wahrhaftigkeit schätzen.«[436]

Zum Anforderungsprofil einer Bioethikerin bzw. eines Bioethikers gehören demnach neben spezifischen Kenntnissen und spezifischen analytischen und rekonstruktiven Kompetenzen auch Tugenden wie innere Unabhängigkeit, Ausdauer, Durchhaltevermögen, Integrität, Empathiefähigkeit und andere Charaktereigenschaften[437], sowie die Fähigkeit, Diskussionsprozesse in Komitees und Gremien zu ermöglichen bzw. zu befördern.

Frances M. Kamm sieht in dieser Ermöglichung und Beförderung von Diskussionsprozessen sogar die primäre Aufgabe einer Bioethikerin bzw. eines Bioethikers:

»I suggest that the philosopher's primary duties should include helping point out problems with and implications of the commissioner's own views, giving the commission his considered judgement on what the bottom line should be and his reasons for it, and informing the commissioners of reasonable philosophical views held by others when these differ from his own.«[438]

---

436 Zit. nach: Megone 2000: 181.
437 Baylis 1995.
438 Kamm 1990: 351.

Und auch Jonathan Moreno ist der Auffassung, dass der Wert der Mitarbeit von Bioethikerinnen und Bioethikern in Kommissionen oder Gremien wächst, wenn diese über »sound, interpersonal skills« sowie »particulary tactfulness« verfügen und »the ability to mediate among deeply felt differences while honoring them«.[439]

Neben den bislang genannten Kenntnissen und analytischen wie rekonstruktiven Kompetenzen – und in manchen Kommissionen und Gremien, wie die angeführten Beispiele nahe legen, vielleicht eher als diese – werden von Bioethikerinnen und Bioethikern also vor allem *sokratische und mediatorische Fähigkeiten* erwartet:

»Bioethikerinnen und Bioethiker müssen demnach erstens dazu fähig sein, sich von eigenen spontanen oder theoriegeleiteten Werthaltungen zu distanzieren und sich in die moralischen Überzeugungen und Standpunkte anderer einzufühlen.«[440]

Sie müssen zweitens dazu fähig (und dazu bereit) sein, andere bei der Erarbeitung und Formulierung eines eigenen moralischen Standpunktes zu unterstützen, indem sie beispielsweise dabei behilflich sind, spontane und intuitive Haltungen in ethische Argumente zu »übersetzen«, Implikationen von Argumenten offen legen oder auf Inkonsistenzen, logische Fehler oder schwache Prämissen hinweisen. Bioethikerinnen und Bioethiker, die sich als Sachverständige, Mitglieder oder Berater in Ethikkommissionen, Gremien oder auch am Krankenbett engagieren, benötigen also auch Urteilskraft, Sprachgefühl und Einfühlsamkeit.[441]

Sie müssen drittens dazu fähig (und willens) sein, eine Haltung des »sokratischen Zweifels« gegenüber Auffassungen und Einstellungen zu entwickeln, die von anderen fälschlicherweise für unproblematisch oder unkontrovers gehalten werden und darauf insistieren, alle Dimensionen und Aspekte eines Problems in die Diskussion mit einzubeziehen, insbesondere solche Dimensionen und Aspekte, die in existierenden Institutionen vernachlässigt oder gar ausgeschlossen werden.[442]

---

439 Moreno 1991: 195.
440 Birnbacher 1999: 275ff.
441 A.a.O.: 276.
442 Nickel 1988: 142.

Sie müssen viertens dazu fähig sein, Lösungsmuster für bekannte Probleme *per analogiam* auf neuartige Probleme zu übertragen,[443] instruktive Fallbeispiele oder Gedankenexperimente zu konstruieren, weithin akzeptierte moralische Überzeugungen und Standpunkte auf konkrete Problemkonstellationen zu beziehen und überzeugende Schlussfolgerungen daraus zu ziehen.

Bioethikerinnen und Bioethiker müssen fünftens in der Regel auch dazu fähig (und willens) sein, die Kommissionsmitglieder bei der Erarbeitung von Konsensen und bei der Formulierung von konsensuellen Beratungs- oder Diskussionsergebnissen, etwa in Form von Voten, Richtlinien etc., zu unterstützen.

All dies erfordert auf Seiten einer Bioethikerin bzw. eines Bioethikers, die bzw. der sich auf die Arbeit in Kommissionen und Gremien einlässt, Jonathan Moreno zufolge sechstens eine Reihe weiterer Fähigkeiten:

»the ethicist should be a skilled participant-observer, able to identify informal social structures and arrangements and to assess his or her developing role in them (…) [He] should understand the dynamics of small group behavior, with an ability to recognize the interplay between sociometric structures and decisional outcomes (…) [He] should be a competent mediator, familiar with negotiating strategies and having sound interpersonal skills.«[444]

Eine Bioethikerin bzw. ein Bioethiker sollte, mit anderen Worten, neben der Fähigkeit zur »intellectual facilitation« auch die Fähigkeit zur »interpersonal facilitation« besitzen.[445]

Bioethikerinnen und Bioethiker als Expertinnen und Experten

Bioethikerinnen und Bioethiker, folgt man den Überlegungen bis hierher, können durchaus einen spezifischen Expertinnen- bzw. Expertenstatus für sich in Anspruch nehmen, der sie für die Mitarbeit als Sachverständige, Beraterinnen und Berater oder als Mitglieder von Ethikkommissionen und Gremien qualifiziert. Sie verfügen über spezifische Kenntnisse, analytische und rekonstruktive Kompetenzen sowie über sokratische und mediatorische Fähigkeiten – oder sollten zumindest über entsprechende Kenntnisse, Kompetenzen und Fähig-

---

443 Birnbacher 1999: 277.
444 Moreno 1991: 55.
445 Lynch 1995.

keiten verfügen. Die Ausgangsfrage, ob die Bioethik wegen des Verdachts der Nutzlosigkeit einerseits bzw. des Verdachts, eine bloße »Anpassungsethik« zu sein, andererseits, »ihren Laden dicht machen sollte«, lässt sich daher negativ beantworten: Sofern Bioethikerinnen und Bioethiker über die genannten Kenntnisse, Kompetenzen und Fähigkeiten verfügen, sind sie tatsächlich nützlich – oder können sie zumindest tatsächlich nützlich sein.

4. Professionelle Bioethikerinnen und Bioethiker?

Angesichts der vorstehenden Überlegungen drängen sich jedoch zwei weitere Fragen auf: Erstens, ist eine fachphilosophische Ausbildung notwendig um die Arbeit einer Bioethikerin bzw. eines Bioethikers effektiv und erfolgreich übernehmen zu können? Und vor allem: ist sie hinreichend? Zweitens, sollte eine praktizierende Bioethikerin bzw. ein praktizierender Bioethiker, wie es gegenwärtig überwiegend der Fall ist, gleichzeitig in ihrer bzw. seiner Herkunftsdisziplin, also der Philosophie, akademisch tätig sein? Oder brauchen wir professionelle Bioethikerinnen und Bioethiker?[446] Beide Fragen verdienten zweifellos mehr Aufmerksamkeit als ihnen im Rahmen dieser Untersuchung gewidmet werden kann.

Ist eine fachphilosophische Ausbildung für Bioethikerinnen und Bioethiker hinreichend?

Die Frage, ob eine philosophische Ausbildung für eine Bioethikerin bzw. einen Bioethiker notwendig ist, wurde bereits beantwortet. Zum Erwerb der spezifischen Kenntnisse und analytischen oder rekonstruktiven Kompetenzen, die für die Arbeit von Kommissionen oder Gremien erforderlich sind, ist ein solches Studium sicher nicht unabdingbar. Die Fähigkeit zu logischem Denken

---

446 Wir beschränken uns an dieser Stelle wieder auf die Philosophie; für andere »feeder disciplines« wie die Theologie oder die Rechtswissenschaften ließen sich jedoch ähnliche Fragen stellen. Vgl. Burgess et al. 1995.

oder zur Differenzierung von Fragen und Argumentationsebenen, zur Selbst-distanzierung und zum Perspektivwechsel etc. sind auch bei Vertreterinnen und Vertretern anderer Disziplinen und oftmals auch bei »Laien« anzutreffen. Allerdings wird man mit einigem Recht erwarten können, dass Moralphiloso-phinnen und Moralphilosophen über die genannten Eigenschaften in besonde-rer Weise verfügen und dass sie zum Beispiel auf das Aufspüren von logischen Fehlern, von schlechten Argumenten oder von unausgesprochenen oder unbe-wussten Voraussetzungen und Implikationen von moralischen Überzeugungen etc. besonders »trainiert« sind.

Schwieriger zu beantworten ist die Frage, ob eine fachphilosophische Aus-bildung für eine erfolgreiche Arbeit als Bioethikerin oder Bioethiker hinrei-chend ist. Burgess et al. gelangen im Rahmen ihrer Untersuchung zu dem Er-gebnis, dass ein philosophischer Abschluss eine gute Basis ist: »[it] provides a solid foundation for a health care consultant«.[447] Hier werden von anderen Bioe-thikerinnen und Bioethikern allerdings Zweifel angemeldet. Eine normale phi-losophische Ausbildung statte die Philosophin bzw. den Philosophen in der Regel nicht mit dem erforderlichen medizinischen, psychologischen, sozial-wissenschaftlichen und ökonomischen Basiswissen aus, das für eine effektive Arbeit in Kommissionen, Komitees oder Gremien erforderlich sei. Auch in den von uns geführten Interviews wiesen die Gesprächspartner häufig auf die Wichtigkeit ethik-fachfremden Wissens für eine kompetente Arbeit in der ethi-schen Beratung hin. Sieht man es darüber hinaus als eine wichtige, wenn nicht sogar als die primäre Aufgabe einer Bioethikerin bzw. eines Bioethikers an, den Diskussions- und Entscheidungsprozess in Kommissionen, Komitees oder Gremien zu unterstützen und zu befördern, und unterscheidet man zwischen »intellectual facilitation« einerseits und »interpersonal facilitation« anderer-seits, dann wird man zumindest für letztere zugeben müssen, dass eine fach-philosophische Ausbildung die hierfür erforderlichen Fähigkeiten der Beob-achtung und Steuerung von Kommunikationsprozessen, der Gesprächs- und Verhandlungsführung, der Mediation usf. kaum vermitteln kann. Es ist daher zu vermuten, dass sich gute Bioethikerinnen und Bioethiker mit philosophi-scher Grundausbildung die genannten und weitere Kompetenzen und Fähig-keiten privat bzw. gleichsam im Zuge eines »trainings on the job« aneignen.

---

447 A.a.O.: 96.

Professionelle Bioethikerinnen und Bioethiker?

Benötigen wir also professionelle, möglicherweise sogar zertifizierte,[448] Bioethikerinnen und Bioethiker? Auch diese Frage wird kontrovers diskutiert. Einerseits könnte die Etablierung des Berufsbildes einer Bioethikerin bzw. eines Bioethikers auch zur Etablierung eines Kanons von Kenntnissen, Kompetenzen und Fähigkeiten führen, über die Bioethikerinnen und Bioethiker in jedem Falle verfügen sollten und insofern auch eine gewisse »Qualitätskontrolle« ihrer Tätigkeit ermöglichen. Dies könnte auch die *credibility* und das *standing* bioethischer Akteure erhöhen, die in Kommissionen, Komitees oder Gremien als Mitglieder einer Profession auftreten könnten – und nicht als fachfremde, nebenberuflich tätige »selbsternannte Tugendspezialisten«, die sich »gegen Honorar um das Gewissen anderer kümmern«,[449] als die sie manchmal wahrgenommen werden. Schließlich, wenn ein Vorteil von Bioethikerinnen und Bioethikern den Mitgliedern anderer Disziplinen oder »Laien« gegenüber unter anderem darin bestehen soll, dass Bioethikerinnen und Bioethiker ausreichend Zeit und Muße haben, um über komplexe moralische Probleme nachzudenken,[450] dann könnte auch dieser Umstand für die Etablierung professioneller Bioethikerinnen und Bioethiker sprechen. Zeit und Muße scheinen das zu sein, wovon akademische Philosophinnen und Philosophen, die ehrenamtlich in Kommissionen und Gremien mitwirken, glaubt man ihren Berichten, aufgrund ihrer Doppel- oder sogar Mehrfachbelastung gerade am wenigsten haben.

Andererseits sprechen eine Reihe von Gründen gegen eine Abkoppelung der bioethischen Tätigkeit von ihrer akademischen Herkunftsdisziplin. So könnte eine Professionalisierung der Bioethik den von Kymlicka befürchteten Vertrauensverlust der übrigen Kommissions- oder Gremienmitglieder, der Auftraggeber und Adressaten sowie der breiteren Öffentlichkeit in deren eigenes moralisches Gespür weiter fördern. Auch könnte sich, wie Sherwin und andere glauben, nicht nur bei den Bioethikerinnen und Bioethikern selbst, sondern mehr noch bei den von medizinethischen Problemen unmittelbar Betroffenen die irrige Vorstellung breit machen, dass Expertinnen und Experten in jedem Falle die richtige Adresse sind, wenn es darum geht, moralische Probleme

---

448 Sherwin 1995.
449 Fellmann 2000: 25.
450 Jamieson 1988: 137; Singer 1982: 9f.

oder Dilemmata zu lösen.[451] Die beiden genannten Argumente überzeugen jedoch nur, wenn man davon ausgeht, dass die diskussionsermöglichende bzw. -fördernde Funktion von Bioethikerinnen und Bioethikern gegenüber deren Funktion als Expertinnen bzw. Experten für Ethik in den Hintergrund tritt. Dies gilt für eine Reihe weiterer Argumente gegen eine Professionalisierung der Bioethik nicht oder nicht in gleicher Weise. So wird beispielsweise befürchtet, dass eine Professionalisierung der Bioethik, wie jede Form von Professionalisierung, unausweichlich mit einer Zunahme an Bürokratie und einem zunehmenden Legalismus verbunden wäre – die seit einiger Zeit geführte Diskussion über die rechtliche Verantwortung von Bioethikerinnen und Bioethikern mag ein Indiz für entsprechende Tendenzen sein[452] – und dass professionelle Bioethikerinnen und Bioethiker aus leicht nachvollziehbaren Gründen »may well instill (…) a sense of proprietary control over the practicies in which they are deemed expert«.[453] Die Gefahr, dass professionelle Bioethikerinnen und Bioethiker ihre eigenen Fähigkeiten und Möglichkeiten im Hinblick auf die Lösung medizinethischer Probleme eher über- als unterbewerten könnten, um sich »unentbehrlich« zu machen, sei zumindest nicht von vornherein von der Hand zu weisen. Darüber hinaus wird befürchtet, dass eine Professionalisierung der Bioethik auch mit einer inhaltlichen Normierung einhergehen könnte. Die gegenwärtige Bioethik-Diskussion zeichnet sich durch eine große Heterogenität der vertretenen und miteinander konkurrierenden Positionen und Theorien aus, die als normativer Bezugsrahmen herangezogen werden. Diese Heterogenität verdankt sich, wie man vermuten kann, nicht zuletzt dem Umstand, dass in die bioethische Diskussion Philosophinnen und Philosophen ganz unterschiedlicher Provenienz involviert sind und damit – zumindest in einem gewissen Maß – auch Außenseiterpositionen zu Wort kommen. Eine Professionalisierung der Bioethik könnte diese Perspektivenvielfalt jedoch bedrohen. Eine Professionalisierung könnte, mit anderen Worten, die in zahlreichen bioethischen Sammelwerken beobachtbare Tendenz bestärken, Moraltheorie letztlich auf die Alternative zwischen Kantianismus oder Utilitarismus zu reduzieren. Schließlich ist fraglich, ob nicht die kritische Distanz, die zu den wünschenswerten Tugenden von Bioethikerinnen und Bioethikern gehört, ver-

451 Sherwin 1995: 18.
452 Lowenstein/DesBrisay 1995.
453 Sherwin 1995: 18.

loren gehen könnte, wenn diese als professionelle Mitglieder, Berater oder Sachverständige beschäftigt werden. So glaubt auch Dan W. Brock, dass die von ihm beschriebenen »scholary-policy conflicts« dazu Anlass geben,

»for thinking that philosophers' forays into the world of policy should best be limited and temporary, not full time and permanent. The philosophical virtues that enable philosophers to make effective, valuable, and distinctive contributions to the policy process are probably best maintained if their primary base and commitment remain in academic philosophy.«[454]

Vielleicht ist es für in Kommissionen oder Gremien tätige Bioethikerinnen und Bioethiker, wie Dale Jamieson meint, tatsächlich ein Vorteil, wenn sie als Philosophinnen und Philosophen »are sufficiently insulated from the pressures of ordinary life«.[455] Das heißt: Wenn sie – relativ – frei sind von materiellen und institutionellen Zwängen, von Betriebsblindheit und an sie von Auftraggebern oder Adressaten herangetragenen ungerechtfertigten Erwartungen. Gerade unter den jüngeren im Bereich der ethischen Beratung tätigen Wissenschaftlern scheint allerdings ein Bedarf nach besserer Verortung der Bioethik im akademischen Fächerkanon und einer Art Interessenvertretung von Bio- und Medizinethikern zu bestehen. Das Problem der Verortung stellt sich aktuell im Bereich der medizinischen Ethik bezüglich der Frage, ob man Arbeitsplätze für wissenschaftliche Angestellte oder Lehrstühle für medizinische Ethik stärker an den klinischen Bereich oder stärker an den Bereich von Theorie und Geschichte der Medizin anbinden soll. Setzt man schließlich voraus, dass ethische Beratung mit einem wissenschaftlichen Anspruch einer gewissen finanziellen und institutionellen Unabhängigkeit bedarf, so müsse es auch den Entscheidungsträgern aus Politik und Gesellschaft klar sein, so Frans W.A. Brom, dass »man immer auch Forschung in Methodologie und Theoriebildung unterstützen« müsse, um zu verhindern, dass »Ethik (…) zur sophistischen Unterstützung politisch bereits getroffener Entscheidungen« wird.[456]

454 Brock 1987: 791.
455 Jamieson 1988: 137.
456 Interview mit Brom, in: Gesang 2002.

Kapitel V
Zur öffentlichen Kritik an der Bioethik

1. Kritik an der Bioethik in Deutschland

Insbesondere in Deutschland gibt es seit einigen Jahren eine sehr kontrovers geführte Diskussion über die Bioethik. Die Arbeit von Bioethikerinnen und Bioethikern wird von Teilen der Öffentlichkeit und verschiedenen Gruppen, wie beispielsweise dem *Genethischen Netzwerk*, dem *Komitee für Grundrechte und Demokratie*[457] und vielen anderen, mit Misstrauen und Skepsis oder sogar Sorge betrachtet. Selbst eine Bürgerinitiative mit dem Namen »Bürger gegen Bioethik« gibt es inzwischen.[458]

Peter Singer in Deutschland

Einen ersten Höhepunkt erlebte die Bioethik-Kritik in Deutschland bereits 1989. Im Anschluss an eine Einladung des australischen Philosophen Peter Singer nach Deutschland gab es eine (bis heute fortdauernde) erbitterte Auseinandersetzung um dessen – unter anderem in seinem Buch *Practical Ethics* – ge-

---

457 Komitee für Grundrechte und Demokratie 1997.
458 Diese – teilweise massiven – Vorbehalte gegen die Bioethik haben beispielsweise auch dazu geführt, dass die sog. Bioethik-Konvention des Europarates offiziell einen neuen Namen erhalten hat. Die am 1. Dezember 1999 in Kraft getretene Konvention trägt jetzt den Titel *Übereinkommen zum Schutz der Menschenrechte und der Menschenwürde im Hinblick auf die Anwendung von Biologie und Medizin: Übereinkommen über Menschenrechte und Biomedizin*. Eine solche Titeländerung war erforderlich, wie in einem Papier des Bundesministeriums für Justiz nachzulesen ist, um den Rechtscharakter des Dokumentes zu betonen, aber »auch wegen der in Deutschland entstandenen Missverständnisse über die Verwendung des Begriffs ›Bioethik‹« (Bundesministerium der Justiz 1998).

äußerte Thesen zu Abtreibung und Euthanasie.[459] Behindertenverbände und andere Initiativen versuchten – teilweise mit Erfolg – unter dem Schlagwort »Wider den tödlichen philosophischen Liberalismus«[460] die Durchführung von Vorträgen Singers, Veranstaltungen, an denen er teilnehmen sollte, und sogar die Publikation der Übersetzung eines seiner Bücher zu verhindern.[461] Singers Überlegungen zur Früheuthanasie an schwerbehinderten Neugeborenen wurden von seinen Gegnerinnen und Gegnern in die Nähe der nationalsozialistischen »Vernichtung unwerten Lebens« gerückt,[462] seine Auffassung, aktive nicht-freiwillige Euthanasie an schwerbehinderten Neugeborenen könne unter bestimmten Umständen gerechtfertigt sein, als »Aufruf zum Mord«[463] an behinderten Menschen diffamiert. Schon die Diskussion seiner Thesen über Kindstötung und Euthanasie wurde von vielen Kritikerinnen und Kritikern als gefährlich und als Diskriminierung von Menschen mit Behinderungen angesehen.[464]

Die Kritik richtet sich dabei sowohl gegen einige der inhaltlichen Thesen als auch gegen den von ihm vertretenen Präferenz-Utilitarismus. Dieser trage, indem er eine Unterscheidung zwischen »lebenswertem« und »lebensunwertem« Leben mache und eine Differenz zwischen »Menschen« einerseits und »Personen« andererseits setze, zu einer Ausgrenzung von Menschen aus dem Schutzbereich der Menschenwürde-Garantie[465] bzw. aus dem »Geltungsbereich des Menschlichen zugunsten eugenischer Fanatismen und ökonomischer wie volkswirtschaftlicher Profite«[466] bei.

459 Vgl. dazu Anstötz et al. 1995; Singer 1991; Schöne-Seifert/Rippe 1991.
460 Tageszeitung vom 6. Feb. 1990.
461 Die ursprünglich beim Rowohlt-Verlag angekündigte deutsche Übersetzung des von Peter Singer gemeinsam mit Helga Kuhse publizierten Buches »Should the baby live?« (Singer/ Kuhse 1985) erschien, nachdem der Verlag aufgrund massiver Proteste von einer Veröffentlichung Abstand genommen hatte, später im Erlanger Harald Fischer-Verlag.
462 Dörner 1989; Klee 1989.
463 Krieger 1989; vgl. auch Christoph 1990.
464 Die Zeit Nr. 29 v. 14.07.1989; zur Frage der Zulässigkeit bzw. der Notwendigkeit einer Diskussion der Thesen Singers vgl. Ach/Gaidt 1990; Hegselmann/Merkel (Hgg.) 1991.
465 Vgl. Braun (2000: 108), die die »Dissoziation von ›Mensch‹ und ›Person‹« außer bei Singer auch bei Tooley, Engelhardt, Harris, Veatch u.a. kritisiert.
466 Paul 1994: 7.

Motive der Kritik an der Bioethik

Die an den Auffassungen Singers geäußerte Kritik wurde in Deutschland schon bald auf *die* Bioethik überhaupt bezogen, wobei bioethisches Nachdenken mit Utilitarismus bzw. Präferenz-Utilitarismus manchmal umstandslos gleichgesetzt wurde,[467] und die Bioethik-Kritik über die Fragen der Abtreibung und der Euthanasie hinaus auf andere Praktiken und Techniken wie Embryonenforschung, Pränatal- und Präimplantationsdiagnostik, Organtransplantation, Genomanalyse und -therapie, Keimbahninterventionen u.a.m. ausgeweitet wurde.

Die an der Bioethik vorgetragene Kritik ist so vielfältig wie die sie tragenden Gruppen und Personen; auf einige Kritikmotive werden wir gleich noch genauer zu sprechen kommen. Im Wesentlichen entzündet sie sich an den – vermeintlichen oder tatsächlichen – Folgen bioethischen Nachdenkens. Vor allem zwei Vorwürfe stehen dabei im Zentrum der Diskussion: Zum einen wird behauptet, die Bioethik trage durch ihr Tun zur Akzeptanz technischer Entwicklungen mindestens indirekt bei; zum Teil trete sie sogar direkt – bei Preisgabe ihrer kritischen Funktion – als Akzeptanzbeschafferin auf. Zum zweiten wird der bioethischen Reflexion eine »zersetzende Kraft« im Hinblick auf moralische Intuitionen und grundlegende Werte, wie zum Beispiel den Wert der Menschenwürde, vorgeworfen – das Plädoyer für rationales Denken wird mit Szientismus, Rationalität von manchen mit eindimensional instrumenteller Rationalität gleichgesetzt. In beiden Fällen sind es die behaupteten *Folgen bioethischen Nachdenkens*, die die Kritik an der Bioethik motivieren.

Bevor wir dieser Kritik etwas genauer nachgehen und sie auf ihren rationalen Gehalt hin befragen, wenden wir uns in diesem Kapitel zunächst jedoch der Diskussion über zwei bioethische Dokumente zu, an denen sich die öffentliche Diskussion über die Bioethik in Deutschland in jüngster Zeit vor allem festgemacht hat: dem bereits angesprochenen *Menschenrechtsübereinkommen zur Biomedizin* des Europarates und der am 12.11.1997 in Paris verabschiedeten *Allgemeinen Erklärung über das menschliche Genom und Menschenrechte* der UNESCO.

---

467 So heißt es beispielsweise im Postskriptum eines Textes bei Paul (1990: 41): »Die hier mit Bezug auf Peter Singers ›Praktische Ethik‹ getroffenen Beobachtungen gelten ohne Abstriche für die ›bioethische‹ Literatur insgesamt.«

2. Die Kritik am Menschenrechtsübereinkommen zur Biomedizin des Europarates

Zur Geschichte des Menschenrechtsübereinkommen zur Biomedizin

Das Menschenrechtsübereinkommen zur Biomedizin ist eine Auftragsarbeit der Parlamentarischen Versammlung des Europarats, die aus Abgeordneten der Parlamente der Mitgliedsstaaten zusammengesetzt ist.[468] Diese empfahl 1990 dem Ministerkomitee des Europarates eine solche Konvention – als Erweiterung der europäischen Menschenrechtskonvention – entwerfen zu lassen. Das Ministerkomitee – als eigentlich beschlussfähiges Gremium des Europarates – gab daraufhin einem sog. Lenkungsausschuß, dem *Comité Ad-hoc de Bioéthique (CAHBI),* den Auftrag ein entsprechendes Dokument zu erstellen, bei dem es sich um ein auch Nicht-Mitgliedern offenstehendes Rahmenübereinkommen mit gemeinsamen allgemeinen Grundsätzen zum Schutze des Menschen im Zusammenhang mit den biomedizinischen Wissenschaften handeln sollte. Ergänzend sollten detailliertere Zusatzverträge, sog. Protokolle, zu spezifischen Themenfeldern des Hauptübereinkommens konzipiert werden, und zwar zunächst zur Organtransplantation und der Verwendung von Geweben menschlichen Ursprungs sowie zur medizinischen Forschung am Menschen. In diesem Lenkungsausschuß sind alle Mitglieder des Europarats mit jeweils einer Stimme vertreten. Die Mitglieder der jeweiligen Länderdelegationen sind vorwiegend Beamte und kommen aus unterschiedlichen Disziplinen. Darüber hinaus gehören ihnen auch nicht-beamtete Wissenschaftlerinnen und Wissenschaftler an. Die deutsche Delegation beispielsweise bestand aus Vertretern der Ressorts Justiz und Gesundheit sowie einem Vertreter der Arbeitsgemeinschaft der Ethikkommissionen in Deutschland und dem Direktor des Bonner *Instituts für Wissenschaft und Ethik,* Ludger Honnefelder, einem Philosophen. Als Beobachter waren seit 1990 u.a. Vertreterinnen bzw. Vertreter der Parlamentarischen Versammlung des Europarats, des Heiligen Stuhls sowie der australischen, kanadischen, japanischen und amerikanischen Regierungen zuge-

---

468 Zur Geschichte des Menschenrechtsübereinkommen zur Biomedizin: Rudloff-Schäfer 1999; Honnefelder 1998a.

186

lassen. 1992 erhielt das *Comité* den Status eines *Steering Committee for Bioethics* bzw. *Comité Directeur de Bioéthique* (CDBI).

1994 gelangte der bis dahin vertraulich behandelte Entwurf an die Öffentlichkeit und löste heftige Kritik aus. Im Oktober 1995 lehnte die Parlamentarische Versammlung des Europarates den Entwurf einstimmig ab; im Februar 1996 erfolgte eine weitere Beratung, bei der zahlreiche Änderungswünsche formuliert wurden. Im Juni 1996 wurde die Konvention vom Lenkungsausschuss für Bioethik angenommen. 31 Länder stimmten für den Entwurf, Belgien und Zypern enthielten sich, Deutschland stimmte dagegen. Im November 1996 votierten im Ministerkomitee 35 Minister für den Konventions-Entwurf. Die damalige Bundesregierung hat sich ebenso wie Polen und Belgien bei der Annahme des Textes im Komitee der Ministerbeauftragten der Stimme enthalten. Sie hat dies in einer Protokollerklärung damit begründet, dass sie zunächst die weitere Diskussion in den parlamentarischen Gremien und in der Öffentlichkeit abwarten und erst nach Fortgang der Debatte eine Entscheidung über die Unterzeichnung und die Einleitung eines Gesetzgebungsvorhabens zur Ratifizierung treffen wolle. Im April 1997 erfolgte die Auflegung zur Unterzeichnung der Konvention im spanischen Orviedo. Seit 1. Dezember 1999 ist das Menschenrechtsübereinkommen zur Biomedizin für diejenigen Staaten, die es ratifiziert haben, in Kraft. Zahlreiche Mitgliedsstaaten des Europarates haben durch die Unterzeichnung der Konvention ihren Willen zum Ausdruck gebracht, die Konvention ebenfalls ratifizieren zu wollen, d.h., ihr auch innerstaatliche Geltung verleihen zu wollen.[469] Die Bundesrepublik Deutschland gehört nicht zu diesen Staaten.

Bioethik und Öffentlichkeit

Insbesondere in Deutschland hat das Menschenrechtsübereinkommen zur Biomedizin wie kaum ein anderes Dokument in der jüngeren Vergangenheit die Gemüter bewegt und ebenso heftige wie nachhaltige Auseinandersetzungen provoziert. Der Protest gegen das Übereinkommen richtete und richtet sich nicht nur gegen einzelne Bestimmungen des Dokumentes, sondern auch gegen die Umstände seines Zustandekommens. Von geheimen Verhandlungen hinter

---

469 (www.conventions.coe.int/treaty/EN/cadreprincipal.htm).

verschlossenen Türen war zum Beispiel die Rede, von einer Strategie des Tarnens und Täuschens usw.[470] In der Tat kann man sich des Eindrucks kaum erwehren, dass das Verfahren, das schließlich zum fertigen Konventions-Text führte, nicht gerade dazu beigetragen hat, die Befürchtungen in der Öffentlichkeit zu zerstreuen. Im Gegenteil: Es war, wie auch Wolf-Michael Catenhusen im Nachhinein feststellt, »die große Schwäche des zum ersten Entwurf der Konvention führenden Verfahrens, dass es hinter verschlossenen Türen erfolgte – ohne erkennbare Rückkoppelung mit wichtigen gesellschaftlichen Gruppen und zur Gesetzgebung in den europäischen Staaten. Dieses Verfahren führte fast zwangsläufig dazu, dass der (zuerst in den Medien veröffentlichte) Entwurf breite Proteste und massive Kritik hervorrief.« Dieses Verfahren habe »bis heute die inhaltliche Auseinandersetzung mit den Aussagen der Konvention nicht nur in Deutschland belastet.«[471] Auch wenn der Umstand, dass der Konventions-Text der Öffentlichkeit zu lange vorenthalten wurde und die nationalen Parlamente bei der Erarbeitung nicht angemessen beteiligt worden waren, juristisch nicht beanstandet werden kann,[472] wäre es um der Sache willen vermutlich besser gewesen, die öffentliche Diskussion über das Dokument bzw. die entsprechenden Vorentwürfe möglichst frühzeitig zu initiieren. Dies wäre im Übrigen auch ganz im Sinne des Dokumentes selbst gewesen: Die Vertragsparteien, heißt es dort in Art. 28, »sorgen dafür, dass die durch Entwicklungen in Biologie und Medizin aufgeworfenen Grundsatzfragen, insbesondere in Bezug auf ihre medizinischen, sozialen, wirtschaftlichen, ethischen und rechtlichen Auswirkungen, öffentlich diskutiert werden und zu ihren möglichen Anwendungen angemessene Konsultationen stattfinden.«[473]

Die Kritik am Menschenrechtsübereinkommen zur Biomedizin

Wichtiger als die Kritik am Zustandekommen der Konvention ist freilich die Kritik, die an einzelnen Bestimmungen geübt wurde. Manche Kritikerinnen und Kritiker sehen im Text der Konvention eine »Aufhebung der Menschen-

---

470 Vgl. zum Beispiel: Emmrich 1997: 13ff.
471 Catenhusen 1999: 116.
472 Taupitz/Schelling 1999.
473 Europarat 1997.

rechte« und eine »Dominanz des utilitaristischen Denkens«. Die Konvention stelle, heißt es, eine Abkehr vom Nürnberger Kodex von 1947 dar und damit einen folgenschweren Traditionsbruch.[474] Kritisiert wird, dass die Konvention sich in ihren konkreten Bestimmungen nicht mehr am Begriff des Menschen, sondern an einem Begriff der Person orientiere, der zudem uneindeutig sei – es bleibe den nationalen Gesetzgebungen überlassen zu definieren, wer als Person gelten solle und wer nicht. Unterschwellig werde so der Personbegriff des Präferenz-Utilitarismus den einzelnen Bestimmungen unterlegt; mit der Folge, dass Komatöse, menschliche Embryonen, demente und schwerbehinderte Menschen für eine »gesellschaftliche Verwertung freigegeben« würden. Hierin sehen die Gegnerinnen und Gegner der Konvention eine Verabschiedung von einer Würdeethik bzw. vom Kategorischen Imperativ Kants zugunsten eines funktionellen und eindimensionalen Menschenbildes.[475]

In Deutschland ist das Menschenrechtsübereinkommen zur Biomedizin vor allem deshalb umstritten, weil es (1) biomedizinische Forschung auch an nicht-einwilligungsfähigen Menschen unter bestimmten Voraussetzungen zulässt, (2) Experimente an und mit menschlichen Embryonen nicht grundsätzlich ausschließt, (3) Eingriffe in das menschliche Genom zu präventiven, diagnostischen oder therapeutischen Zwecken erlaubt und (4) der Klonierung von Menschen nicht entschieden genug entgegentritt.

Forschung an nicht-einwilligungsfähigen Menschen

Artikel 17 des Menschenrechtsübereinkommens regelt das Problem des Schutzes einwilligungsunfähiger Personen bei wissenschaftlichen Forschungsvorhaben. Umstritten sind die Bestimmungen des Art. 17 vor allem deshalb, weil in Abs. 2 auch Forschungsvorhaben an einwilligungsunfähigen Personen »in Ausnahmefällen und nach Maßgabe der durch die Rechtsprechung vorgegebenen Schutzbestimmungen« zugelassen werden können, sofern diese Forschung zu Ergebnissen führt, die »Personen nützen können, die derselben Altersgruppe angehören oder an derselben Krankheit oder Störung leiden oder sich in

---

474 Emmrich 1999: 341f.
475 Bavastro 1998: 155ff; Breyer 1998: 20; Emmrich 1999: 344ff.; Komitee für Grundrechte und Demokratie 1997: 31f.

demselben Zustand befinden« wie die Probandin oder der Proband selbst, und für diese bzw. diesen »nur ein minimales Risiko und eine minimale Belastung mit sich« bringen. (Darüber hinaus müssen weitere Voraussetzungen erfüllt sein, die in Absatz 1 genannt werden und die für Forschungsvorhaben an einwilligungsunfähigen Personen generell gelten.) Der Streit geht hier, wie Ludger Honnefelder darlegt, um die Frage, ob fremdnützige Forschung an einwilligungsunfähigen Personen in jedem Falle einen Verstoß gegen das Instrumentalisierungsverbot, das sich aus der Menschenwürdegarantie ergibt, bedeutet oder nicht. Kritikerinnen und Kritiker der Konvention sehen die Menschenwürde einwilligungsunfähiger Menschen verletzt, wenn diese für Forschungsfortschritte in Dienst genommen werden, von denen sie selbst keinen Nutzen haben, und eine Verletzung des Nürnberger Kodex, der jede Durchführung von Humanexperimenten an das Vorliegen eines *informed consent* bindet:

»Dieser Artikel hebt das Prinzip des Nürnberger Kodex auf, der in Reaktion auf die Menschenversuche während der nationalsozialistischen Herrschaft bestimmt hatte, dass nie wieder Versuche am Menschen ohne dessen freiwillige und informierte Zustimmung vorgenommen werden dürfen. Er erlaubt Menschenversuche an sog. Nicht-Einwilligungsfähigen sogar dann, wenn klar ist, dass die Versuche diesen selbst nicht nutzen werden. Menschen dürfen zum bloßen Objekt der Forschung gemacht werden, wenn die Forschung das Ziel hat, wissenschaftliches Verständnis zu verbessern.«[476]

Die Befürworterinnen und Befürworter der Konvention plädieren demgegenüber dafür, dass Untersuchungen, die im Rahmen der von der Konvention genannten – und im Erläuternden Bericht (der allerdings keine verbindliche Interpretation des Konventions-Textes darstellt) weiter ausgeführten – Einschränkungen bleiben, »keine Instrumentalisierung der Person in ihrem Kern darstellen und deshalb der Zustimmung durch den gesetzlichen Vertreter zugänglich sind.«[477] Entsprechende Forschungsvorhaben, z.B. in der Kinderheilkunde, aber auch Untersuchungen an Patientinnen und Patienten mit akuten oder chronischen Hirnschädigungen werden von Befürworterinnen und Befürwortern der Konvention wie Elmar Doppelfeld für »unerläßlich«[478] gehalten. Eine Regelung wie in der Konvention vorgenommen sei aber auch bereits des-

---

476 Komitee für Grundrechte und Demokratie 1997: 27; vgl. auch Emmrich 1999. In den gleichen Zusammenhang gehört auch der sog. *Nürnberger Kodex 1997*. Vgl. dazu auch den Kommentar von Wiesing/Ach 1997.
477 Honnefelder 1999b: 53.
478 Doppelfeld 1999: 90.

halb wünschenswert, weil es in dieser Frage in Deutschland eine rechtliche Grauzone gebe. Jochen Taupitz und Holger Schelling gelangen zu der – ebenso ernüchternden wie zum Nachdenken Anlass gebenden – Einsicht, dass die Rechtslage in Deutschland in dieser Frage »weithin unsicher« sei, »so dass eine international verbindliche Normierung ein erhebliches Maß an Rechtssicherheit bieten könnte.«[479]

Forschung an menschlichen Embryonen

Umstritten war und ist in Deutschland auch Artikel 18 des Menschenrechtsübereinkommens zur Biomedizin. In diesem Artikel wird zwar festgestellt, dass die Erzeugung menschlicher Embryonen zu Forschungszwecken verboten ist; gleichzeitig heißt es in Artikel 18 aber auch: »Die Rechtsordnung hat einen angemessenen Schutz des Embryos zu gewährleisten, sofern sie Forschung an Embryonen in vitro zulässt.« Mit dieser Kompromissformel sollen zwei im Grunde miteinander unvereinbare Anliegen verwirklicht werden. Artikel 18 soll einerseits einen möglichst weitgehenden rechtlichen und moralischen Schutz des menschlichen Embryos, wie er z.B. von deutscher Seite gefordert wird, sicherstellen; und er soll andererseits die Möglichkeit »verbrauchender« Embryonenforschung mit menschlichen Embryonen, die bei der künstlichen Befruchtung »übrig« bleiben, in jenen Ländern offen halten, in denen weniger strikte Schutzvorschriften gelten. Der Grund dafür, dass die im deutschen Embryonenschutzgesetz festgelegten, sehr viel rigideren Bestimmungen auf europäischer Ebene nicht konsensfähig waren, liegt offenkundig daran, dass in anderen Ländern andere Auffassungen über einen moralisch akzeptablen Umgang mit menschlichen Embryonen vorherrschen. In England etwa, um zumindest ein Beispiel zu nennen, ist die Forschung mit menschlichen Embryonen aus In-vitro-Fertilisationen bis zum 14. Tag nach der Verschmelzung von Ei- und Samenzelle unter bestimmten Bedingungen erlaubt.

Dass Artikel 18 der Konvention die Forschung mit Embryonen nicht grundsätzlich ausschließt hat zahlreiche Kritikerinnen und Kritiker auf den Plan gerufen. Schließlich gehört die moralische Bewertung von Experimenten an und mit menschlichen Embryonen hierzulande zu den schwierigsten und beson-

---

479 Taupitz/Schelling 1999: 97.

ders kontroversen Problemen in der bioethischen Diskussion. Dies nicht ohne Grund: Mit der moralischen Frage nach der Embryonenforschung sind weitere schwerwiegende Fragen wie zum Beispiel die nach dem Beginn menschlichen Lebens, nach dem moralischen Status von menschlichen Embryonen, nach dem menschlichen Selbstverständnis oder den Zielen des wissenschaftlichen und medizinischen Fortschritts verbunden. In der Frage der Nichtzulässigkeit bzw. Zulässigkeit der Embryonenforschung bündeln sich mit anderen Worten viele der Probleme, die in der gegenwärtigen bioethischen Diskussion besonders umstritten sind und für deren Bewältigung von der Bioethik Lösungsvorschläge erwartet werden.

Auch im Hinblick auf die Embryonenforschung lautet ein Haupteinwand, der auch dem deutschen Embryonenschutzgesetz zugrunde liegt, dass die Forschung an menschlichen Embryonen mit dem Prinzip der Menschenwürde nicht vereinbar sei, da sie einen moralisch verwerflichen Akt der Instrumentalisierung von Menschen darstelle. Embryonenforschung ziehe menschliche Embryonen als Mittel zum Zwecke der Erkenntnisgewinnung bzw. zum Nutzen Dritter heran und degradiere sie damit zur bloßen Sache. Dies stelle eine moralisch unzulässige Missachtung der Integrität und der Selbstzwecklichkeit der Person dar. Die Bestimmungen des Embryonenschutzgesetzes sind allerdings auch in Deutschland nicht unumstritten, sondern im Gegenteil Gegenstand einer anhaltenden und teilweise sehr kontrovers geführten Diskussion.

Genetische Diagnostik

Artikel 12 erlaubt prädiktive genetische Tests für »Gesundheitszwecke oder für gesundheitsbezogene wissenschaftliche Forschungen« nach angemessener genetischer Beratung. Kritisiert wird an diesem Artikel zum einen, dass Vorschriften zum Schutz der erhobenen Daten fehlen. Kritisiert wird zudem, dass zwar durch die obligatorische Beratung die Einwilligung des Betroffenen stark gemacht werde, Art. 26 jedoch Einschränkungen des Art. 12, z.B. im Interesse der öffentlichen Sicherheit, zulasse. Kritikerinnen und Kritiker fürchten eine Aushöhlung des Schutzes genetischer Daten bzw. des Rechts auf genetische informationelle Selbstbestimmung[480] und letztlich eine Normierung von Le-

---

480 Fuchs 1999: 263.

bensstilen, eine stetige Veränderung des Krankheitsbegriffs und eine schleichende Eugenik durch eine sich ausbreitende Testpraxis.[481]

Kritisiert wird auch der Artikel 14. Er verbietet den Einsatz früher Gendiagnostik zur Geschlechtswahl, allerdings mit der Ausnahme geschlechtsgebundener schwerer Erbkrankheiten. Manche Kritikerinnen und Kritiker sehen hierin ein mögliches »Einfallstor« für die Präimplantationsdiagnostik.[482]

Zudem ist aus Sicht mancher Kritikerinnen und Kritiker das Verbot der Keimbahnintervention in der Konvention nicht »wasserdicht«. Artikel 13 legt zwar fest, dass eine »Intervention, die auf die Veränderung des Genoms gerichtet ist« nur zu »präventiven, diagnostischen oder therapeutischen Zwecken und nur dann vorgenommen werden darf, wenn sie nicht darauf abzielt, eine Veränderung des Genoms von Nachkommen herbeizuführen.« Kritikerinnen und Kritiker sehen hier aber ein »Schlupfloch«, weil der Wortlaut dieses Artikels solche keimbahnverändernden Interventionen zulasse, bei denen nicht die Keimbahnmanipulation selbst, sondern zum Beispiel die Therapie von Erkrankungen angezielt werden.[483] Andere halten die zitierte Formulierung demgegenüber für sinnvoll, weil ein unqualifiziertes Verbot jeder Veränderung der Keimbahn eines Menschen zum Beispiel auch die Anwendung der Strahlentherapie beim Krebs unmöglich gemacht hätte, von der man weiß, dass sie mit unbeabsichtigten Keimbahnmutationen einhergehen kann.

Klonen von Menschen

Am 13.1.1998 ratifizierten 17 Staaten ein Zusatzprotokoll, das – als erster internationaler Vertrag – das Klonen von Menschen verbietet. Kritikerinnen und Kritiker sehen jedoch auch hier Lücken und »bewusst offen gehaltene Schlupflöcher«,[484] die die weitere Forschung sowie das Klonen von Organen und Tieren ermöglichen. Bemängelt wird vor allem, dass die Herstellung menschlichen Gewebes wie Zellen, Organe und Körperteile ungeregelt blieben. Hier

---

481 Komitee für Grundrechte und Demokratie 1997: 23f.
482 Fritz-Vannahme 1997; Geisler 1999: 60; Komitee für Grundrechte und Demokratie 1997: 26.
483 Komitee für Grundrechte und Demokratie 1997: 25.
484 Breyer 1998: 19.

seien deutlichere Grenzziehungen jedoch erforderlich. Das Zusatzprotokoll sei daher nicht mehr als eine »Beruhigungspille für die Öffentlichkeit«.[485]

Unter Menschenrechtsgesichtspunkten versagt?

Insgesamt fällt das Fazit der Kritikerinnen und Kritiker des Menschenrechtsübereinkommen vernichtend aus. Stellvertretend sei aus der Einschätzung von Kathrin Braun zitiert:

»Insgesamt muß (…) resümiert werden, daß die Konvention angesichts ihrer forschungsfreundlichen und in bezug auf den Menschenrechtsschutz völlig unzureichenden materialen Regelungen sowie ihrer mangelnden Durchsetzbarkeit eher eine ideologische Funktion erfüllt. Sie erzeugt den Schein, daß Entwicklungen, die von vielen als bedrohlich, gesellschaftlich unbeherrschbar und moralisch unzulässig empfunden werden, nun der Regulierung unterworfen wären und die Ängste der Bevölkerung somit gegenstandslos geworden seien. Gleichzeitig unterlaufen die fehlenden elementaren Definitionen, die Verweise auf nationales Recht, die Vorbehaltsregelungen und die fehlenden Durchsetzungsmechanismen jede wirksame Regulierung. Was dieses Instrument sichern kann, ist vielleicht eine bessere Akzeptanz für die Biomedizin und eine verbesserte Rechtssicherheit für ihre Forschung (…) Was dagegen nicht gesichert wird, ist die Würde des Menschen. (…) Die ›verbrauchende Embryonenforschung‹ ist zugelassen, ebenso die Präimplantationsdiagnostik, das Verbot der Keimbahnmanipulation enthält Lücken und das Klonierungsverbot wird durch den Gesetzesvorbehalt in bezug auf die Definition des Menschen unterlaufen. Der Menschenrechtsschutz wird nicht auf menschliche Existenzphasen vor der Geburt aber außerhalb des Leibes der Frau ausgedehnt, und da das nicht geschehen ist, wurden Techniken der Menschenproduktion prinzipiell ermöglicht. Das ›Menschenrechtsübereinkommen zur Biomedizin‹ wird dem Anspruch einer Ausdehnung des Menschenrechtsschutzes auf das Feld von Biologie und Medizin nicht gerecht.«[486]

Mindeststandards oder »levelling down«?

Dokumente wie das Menschenrechtsübereinkommen zur Biomedizin, die den Status einer völkerrechtlichen Rahmenkonvention haben, erfüllen in aller Regel nicht die Ansprüche an die gewünschte begriffliche Klarheit oder die sachliche Vollständigkeit. (Im Text der Konvention bleiben wichtige Bereiche wie beispielsweise die Sterbehilfe ausgeklammert.) Zudem wird eine Rahmenkon-

---

485 Breyer 1998: 28.
486 Braun 2000: 247-250.

vention, wie Taupitz und Schelling zu Recht feststellen »in den Staaten mit weitreichenden Regelungen oft als enttäuschend empfunden, da ihre allgemeinen Formulierungen und die im Verhältnis zum nationalen Recht niedrigeren Mindeststandards in den Augen der öffentlichen Meinung nicht ausreichend sind.«[487] Entsprechende Dokumente haben – aus diesem und anderen Gründen – immer Kompromisscharakter.

Die Diskussionen über die Frage, ob man eine Unterzeichnung der Konvention für sinnvoll hält, kreisen in Deutschland daher auch um die Frage, für wie aussichtsreich man den Versuch hält, mit Hilfe einer Konvention auf europäischer Ebene zumindest ethische und rechtliche Mindeststandards festzuschreiben; und darum, wie berechtigt die Befürchtung ist, dass eine solche Festschreibung von Mindeststandards mittel- oder langfristig zu einer Aufweichung der höheren eigenen Schutzstandards und zu einem *levelling down* zum Beispiel des Embryonenschutzes führen könne.

3. Die Kritik an der UNESCO-Deklaration zum menschlichen Genom

Die »Allgemeine Erklärung über das menschlichen Genom und Menschenrechte«[488] wurde vom *Internationalen Bioethik-Komitee* (IBC) der *United Nations Educational, Scientific and Cultural Organization* (UNESCO) erarbeitet. Die Erklärung soll einen Beitrag zum Schutz des menschlichen Genoms auf der Grundlage der Prinzipien der Menschenwürde, der Meinungs- und Forschungsfreiheit und der menschlichen Solidarität leisten. Angesichts des wissenschaftlichen und technischen Fortschritts auf dem Gebiet der Biologie und Genetik wird die Formulierung eines Minimums an weltweit einheitlichen Grundsätzen als dringlich angesehen. Dabei handelt es sich um Regelungen, an denen sich die Gesetzgeber der einzelnen Länder zwar orientieren können und sollen; von der geplanten Deklaration geht jedoch keine rechtlich bindende Wirkung aus.

---

487 Taupitz/Schelling 1999: 109.
488 Abgedruckt beispielsweise in Honnefelder/Streffer 1998.

Ein erster Entwurf des Textes der Deklaration war vom IBC seit 1993 er-stellt worden. Bereits Mitte Mai 1995 lag ein vorläufiger Entwurf vor, der – zum Teil heftige – Kritik auslöste. Eine überarbeitete Fassung vom Dezember 1996, die im März 1997 Gegenstand einer Tagung der deutschen UNESCO-Kommission war, stieß dort ebenfalls auf wenig Gegenliebe.[489] Am 11. November 1997 wurde die Erklärung von der 29. Generalversammlung der UNESCO in Paris verabschiedet.

Auf Kritik stieß der Deklarationsentwurf in Deutschland vor allem aus drei Gründen. Zum einen wird das dem Dokument zugrunde liegende Ethikver-ständnis kritisiert, zweitens werden eine Reihe inhaltlicher Formulierungen der Erklärung kritisiert und schließlich glauben die Kritikerinnen und Kritiker bri-sante Auslassungen und Lücken des Textes identifiziert zu haben.

Kritik am Ethikverständnis

Der erste Vorwurf von zahlreichen Kritikerinnen und Kritikern betrifft das Ver-fahren des Zustandekommens der Erklärung, das mit demokratischen Verfah-ren kaum in Einklang zu bringen sei. So seien beispielsweise die Mitglieder des IBC nicht gewählt, sondern vom Generaldirektor der UNESCO persönlich berufen worden.[490] Obwohl das Komitee also nicht demokratisch legitimiert sei und de facto auch keinerlei Entscheidungsbefugnisse habe, habe es den-noch die Diskussion über die geforderten ethischen und rechtlichen Minimal-standards des weltweiten Umgangs mit den Auswirkungen des biologischen und gentechnologischen Fortschrittes ganz massiv bestimmt. Auch Ludger Honnefelder stellt fest, dass es, da in Artikel 14 der Erklärung dem IBC wich-tige Funktionen zugeordnet werden, um so wichtiger sein wird, »nach welchen Kriterien das Gremium zusammengesetzt ist und in welcher Weise die Beru-fung der einzelnen Mitglieder erfolgt.«[491]

Viele Kritikerinnen und Kritiker halten darüber hinaus den Text der Erklä-rung, in dem es in der Präambel heißt, dass »die Forschung am menschlichen Genom und die sich daraus ergebenden Anwendungsbereiche weitreichende

---

489 Stellmach 1999: 295.
490 A.a.O.: 288.
491 Honnefelder 1998b: 228.

Aussichten auf Fortschritte bei der Verbesserung der Gesundheit des einzelnen und der gesamten Menschheit eröffnen«, für zu wissenschaftsfreundlich. Zwar werde der Zweck der Forschung am menschlichen Genom in Artikel 12 des Dokumentes damit benannt, die »Leiden zu lindern und die Gesundheit des einzelnen und der gesamten Menschheit zu verbessern«. Auch müssen laut Artikel 10 die »Achtung der Menschenrechte, Grundfreiheiten und Menschenwürde einzelner Personen oder gegebenenfalls von Personengruppen« Vorrang vor der Forschung am menschlichen Genom bzw. deren Anwendung haben. Die Forschung am menschlichen Genom werde damit auf bestimmte Zwecke eingegrenzt und unter einen ethischen Vorbehalt gestellt. Dennoch lege beispielsweise Artikel 14 fest, dass die unterzeichnenden Staaten »geeignete Maßnahmen zur Förderung der geistigen und materiellen Rahmenbedingungen, die die Freiheit der Forschung am Genom des Menschen begünstigen« zu ergreifen hätten. Die Deklaration, deren eigentliches Ziel die Formulierung von Richtlinien oder Grundsätzen zum Umgang mit dem menschlichen Genom sein sollte, werde so unter der Hand zu einem Dokument, das die Erforschung des menschlichen Genoms selbst zur Aufgabe, ja zur Pflicht erkläre. Die »Zentrierung (…) rund um die Genforschung, die als selbstverständlich, notwendig und unhinterfragt sinnvoll und nützlich vorausgesetzt wird« sei eine »entscheidende Ausgangsprämisse« der Erklärung:

»Die Erklärung läßt sich in diesem Sinn als rechtlicher Ausdruck und korrespondierendes internationales Regelungswerk der in den führenden kapitalistischen Industriestaaten laufenden Großforschung zum menschlichen Genom und ihrer Anwendungsziele am Menschen lesen.«[492]

Kritisiert wird auch, dass das IBC an keiner Stelle deutlich mache, auf welchen gedanklichen Hintergrund es sich bei der Formulierung des Erklärungstextes bezogen habe und sich selbst als weltanschaulich offen präsentiere, wohingegen der Text der Erklärung sich eindeutig einer bestimmten Denkrichtung zuordnen lasse:

»Name und Aufgabendefinition des IBC lassen annehmen, es handele sich um eine unbefangene und offene Beschäftigung mit Fragen des Biologischen und zugleich um eine per se allgemeine moralphilosophische Herangehensweise. Der Entwurf selbst dementiert dies. Er folgt von den ersten Entwürfen bis in die verabschiedete Fassung hinein den Prämissen der ›Bioethik‹, einer bestimmten Ethik-Denkschule, deren Gegenstand in erster Linie biomedizinische und Gentechnik-Fragen sind. Sie entstammt dem europäisch-angelsächsischem Präferenz-Utilitarismus, weist eine nahezu blinde bio-, medizin- und gentechnische Fortschrittsgläubigkeit auf und beansprucht,

---

492 Stellmach 1999: 298f.

soziokulturelle und rechtliche Konsense und Normen nach Maßgabe ihrer Passfähigkeit an technikzentriert verstandenen Fortschritt weiterzuentwickeln. Bioethische Kalküle sind vor allem durch Peter Singers Positionen dafür bekannt, daß sie unverblümt das grundlegende individuelle Menschenrecht auf Leben und physische wie psychische Unversehrtheit zur Disposition stellen.«[493]

Zur Kritik an bestimmten Formulierungen des Dokumentes

Neben diesen eher grundsätzlichen Bedenken gaben auch eine Reihe von Formulierungen des Dokumentes Anlass zu Kritik. Diese Kritik betrifft unter anderem die folgenden Artikel und Aspekte:

Ein Kardinalproblem wird von vielen Kritikerinnen und Kritikern in der Formulierung des Artikel 1 der Erklärung gesehen, in dem es über das menschliche Genom heißt: »In einem symbolischen Sinne ist es das Erbe der Menschheit.« Diese Redeweise von einem ›Erbe‹ ist, wie Kritikerinnen und Kritiker der Erklärung meinen, interpretationsfähig: einerseits könne man die mit dieser Formulierung verfolgte Absicht darin sehen, dass, wie es in einem Kommentar zum überarbeiteten Entwurf hieß, »die Kenntnisse über das menschliche Genom niemals das Privileg einer Elite sein dürfen, sondern der Menschheit insgesamt von Nutzen sein müssen«. Andererseits werde das Genom mit dieser Formulierung zu einem gemeinsamen Erbe *der Menschheit* erklärt und damit zu einem überindividuellen Besitz.[494] Eine solche Formulierung schließe zumindest nicht aus, dass der Schutz des gemeinsamen menschlichen Erbes im Zweifelsfall auch gegen das Individuum erfolgen könne. Überdies lege der Ausdruck ›Erbe‹ nahe, dass man das menschliche Genom behandeln könne wie andere kollektive Ressourcen auch. Die Möglichkeit einer Kommerzialisierung des menschlichen Genoms oder auch der Patentierung des Genoms bzw. seiner Teile würden mit dieser Formulierung nicht nur nicht ausgeschlossen, sondern allererst eröffnet.[495]

---

493 A.a.O.: 286.
494 Geisler 1999: 63.
495 Vgl. Stellmach 1999: 294; 310. In einem Kommentar zu einem früheren Entwurf der Erklärung war ein Verbot der Patentierung, das zahlreiche Kritikerinnen und Kritiker des ersten Entwurfes gefordert hatten, sogar ausdrücklich abgelehnt worden. Die derzeitige Debatte über die Patentfähigkeit der menschlichen Gene, hieß es dort, sei »komplexer Natur«. Und weiter: »Die Patentfähigkeit sollte nicht gänzlich ausgeschlossen werden, da sie einen Anreiz für die Genforschung darstellen könnte, von der künftige therapeutische Fortschritte abhängen«.

Ludger Honnefelder ist demgegenüber allerdings der Auffassung, dass die gültige Formulierung gegenüber früheren Entwürfen, in denen vom menschlichen Artgenom als einem »common heritage of mankind« gesprochen worden war, einen wesentlichen Fortschritt darstellt. Der Gedanke, das menschliche Artgenom als ein eigenes Rechtsgut zu schützen, sei mit der neuen Formulierung faktisch aufgegeben worden.[496]

Als zu wenig klar und auch zu wenig restriktiv erscheinen vielen Kritikerinnen und Kritikern Artikel 5a und 5b des Dokumentes, welche die Zulässigkeit von Forschung, Behandlung und Diagnose regeln, insofern sie das menschliche Genom betreffen. Solche Eingriffe, ob wissenschaftlichen, diagnostischen oder therapeutischen Zwecken dienend, dürfen dem Dokument zufolge nur nach »vorheriger strenger Abwägung des damit verbundenen möglichen Risikos und Nutzen« und einer vorherigen freiwilligen und klaren Zustimmung der Betroffenen bzw. deren rechtmäßiger Vertreter vorgenommen werden. Letzterer soll dabei von dem Bestreben geleitet sein, »zum Besten der Person zu handeln.« Diese Formulierung schließe fremdnützige Eingriffe in das Genom nicht einwilligungsfähiger Menschen nicht prinzipiell aus. Was diese Artikel für die Forschung am Genom oder sonstige Eingriffe in das Genom von menschlichen Embryonen bedeute, sei bestenfalls unklar. So sei etwa unklar, ob in diesen Fällen beispielsweise die Zustimmung der »Eltern« ausreiche, um entsprechende Interventionen zu rechtfertigen. Der Bereich der Intervention in das menschliche Genom sei, so auch Ludger Honnefelder, nicht im Einzelnen Gegenstand der Erklärung, was zur Folge habe, dass »die sogenannte verbrauchende Embryonenforschung und das Klonen in Form von Embryo-Splitting zu Zwecken der Forschung und Diagnose nicht eigens erwähnt« würden. Sie seien durch die Erklärung »nur einschlussweise verboten, sofern man sie als Praktiken betrachtet, die sich gemäß Artikel 11 gegen die Menschenwürde richten.« Diese Konsequenz werde in Artikel 11 jedoch nicht explizit gezogen, so dass der Artikel hinsichtlich seiner Konsequenzen auslegungsbedürftig sei und damit gerechnet werden müsse, dass etliche Staaten ihn nicht so auslegen werden, dass daraus ein Verbot der genannten Praktiken folge.[497]

---

496 Honnefelder 1998: 229
497 Honnefelder 1998: 228.

Kritisiert wird auch die in Artikel 5e dargelegte Erlaubnis der fremdnützigen Forschung an nicht einwilligungsfähigen Patientinnen und Patienten. Hierbei handele es sich um eine »gesellschaftliche Entsolidarisierung gegenüber den besonders schutzbedürftigen Menschen«.[498] Die formulierten Schutzbedingungen für diese Patientengruppe seien unzureichend, da dem Wortlaut der Erklärung folgend »gegebenenfalls auch nur die *Absicht* vorgeschützt zu werden« brauche, »zu einem therapeutischen Ziel *beizutragen*, um die Deklarations-Bedingung für fremdnützige Forschung an Einwilligungsunfähigen zu erfüllen.«[499]

Die Kritik richtet sich des Weiteren auch gegen Artikel 6 des Dokumentes, in dem festgestellt wird, dass »niemand einer Diskriminierung aufgrund genetischer Eigenschaften ausgesetzt werden [dürfe], die darauf abzielt, Menschenrechte, Grundfreiheiten oder die Menschenwürde zu verletzen, oder dies zur Folge hat.« Auch diese Bestimmung ist aus Sicht mancher Kritikerinnen und Kritiker ihrem Inhalt nach gefährlich unklar. Zumindest der deutsche Text lasse zwei Lesarten zu: entweder sei das IBC der Auffassung, *jede* Form genetischer Diskriminierung verstoße gegen die Würde und die Rechte des Menschen; oder aber das IBC sei der Meinung, lediglich *einige* Formen genetischer Diskriminierung widersprächen der Würde und den Rechten des Menschen und *nur diese* seien daher zu verbieten. Von dieser sprachlichen Unklarheit abgesehen, bleibe der Text des Dokumentes eine Antwort auf die Frage schuldig, bei genau welchen Eingriffen in das menschliche Genom das IBC eine Praxis der genetischen Diskriminierung sehe. Diese Frage sei insbesondere deshalb brisant, weil nach Auffassung des IBC auch nichttherapeutische diagnostische Eingriffe in das menschliche Genom, wie beispielsweise die Bestimmung des Geschlechts, der menschlichen Würde und den Menschenrechten nicht notwendig widersprächen und weil der Deklarationsentwurf es unterlasse, konkrete Interventionsoptionen wie beispielsweise die Keimbahnintervention zu verbieten.[500]

Schließlich richtet sich die Kritik gegen die Forderung des Artikel 17, die Staaten sollten »die Ausübung von Solidarität gegenüber einzelnen, Familien und Bevölkerungsgruppen, die besonders anfällig für Krankheiten oder Behin-

---

498 Stellmach 1999: 320.
499 Ebd.
500 A.a.O.: 321.

derungen genetischer Natur oder von diesen betroffen sind, achten und fördern.« Wer will, so manche Kritikerinnen und Kritiker, könne Artikel 17 als Aufruf zu einer Intensivierung der Genforschung verstehen: Genforschung als Solidarität mit Kranken und Behinderten und Menschen mit einem entsprechenden Risiko.

Lücken und Auslassungen

Kritikerinnen und Kritiker der UNESCO-Deklaration bemängeln weiterhin, dass eine Reihe von Praktiken, wie beispielsweise das Klonen von Embryonen zu Forschungs- oder Diagnosezwecken nicht nur nicht geregelt, sondern noch nicht einmal angesprochen bzw., wie die Keimbahnintervention, von der es in Artikel 25 lapidar heißt, dass sie »der Menschenwürde widersprechen könnte(n)«, nur am Rande erwähnt werden. Das IBC führt als Begründung für diesen Umstand an, dass das erklärte Ziel der Erklärung die Aufstellung von Richtlinien, nicht die Regulierung von Praktiken der Biomedizin sei. Diese Argumentation überzeugt die Kritikerinnen und Kritiker jedoch nicht. Gerade Eingriffe in die menschliche Keimbahn werden in der ethischen Diskussion wegen ihrer besonderen »Qualität« wie kaum eine andere biomedizinische Option von Vielen als mit der Achtung vor der menschlichen Würde unverträglich abgelehnt. Immerhin sei die Keimbahnintervention – zumindest beim derzeitigen Stand der Technik – viel zu risikoreich, um moralisch verantwortbar zu sein. Sie sei ein Experiment ungewissen Ausgangs mit zukünftigen Menschen. Darüber hinaus sei eine Unterscheidung zwischen therapeutischen und eugenisch motivierten Interventionen in die menschliche Keimbahn kaum möglich. Man hätte daher, so die Kritik, mit Recht eine Stellungnahme erwarten dürfen. Diese fehle – trotz vielfacher Kritik an früheren Entwurfsfassungen – jedoch im gültigen Deklarationstext.

Zwar kann man, wie Ludger Honnefelder meint, dem Argument, »dass dieser Mangel eine Freigabe der betreffenden Praktiken gleichkomme« entgegenhalten, »daß die Deklaration nicht bereits rechtlich regeln, sondern nur einen Konsens bezüglich der Prinzipien festhalten will, von denen im Anschluß weltweite rechtliche Regelungen ausgehen sollen.«[501] Kritikerinnen und Kriti-

---

501 Honnefelder 1998: 230.

ker des Textes sehen in diesen Auslassungen jedoch »Schlupflöcher«, die sich die *scientific community* offen halten wolle und verweisen beispielsweise darauf, dass das IBC neben dem bereits genannten Argument für die fehlenden Regelungen zur Keimbahnintervention einen weiteren Grund angab: »Die Forschung an menschlichen Keimbahnzellen« sei, wie es in einem Kommentar zu einem früheren Entwurf hieß, »nicht notwendigerweise mit einer Veränderung der Zellen verbunden. Selbst im Falle einer Veränderung heißt dies nicht, dass die Änderung tatsächlich weitergegeben wird. Ein allgemeines Verbot der Forschung an Keimbahnzellen scheint daher nicht angebracht.«

Bioethik als Normalisierung?

Auch die *Allgemeine Erklärung über das menschliche Genom und Menschenrechte* der UNESCO wird von Kritikerinnen und Kritikern in Deutschland, wie die voranstehenden Ausführungen deutlich machen, im Wesentlichen ablehnend beurteilt. Stellvertretend sei aus dem Resümee von Claudia Stellmach zitiert:

»Die verabschiedete Fassung der Deklaration *erlaubt* (…) praktisch alles, was einer systematischen Debatte über Eugenik, über die Grenzen genetischer Forschung sowie gentechnischer Anwendung am Menschen unter faktischen und normativen Risiko-, Folgen- und Menschenwürde-Aspekten erst unterworfen werden müsste, und *untersagt* so gut wie nichts. Sie erlaubt also praktisch alles, was sie zu regeln vorgibt. Auf den ersten Blick einschränkend wirkende Bestimmungen wie das Verbot einer Kommerzialisierung des menschlichen Genoms in seinem natürlichen Zustand entpuppen sich als das schiere Gegenteil eines Verbots. Oder die Vorgaben sind so unverbindlich formuliert – wie etwa die ansatzweise Aufforderung an die Staaten, eine Nutzung von Genom-Forschungsergebnissen für militärische Zwecke auszuschließen –, daß ihre Wirkung problemlos unterlaufen werden kann und damit höchst beschränkt bleiben dürfte. Teilweise sind die Bestimmungen auf bestimmte Zwecke eingeschränkt wie etwa das ›reproduktive Klonen‹ menschlicher Embryonen, das die Erzeugung von menschlichen Klonen zu Forschungszwecken durchaus erlaubt; oder sie werden ans IBC zur Definition und Beratung zurückverwiesen, wie die Frage, ob Eingriffe in die menschliche Keimbahn der Menschenwürde entsprechen, und bleiben damit international unverbindlich geregelt bzw. sind – wohl absehbaren – Setzungen des IBC und seines Rechtsausschusses unterworfen. (…) Die Regelungen sind so ein Beitrag zur *Normalisierung* dessen, was vorgeblich geregelt wird. Insofern ist die Deklaration eine eindeutige Promotorin moderner Eugenik einerseits, von Genforschung und -technik andererseits, und sie bedient einseitig die Interessen des internationalen wie des auf nationalen Ebenen agierenden Gentechnik-Komplexes.«[502]

---

502 Stellmach 1999: 334 (Hervorhebungen im Original).

4. Zur Kritik der Kritik an der Bioethik

Heterogene Kritikmotive in der Bioethik-Kritik

Bioethikerinnen und Bioethikern wird der Vorwurf gemacht, ein Instrumentarium zur Akzeptanzbeschaffung für neue biomedizinische Technologien bereitzustellen und durch den Gebrauch rationaler und pragmatisch ausgerichteter Argumentationsstrategien berechtigte Vorbehalte gegen diese Technologien beiseite zu räumen. Rationale Argumentation wird von Kritikerinnen und Kritikern der Bioethik dabei teilweise mit einem rein ökonomisch motiviertem Verwertungsinteresse umstandslos gleichgesetzt. Andere verurteilen an der bioethischen Reflexion deren angebliche »zersetzende Kraft« hinsichtlich moralischer Intuitionen bzw. grundlegender Werte wie beispielsweise dem Menschenwürdeprinzip. Der Bioethik liege zudem, so manche Kritikerinnen und Kritiker, ein reduktionistisches und biologistisches Menschenbild zugrunde. Sie zerlege, wie beispielsweise Hans Grewel meint, den Menschen in verschiedene Schichten: »eine vegetative, auf der Ebene von Stoffwechselprozessen, eine animalische, gleichsam als Reiz-Reaktions-Maschine, und eine geistige, in der er Person ist«.[503] Kritisiert wird auch, dass die Bioethik die empathische Kompetenz des Mit-Leidens zu einem selbstbezüglichen Gefühl des Selbstmitleids umdeute, worin sich letztlich die Sehnsucht vieler Bioethikerinnen und Bioethiker nach einer leidensfreien Gesellschaft ausdrücke. Notwendige Folge eines solchen Mensch- und Gesellschaftsbildes sei die Bestreitung des Lebensrechts alter oder behinderter Menschen in der heutigen Bioethik-Diskussion.[504] Die in der bioethischen Diskussion häufig herangezogene Idee des mündigen Bürgers wird von manchen Bioethik-Kritikerinnen und -Kritikern als ideologische Rechtfertigung eines Individualismus verdächtigt, der der instrumentellen und zweckrationalen Technikentwicklung sowie der weltumspannenden freien Marktwirtschaft korrespondiere.[505] Von wieder anderen wird die Bioethik als »Beratungsapparat auf europäischer und globaler Ebene« kritisiert,

---

503 Grewel 1998: 90.

504 Dörner 1999: 35f; Grewel 1998: 91; Braun beispielsweise wirft der Bioethik pauschal einen »Rassismus im Sinne Foucaults« vor (Braun 2000: 32f.).

505 Neuer-Miebach 1999: 72; Dörner 1999: 21.

der nicht der »Bändigung des humantechnologischen Aktionismus« diene, sondern diesen vielmehr »dekoriert, legitimiert und fördert.«[506]

Die an der Bioethik geübte Kritik speist sich, wie diese kleine Zusammenstellung beweist, und wie sich auch an einem Aufsatz von Renée Krebs-Rüb exemplarisch zeigen lässt, aus einer ganzen Reihe verschiedener und heterogener Kritikmotive. Krebs-Rüb fasst ihre Kritik an der Bioethik folgendermaßen zusammen:

»Die Bedingungen für das Entstehen der Bioethik wurden durch die zunehmenden Machbarkeiten der modernen Medizin und Biologie geschaffen, deren Möglichkeiten mehr und mehr mit den traditionellen ethischen Werten und Standards in Konflikt gerieten. Die Bioethik ist die Ethik für die neuen Technologien im Bereich der Biomedizin, zu denen u.a. Gentechnik, Humangenetik, Fortpflanzungs- und Transplantationsmedizin gehören. Sie ist eine Ethik der Ausgrenzung und der Spaltung, eine Gebrauchsethik zur Durchsetzung biomedizinischer Forschungsinteressen. Die Bioethik dient im Rahmen von Kosten-Nutzen-Kalkulationen einer fragwürdigen Ressourcensteuerung im Gesundheitswesen und liefert die ethische Absicherung für expandierende Wirtschaftsinteressen. (...) Das bioethische Bild vom Menschen ist das einer seelenlosen, hochkomplexen Maschine. Die hochentwickelte biotechnische Medizin klammert ihrem reduktionistischen Menschen- und Weltbild folgend, das spezifisch menschliche, die psychosoziale und geistige Dimension des Menschen aus.«[507]

Das Weltbild der Bioethik sei geprägt, so Krebs-Rüb weiter,

»von einem technisch-manipulativen Zugriff auf die gesamte Umwelt, also auch auf Tiere und Menschen. (...) Ihr Ziel ist keine grundlegende Grenzziehung, sondern eine Güterabwägung im Einzelfall, eine ›ethische Detailanalyse‹.«[508]

Man kann sich des Eindrucks kaum erwehren, dass es sich bei einer Reihe von gegen die Bioethik gerichteten Vorwürfen und Unterstellungen um Missverständnisse handelt.[509] So ist die Bioethik zum Beispiel weder – was immer das auch heißen mag – eine »universelle Ethik«,[510] noch befürworten Bioethikerinnen und Bioethiker *in toto* ein Kosten-Nutzen-Denken oder einen technisch-manipulativen Zugriff auf die menschliche und außermenschliche Natur. Bei vielen Bioethikerinnen und -ethikern ist gerade das Gegenteil der Fall. Auch

---

506 Paul 1994: 8.
507 Krebs-Rüb 1997: 72f.
508 A.a.O.: 64f.
509 Manchmal handelt es sich allerdings auch um offenkundigen, mit haltlosen, verschwörungstheoretisch anmutenden Unterstellungen gepaarten, Unsinn; vgl. zum Beispiel Paul 1994.
510 Krebs-Rüb 1997: 63.

sind Bioethikerinnen und -ethiker, wie ein kurzer Blick auf die tatsächliche Diskussion zeigen könnte, sicher nicht auf eine bestimmte Moralkonzeption wie zum Beispiel den Utilitarismus festgelegt. Wer immer sich aus einer moralischen Perspektive mit Eingriffen in menschliches, tierliches oder pflanzliches Leben befasst, seien er bzw. sie nun Kantianerinnen, Utilitaristinnen, Aristotelikerinnen oder Vertreterinnen einer anderen Ethikkonzeption, betreibt Bioethik im Sinne der von uns in Kapitel I dieser Untersuchung gegebenen Definition – und auch die Kritik an der Bioethik ist, auch wenn viele Kritikerinnen und Kritiker der Bioethik das nicht gerne hören werden, selbst eine Form von Bioethik.[511]

»Disziplinärer« versus »polemischer« Begriff der Bioethik

Darüber hinaus übersehen Krebs-Rüb und andere Kritikerinnen und Kritiker der Bioethik, dass sie mit der Kritik an einzelnen bioethischen Dokumenten wie der sog. Bioethik-Konvention oder der UNESCO-Deklaration bzw. an einem bestimmten bioethischen Modell nicht die gesamte Disziplin verabschieden können; sie unterscheiden, mit anderen Worten, nicht zwischen einem *disziplinären* und einem *polemischen* Begriff von Bioethik,[512] was zumindest erforderlich wäre, soll ihre Kritik überhaupt zielführend sein. Der disziplinäre Begriff von Bioethik könnte sich dann – im Sinne der von uns früher gegebenen Definition – auf die Bioethik als eine Subdisziplin der angewandten Ethik beziehen, die den Versuch unternimmt, generelle moralische Werte, Prinzipien oder Normen in einem besonderen Themenfeld anzuwenden und zur Geltung zu bringen. Der polemische Begriff könnte sich demgegenüber in polemischer Absicht auf ein bestimmtes bioethisches Modell oder Design beziehen. Nur hinsichtlich dieses letzteren Begriffes von Bioethik machte, wenn überhaupt, die Redeweise vom Welt- und Menschenbild *der* Bioethik überhaupt einen halbwegs verständlichen Sinn. Die Bioethik-Kritikerinnen und -kritiker haben sich bislang den Mühen einer entsprechenden Differenzierung allerdings nicht unterzogen.

---

511 Rehmann-Sutter 1998; anders dagegen Braun 2000: 57.
512 Mit ähnlicher Intention unterscheidet Leist 1993a: 19f. zwischen einem »allgemeinen« und einem »engen« Begriff von Bioethik.

Es fällt auf, dass sich die an der Bioethik formulierte Kritik sowohl gegen die medizin- und biotechnischen Entwicklungen richtet, als auch gegen die Weise ihrer Thematisierung durch die Bioethik selbst sowie gegen einzelne bioethische Bewertungen. Hier mischen sich Kritikmotive, die auf ganz unterschiedlichen Ebenen angesiedelt sind und nur mittelbar untereinander zusammenhängen. Drei dieser Motive wollen wir kurz vorstellen und diskutieren.

Erosion grundlegender moralischer Prinzipien und Werte

Beklagt wird zunächst eine Erosion grundlegender moralischer Prinzipien und Werte. Tatsächlich lässt sich beobachten, dass solche grundlegenden Prinzipien und Werte, wie zum Beispiel das Menschenwürdeprinzip, in manchen kontrovers diskutierten Bereichen keine eindeutige und unhinterfragbare Orientierungsfunktion auszuüben vermögen. Der Grund dafür ist, dass die entsprechenden Prinzipien und Werte von zwei Seiten unter Druck geraten: Zum einen konfrontieren die medizin- und biotechnischen Entwicklungen der zurückliegenden Jahre zunehmend mit Handlungsoptionen, für deren Bewältigung Begriffe wie derjenige der Menschenwürde oder auch diejenigen der Integrität und Identität von Personen schlicht nicht »gemacht« sind. Ob Forschung an menschlichen Embryonen eine Verletzung des Menschenwürdeprinzips darstellt oder nicht, ob Eingriffe in das menschliche Genom oder Multiorgantransplantationen eine Verletzung der Integrität menschlicher Lebewesen darstellen oder nicht – diese und ähnliche Fragen lassen sich, anders als etwa die Frage, ob Folter gegen die Menschenwürde verstößt, nicht einfach beantworten. Und zwar deshalb nicht, weil der konsensuelle Gehalt solcher Prinzipien und Werte sich nicht auf Fragen dieser Art erstreckt.

Zum anderen ist der Rekurs auf Begründungsinstanzen wie die Menschenwürde und andere Prinzipien in modernen, pluralistischen Gesellschaften generell schwierig geworden. An gemeinsam geteilte moralische Überzeugungen, die zudem häufig von religiösen Wertvorstellungen durchdrungen sind, kann in dieser Situation nur noch in sehr begrenztem Umfang appelliert werden. Die Anwendung grundlegender Werte wie dem der Menschenwürde ist angesichts der medizin- und biotechnischen Entwicklungen also deshalb schwierig geworden, weil diese in doppelter Hinsicht *interpretationsbedürftig* geworden sind: sowohl hinsichtlich ihrer Reichweite als auch hinsichtlich ihres Gehaltes.

Ende der Natürlichkeit

Ein zweites Kritikmotiv lässt sich mit der Formel vom »Ende der Natürlichkeit«[513] verdeutlichen. Im Zuge der modernen medizin- und biotechnischen Entwicklungen wird vieles von dem, was am Menschen bislang als »natürlich« galt, substituierbar und zum Gegenstand technischer Intervention und Manipulation. In dem Maße aber, in dem die menschliche Natur wie auch die übrige Natur unter dem Einfluss der Technologie veränderbar, ersetzbar und reproduzierbar werden, wird die Entscheidung für oder wider spezifische Handlungsoptionen, die zuvor als Naturtatsache oder Naturereignis außerhalb des Bereiches menschlicher Verantwortung standen, plötzlich rechtfertigungspflichtig.[514] Die »natürlichen« Grenzen, die dem technischen Fortschritt noch vor relativ kurzer Zeit gezogen waren, verlieren ihre Funktion, eine Grenze zwischen zulässigen und moralisch inakzeptablen Handlungsoptionen zu markieren bzw. einen Maßstab anzugeben, an dem Handlungen ausgerichtet werden könnten.

Entmoralisierung der Natur

Mit dieser Tendenz zu einer »Entnaturalisierung der Moral«[515] hängt eine andere Entwicklung eng zusammen, die man vielleicht als »Entmoralisierung der Natur« bezeichnen könnte; möglicherweise sind beide auch nur zwei Perspektiven auf dasselbe Problem oder bedingen sich jedenfalls wechselseitig.[516] Gerade die zuletzt angedeutete Tendenz einer »Entmoralisierung der Natur« aber, das ist zumindest unsere These, ist der Angelpunkt von weiten Teilen der Kritik an der Bioethik. Sie wäre insofern als Ausdruck spezifischer Defiziterfahrungen zu verstehen, in denen Residuen des Spontanen und Zufälligen und nicht-instrumenteller, den Marktmechanismen und ökonomischen Verwertungskalkülen entzogenen Beziehungen zu anderen Menschen ebenso wie zu nicht-menschlichen Naturgegenständen eingeklagt werden. Die Kritik am vermeintlich »reduktionistischen Menschenbild« und ihr, angeblich von einem

---

513 Koch 1994.
514 Bayertz 1997: 84.
515 Ebd.
516 Siep 1993: 144.

»technisch-manipulativen Zugriff auf die gesamte Umwelt« geprägten, Weltbild, ließe sich, trifft diese These zu, auch als der Versuch einer Revalidierung naturethischer Vorstellungen verstehen.[517]

Kritik der Bioethik als Kritik an der technologischen Zivilisation

Die an der Bioethik formulierte Kritik bezieht sich also nur bedingt direkt auf diese selbst und ist in weiten Teilen vielmehr eine in Form einer Kritik der Bioethik vorgetragene *Kritik der technologischen Zivilisation,* von der die Bioethik allenfalls indirekt insofern betroffen ist, als sie Teil dieser Zivilisation ist.[518] Das schließt nun allerdings nicht aus, dass die Kritik an der Bioethik auf Phänomene, auf Folgen der Bioethik hinweist, die tatsächlich problematisch sind. Solche möglichen Folgen bioethischen Nachdenkens selbst sollen uns im letzten Abschnitt dieses Kapitels beschäftigen.

Dissonanzen zwischen moralischen Intuitionen und Ergebnissen rationaler Analyse

Kritikerinnen und Kritiker der Bioethik behaupten eine Diskrepanz oder Dissonanz zwischen den Ergebnissen von kognitiven Analysen einerseits und unseren moralischen Intuitionen andererseits. Die Existenz solcher Dissonanzen lässt sich kaum bestreiten; sie speisen sich aus unterschiedlichen Quellen, wozu auch die beiden, im Zusammenhang der Kritik der Kritik an der Bioethik unter den Stichworten »Erosion grundlegender moralischer Werte« und »Ende der Natürlichkeit« bereits angedeuteten Entwicklungen gehören.[519] Medizinische Technologien dringen darüber hinaus zunehmend in Bereiche vor, für deren moralische Bewältigung uns das theoretische Rüstzeug noch nicht zur Verfügung steht. Sie eröffnen immer häufiger Handlungsspielräume (oder versprechen dies zumindest), denen unsere moralischen ebenso wie unsere sprachlichen Intuitionen

---

517 Ach 2000.
518 Leist 1993a: 22ff.; besonders deutlich wird dies beispielsweise an der Diskussion über die Xenotransplantation. Vgl. Ach 2000.
519 Vgl. dazu zum Beispiel die Beiträge in Ach et al. 1998.

hilflos gegenüberstehen. Unsere Vermutung allerdings ist, dass die Dissonanzen zwischen moralischen Intuitionen und den Ergebnissen rationaler Analysen und Argumentationen auch eine Folge bioethischer Reflexion sind.

Ein Projekt der »Ethikfolgen-Abschätzung« hätte daher der These nachzugehen, ob die fachwissenschaftliche und öffentliche Diskussion über bioethische Fragen und Problemkonstellationen, induziert durch die zunehmende Thematisierung in der medizinethischen Fachdiskussion, spezifische Veränderungen erfahren hat. Wir nennen solche Veränderungen vorläufig *Diskursverschiebungen*. Untersuchungen darüber, ob und gegebenenfalls welche Auswirkungen bioethische Reflexionen auf den moralischen Diskurs haben, gibt es unseres Wissens nicht; erst recht liegen, soweit wir sehen, bislang keine empirische Untersuchungen zu dieser Fragestellung vor. Zu untersuchen wäre zum Beispiel, ob sich Situationswahrnehmungen und Problembeschreibungen, die Forderung nach gesetzgeberischem Handlungsbedarf, konkrete Problemlösungsvorschläge oder auch die Anerkennung als »zulässig« akzeptierter Argumente durch die bioethische Reflexion ändern. Im Folgenden geht es uns darum, die Behauptung solcher ethik-induzierter Diskursverschiebungen zumindest plausibel zu machen, indem wir auf drei Tendenzen bioethischer Reflexion hinweisen, die entsprechende Diskursverschiebungen zur Folge haben könnten.

Fokussierung des moralischen Diskurses

Zunächst lässt sich eine Tendenz der Fokussierung des moralischen Diskurses beobachten. Der Blick richtet sich in der bioethischen Reflexion auf bestimmte Aspekte der jeweils diskutierten Problemkonstellationen; andere Aspekte werden systematisch abgeschattet. Für diese Abschattung, zum Beispiel durch Einstiegssimplifizierungen, gibt es mehrere Gründe. Ein Grund hat mit der in großen Bereichen des bioethischen Diskurses vorherrschenden, hierarchisch-deduktiven Struktur moralischen Argumentierens zu tun, die wir in Kapitel III im Zusammenhang der deduktivistischen Methode in der Bioethik diskutiert hatten. Diese bringt nicht nur »eine strenge Ordnung in das Phänomen der Moral«,[520] sondern führt auch dazu, dass moralische Problemkonstellationen auf eine Weise

---

520 Bayertz 1991: 12.

beschrieben werden, die sie im Hinblick auf die jeweils angewandten, als Begründung fungierenden Regeln oder Prinzipien überhaupt erst diskutierbar und bearbeitbar machen. Ein anderer Grund ist, dass bioethische Reflexion sich nicht auf Einzelfälle, sondern auf Problemtypen bezieht. Situations- und Problembeschreibungen werden also über den Einzelfall hinausweisende typische Charakteristika eines moralischen Problems besonders betonen. Dieses Vorgehen bringt, wie wir ebenfalls anlässlich der Diskussion des Deduktivismus bereits angedeutet hatten, unvermeidlich reduktionistische Vereinheitlichungstendenzen und Übersimplifizierungen mit sich. Diese aber sind, wie Tom Beauchamp zu Recht feststellt, »less plausible than the initial considered judgment and create more problems and doubts than those judgements themselves create.«[521]

Fragmentierung des moralischen Diskurses

Eine zweite Tendenz besteht in einer Fragmentierung des moralischen Diskurses. Damit ist gemeint, dass Problemkonstellationen im Zuge der bioethischen Reflexion in verschiedene einzelne Fragen und Aspekte zergliedert und auf diese Weise bearbeitbar bzw. diskursfähig gemacht werden. Wer über die Zulässigkeit zum Beispiel der Transplantation fötalen Hirngewebes auf Parkinson-Patienten nachdenkt, wird typischerweise zunächst versuchen, verschiedene Fragen herauszupräparieren und zu beantworten, um anschließend zu einer Gesamtwürdigung zu gelangen. Man wird zum Beispiel über den moralischen Status von Embryonen und Föten und die Bewertung von Schwangerschaftsabbrüchen nachdenken; über die Probleme eines *informed consent* bei möglichen Transplantatempfängerinnen und -empfängern; über die Frage, ob sich das Hirntod-Kriterium auf Embryonen anwenden lässt; welche Auswirkungen eine routinemäßige Übertragung auf Frauen haben könnte, die das aus einer Abtreibung resultierende Gewebe zum Zwecke einer Übertragung freigeben müssen usw.[522] In Anlehnung an die Debatte über die Erfassung von Risiken könnte man vielleicht davon sprechen, dass die bioethische Reflexion häufig einem »additiven«, im Unterschied zu einem »synergistischen« Modell verpflichtet ist.

---

521 Beauchamp 1996: 85.
522 Vgl. dazu auch Ach 1999.

Homogenisierung des moralischen Diskurses

Schließlich lässt sich drittens eine Tendenz zur Homogenisierung des moralischen Diskurses beobachten. Der bioethische Diskurs zeichnet sich durch eine ›Vereinheitlichungsleistung‹ aus. Diese besteht zum Beispiel darin, dass Argumentationen, die sich in einem bioethischen Anwendungsfeld als problemaufschließend und zielführend erwiesen haben, auch auf andere Problemfelder übertragen werden. Auch diese Behauptung ließe sich unschwer an verschiedenen Beispielen verifizieren; Kurt Bayertz und Kurt Schmidt verdeutlichen diese Tendenz am Beispiel der Diskussion über das Hirntod-Konzept:

»(...) die Reform an der einen Stelle wird zum Hebel für Veränderungen auch an anderer Stelle. Beim Hirntod-Beispiel geschieht das, indem von verschiedenen Wissenschaftlern gefordert wird, die auf das Ende des Lebens zielende Definition auch für die Festlegung des Beginns des Lebens fruchtbar zu machen. Aus der Hirn*tod*-Definition wird dann eine Hirn*leben*-Definition, die besagt, daß ein menschliches Wesen erst dann zu ›existieren‹ beginnt, wenn sein neurophysiologisches System einen bestimmten Reifegrad erreicht hat. Wenn jemand, dessen Gehirn nicht funktionsfähig ist, *nicht mehr* lebt, dann lebt jemand, dessen Gehirn noch nicht funktionsfähig ist, eben *noch nicht*. Die Relevanz solcher Symmetriebetrachtungen und der Suche nach einem ›Gegenstück‹ zur Hirntod-Definition am Beginn des Lebens für das Abtreibungsproblem liegt auf der Hand. Diese Beobachtung belegt, daß jede moralische Innovation zum Argument in einer Sache werden kann, auf die sie zunächst gar nicht gezielt war: von ihr geht ein potentieller Druck zur *Homogenisierung* der verschiedenen Felder der Bioethik und der Moral überhaupt aus.«[523]

Bioethik und das Projekt einer Ethikfolgenabschätzung (EFA)

Es scheint uns plausibel, dass die genannten Tendenzen einer Fokussierung, Fragmentierung und Homogenisierung des moralischen Diskurses zu der beobachtbaren Diskrepanz zwischen moralischen Intuitionen und kognitiven Analysen zumindest beitragen und insofern als eine Folge bioethischen Nachdenkens ernst genommen werden müssen. Sie wären insofern erste Ansatzpunkte für ein umfassenderes Projekt einer »Ethikfolgenabschätzung« hinsichtlich der bioethischen Diskussion. Eine solche hätte nicht nur die Rolle der Ethik in institutionellen Zusammenhängen wie z.B. Ethikkommissionen und die von ihr in diesen Zusammenhängen bevorzugten Denk- und Argumenta-

---

523 Bayertz/Schmidt 1992: 1500.

tionsweisen detaillierter und auf breiterer empirischer Basis zu untersuchen, als dies im Rahmen dieser Studie möglich war; sie hätte auch nach den Auswirkungen bioethischer Reflexionen auf den wissenschaftlichen und gesellschaftlichen Diskurs über bioethische Probleme und den darin vorherrschenden Denk- und Argumentationsmustern zu fragen.

Beide Entwicklungen, der in den vorstehenden Kapiteln dargestellte Funktionswandel der Bioethik ebenso wie die öffentlich an der Bioethik geübte Kritik geben Anlass zu einer Ethikfolgenabschätzung in diesem Sinne. Bioethik, sofern sie sich einem aufklärerischem Anspruch verpflichtet sieht, *muss* ihre möglichen Folgen sogar zu ihrem Thema machen.

Schluss und Ausblick

Unser Versuch, zu einer »Selbstaufklärung« der Bioethik beizutragen, kommt mit diesen Überlegungen zum Ende. Er hat uns von einer Begriffsbestimmung und einigen Schlaglichtern auf die Geschichte der Institutionalisierung der Bioethik in den USA und Deutschland über eine Darstellung des Wandels in den akademisch-philosophischen Diskursen der Bioethik in den zurückliegenden Jahren zu der Frage geführt, welche Selbstreflexionsprozesse die Professionalisierung und Institutionalisierung der Bioethik bei den Akteuren selbst freigesetzt hat. Neben theoretischen Fragen zum Status einer angewandten Ethik und bioethischer Expertise stand dabei die Frage im Mittelpunkt, wie sich die Argumente, Begründungsstrategien etc. von Bioethikerinnen und Bioethikern, die in institutionellen Zusammenhängen wie Ethik-Kommissionen, politischen Gremien etc. tätig sind, von denjenigen in der akademisch-philosophischen Diskussion unterscheiden. Unsere Darstellung endete mit einer kurzen Darstellung und Einschätzung der an der Bioethik öffentlich geübten Kritik und der Forderung nach einem Projekt der Ethikfolgen-Abschätzung im Hinblick auf die Bioethik.

Die Bearbeitung einer Reihe weiterer Themen und Fragen, die für unsere Untersuchung zweifellos interessant und lohnend gewesen wäre, konnte im Rahmen dieser Studie nicht durchgeführt werden. Ein Beispiel ist die Frage nach Modellen dafür, wie eine Rationalisierung der Auseinandersetzungen über bioethische Probleme erreichbar ist und welche Diskurs-, Partizipations- oder Konfliktschlichtungsmodelle im Hinblick auf diese Fragen zur Verfügung stehen; ein anderes Beispiel ist die Frage nach methodischen und didaktischen Problemen der medizinethischen Ausbildung, die sich immer dringlicher stellen und sich im Grunde, wie wir glauben, ebenfalls nur vor dem Hintergrund des in dieser Studie ausgebreiteten Panoramas adäquat bearbeiten lassen.

Die Auseinandersetzungen um die Bioethik sind, wie wir in Kapitel V zu zeigen versucht haben, zumindest zum Teil Auseinandersetzungen um die *öffentliche Rolle* der Bioethik. Dies liegt nicht zuletzt auch daran, dass das Interesse einer breiten Öffentlichkeit an medizin- und biotechnischen Entwicklungen und Technologien in den zurückliegenden Jahren deutlich zugenommen hat, wie nicht zuletzt die Auseinandersetzungen um das Menschenrechtsübereinkommen zur Biomedizin des Europarates, die wir im zurückliegenden Kapitel dargestellt haben, aber auch Medienereignisse wie beispielsweise die Geburt des Klonschafes Dolly vor Augen führen. Dieses Interesse verdankt sich einerseits dem Umstand, dass die Folgen der Anwendung moderner medizinischer Verfahren und Methoden räumlich und zeitlich immer weitreichender werden, andererseits dem Umstand, dass die »Eingriffstiefe« technologischer Interventionen immer größer wird. Gleichzeitig wird das für eine Urteilsbildung erforderliche Wissen immer komplexer und spezialisierter. Um so dringlicher wird daher im Zusammenhang der Diskussion um die Bioethik die Forderung erhoben, die Bürgerinnen und Bürger an der Debatte direkter zu beteiligen, als dies bislang geschieht, und neue Dialog-, Diskurs- und Konfliktschlichtungsverfahren zu entwickeln und zu erproben.[524] Die Frage, wie entsprechende Diskursverfahren und Partizipationsmodelle konkret ausgestaltet sein sollen und gesellschaftlich organisiert und implementiert werden können, ist jedoch strittig und bedarf weiterer intensiver Diskussionen.

Erforderlich wären aus unserer Sicht daher nicht nur Arbeiten, die die an der Bioethik in der öffentlichen Auseinandersetzung geübte Kritik auf ihre Berechtigung und ihren rationalen Gehalt hin untersuchen, sondern auch weiterführende Projekte, die die Ergebnisse von Untersuchungen zur Ethikfolgen-Abschätzung im Hinblick auf Überlegungen auswerten, wie eine Rationalisierung der Auseinandersetzungen über bioethische Probleme befördert werden kann.

Vor dem Hintergrund unserer Überlegungen zur Professionalisierung und Institutionalisierung der Bioethik lässt sich die Frage, welche Dialog-, Diskurs- und Konfliktschlichtungsverfahren in welchen Zusammenhängen angemessen und aussichtsreich sind, auf eine, wie wir hoffen, fundiertere Weise

---

524 Hennen 1996; Rippe 2000.

stellen, als dies in der gegenwärtigen Diskussion üblicherweise geschieht. Zu diesem Zweck kann man verschiedene Diskurs- und Partizipationsverfahren hinsichtlich ihres angestrebten Zieles (Diskurs, Dialog, Verhandlung) bzw. der erreichbaren Ergebnisse (Konsens, Verständigung, Kompromiss) und verschiedener anderer Parameter unterscheiden. Darüber hinaus können mit Konsenskonferenzen (Kommissionen aus Bürgerinnen und Bürgern), Clearingkommissionen (Kommissionen aus Vertreterinnen und Vertretern einflussreicher gesellschaftlicher Gruppen) und Expertenkommissionen (Kommissionen aus wissenschaftlich kompetenten Personen) auch verschiedene Formen von Kommissionen unterschieden werden.[525] Diese verschiedenen Diskurs- und Partizipationsverfahren müssten auf die institutionellen Anforderungen einerseits und die praktischen Erfahrungen, die Bioethikerinnen und Bioethiker in Ethik-Kommissionen oder politischen Beratergremien machen konnten andererseits, bezogen werden.

Methodische und didaktische Fragen medizinethischer Ausbildung

Darüber hinaus hat es sich als erforderlich herausgestellt, methodische und didaktische Fragen sowie Probleme der medizinethischen Ausbildung genauer in den Blick zu nehmen, als es im Rahmen dieser Untersuchung möglich war. Eine Untersuchung methodischer und didaktischer Fragen und Probleme der Vermittlung ethischer Urteilskompetenzen in der Bioethik wäre dabei sowohl unter theoretischen als auch unter praktischen Gesichtspunkten lohnend. Einerseits halten – wie sich im Rahmen unserer Untersuchung gezeigt hat – zahlreiche Bioethikerinnen und Bioethiker Fragen der Vermittlung ethischer Urteilsbildung und didaktischer Erfahrungen in der medizinethischen Ausbildung für das Design einer angemessenen Reflexion und eine angemessene Methode in der Bioethik für bedeutsam. Aus den theoretischen Diskussionen über die Bioethik angesichts der an sie herangetragenen Anforderungen sowie den praktischen Erfahrungen von Bioethikerinnen und Bioethikern in Ethik-Kommissionen oder politischen Beratergremien lassen sich andererseits aber auch methodische und didaktische Konsequenzen im Hinblick auf die Erfordernisse bio- bzw. medizinethischer Ausbildungsprogramme ableiten. Mit anderen

---

525 Rippe 2000.

Worten: Die Diskussion um eine angemessene theoretische Reflexion bioethischer Probleme und die Entscheidung für bestimmte Methoden in der Bioethik wird von vielen Bioethikerinnen und Bioethikern heute nicht mehr nur als relevant für die Entwicklung didaktischer und methodischer Konzepte in der medizinethischen Ausbildung erachtet; umgekehrt speist sich die Diskussion um eine angemessene Bioethik selbst, wie wir in unserer Studie gezeigt haben, teilweise aus didaktischen Erfahrungen, die Bioethikerinnen und Bioethiker sich in ihrer Funktion als Ethiklehrerinnen oder -lehrer in Krankenhäusern oder Krankenpflegeschulen erworben haben.

Andere Aspekte unseres Themas konnten im Rahmen dieser Studie nicht in der erforderlichen Ausführlichkeit diskutiert werden oder hätten zu ihrer umfassenden und detaillierten Bearbeitung einer wesentlich breiteren empirischen Basis bedurft. Wir trösten uns damit, dass wir mit dem Projekt einer Selbstaufklärung der Bioethik weitgehend Neuland betreten haben; diese selbst befindet sich noch im Anfangsstadium. Es ging uns im Wesentlichen um einige erste Kartographierungsversuche; diese aber leisten, so hoffen wir, einen Beitrag zu einer Analyse der Binnenfolgen der Professionalisierung und Institutionalisierung der Bioethik und dienen damit auch der Generierung und Formulierung weitergehender Fragen und Forschungshypothesen – wobei man sich bewusst halten sollte, dass der Umstand, dass heute über diese und weitere Fragen diskutiert und geforscht wird, nicht nur ein Indiz für, sondern selbst ein Moment dieses Prozesses der Professionalisierung und Institutionalisierung der Bioethik ist.

Literatur

Ach, Johann S./Gaidt, Andreas (Hg.) 1993: *Herausforderung der Bioethik.* Stuttgart-Bad Cannstatt.

Ach, Johann S./Brudermüller, Gerd/Runtenberg, Christa (Hg.) 1998: *Hello Dolly. Über das Klonen.* Frankfurt/M.

Ach, Johann S. 1999: *Warum man Lassie nicht quälen darf. Tierversuche und moralischer Individualismus.* Erlangen.

Ach, Johann S./Gaidt, Andreas 2000: »Wehret den Anfängen? Anmerkungen zum Argument der ›schiefen Ebene‹ in der gegenwärtigen Euthanasie-Debatte.« In: Frewer, Andreas/Eickhoff, Clemens (Hg.): *»Euthanasie« und die aktuelle Sterbehilfedebatte. Die historischen Hintergründe medizinischer Ethik.* Frankfurt/M, 424-447.

Ach, Johann S./Anderheiden, Michael/Quante, Michael 2000: *Ethik der Organtransplantation.* Erlangen.

Ackerman, Terrence F. 1987: »The Role of an Ethicist in Health Care.« In: Anderson, Gary R./ Glesnes-Anderson, Valerie A. (Hg.): *Health Care Ethics: A Guide for Decision Making.* Rockville.

Ackerman, Terrence F. 1989: »Conceptualizing the Role of the Ethics Consultant: Some Theoretical Issues«. In: Fletcher, John C./Quist, Norman/Jonsen, Albert R. (eds.): *Ethics Consultation in Health Care.* Ann Arbor (Michigan), 37-52.

Altner, Günter 1991: *Naturvergessenheit. Grundlagen einer umfassenden Bioethik.* Darmstadt.

Annas, George J. 1991: »Ethics Committees: From Ethical Comfort to Ethical Cover«. In: *Hastings Center Report*, May-June, 18-21.

Annas, George J./Grodin, Michael A. (Hg.) 1992: *The Nazi Doctors and the Nuremberg Code: Human Rights in Human Experimentation.* New York

Annas, George J. 1994: »Will the Real Bioethics (Commission) Please Stand Up?« In: *Hastings Center Report.* January-February 1994, 19-21.

Annas, George J. 1995: »The Dominance of American Law (and Market Values) over American Bioethics«. In: Grodin, M. A. (Hg.), 83-96.

Anstötz, Christoph/Hegselmann, Rainer/Kliemt, Hartmut (Hg.) 1995: *Peter Singer in Deutschland. Zur Gefährdung der Diskussionsfreiheit in der Wissenschaft.* Frankfurt/M.

Aristoteles 1995: *Die Nikomachische Ethik.* Übers. und mit einer Einl. u. Erläuterungen versehen v. Olof Gigon. 2.Aufl. München.

Arras, J. D. 1991: »Getting down to cases: The revival of casuistry in bioethics«. In: *Journal of Medicine and Philosophy* 16, 29-51.

217

Baier, Annette 1994: *Moral Prejudices: Essays on Ethics.* Cambridge.

Bavastro, Paolo 1998: »Europäische Initiative gegen Bio-Ethik und deren Folgen«. In: Wunder, M./Neuer-Miebach, T. (Hg.): *Bio-Ethik und die Zukunft der Medizin.* Bonn, 155-158.

Bayertz, Kurt 1991: »Praktische Philosophie als angewandte Ethik«. In: ders. (Hg.): *Praktische Philosophie. Grundorientierungen angewandter Ethik.* Reinbek bei Hamburg, 7-47.

Bayertz, Kurt/Schmidt, Kurt 1992: »Die hirntote Schwangere.« In: *Blätter für deutsche und internationale Politik,* 1495-1502.

Bayertz, Kurt (Hg.) 1996: *Konsens. Technische Eingriffe in die menschliche Fortpflanzung als Modellfall.* Frankfurt/M.

Bayertz, Kurt 1996: »Konsens. Überlegungen zu einem ethischen Grundbegriff«. In: Bayertz, K. (Hg.), 60-79.

Bayertz, Kurt 1997: »Ethik, Tod und Technik.« In: Ach, J.S./Quante, M. (Hg.): *Hirntod und Organverpflanzung. Ethische, medizinische, psychologische und rechtliche Aspekte der Transplantationsmedizin.* Stuttgart-Bad Canstatt, 75-100.

Bayertz, Kurt 1999a: »Moral als Konstruktion. Zur Selbstaufklärung der angewandten Ethik«. In: Kampits, P./Weiberg, A. (Hg.): *Angewandte Ethik / Applied Ethics.* Wien, 73-89.

Bayertz, Kurt 1999b: »Dissens in Fragen von Leben und Tod: Können wir damit leben?« In: *Aus Politik und Zeitgeschichte,* B 6/99. 5, 39-46.

Baylis, Francoise E. (Hg.) 1995: *The Health Care Consultant.* Totowa (N.J.).

Beauchamp, Tom L./Childress, James F. 1989: *Principles of Biomedical Ethics.* 3.ed. New York.

Beauchamp, Tom L./Childress, James F. 1994: *Principles of Biomedical Ethics.* 4.ed. New York.

Beauchamp, Tom L. 1982: »What Philosophers Can Offer«. In: *Hastings Center Report,* June 1982, 13-14.

Beauchamp, Tom L. 1995: »Principlism and Its Alleged Competitors«. In: *Kennedy Institute of Ethics Journal* 5, no. 3, 181-198.

Beauchamp, Tom L. 1996: »The Role of Principles in Practical Ethics«. In: Sumner, L. W./Boyle, J. (Hg.): *Philosophical Perspectives on Bioethics.* Toronto, 79-95.

Beecher, Henry K. 1966: »Ethics and clinical research«. In: *New England Journal of Medicine* 274 (1966), 1354-1360.

Benhabib, Seyla (Hg.) 1987: *Feminism as Critique: On the Politics of Gender.* Minneapolis.

Benhabib, Seyla 1992: *Situating the Self: Gender, Community and Postmodernism in Contemporary Ethics.* Cambridge.

Birnbacher, Dieter 1993: »Welche Ethik ist als Bioethik tauglich?« In: Ach, Johann S./Gaidt, Andreas (Hg.): *Herausforderung der Bioethik.* Stuttgart-Bad Cannstatt, 45-67.

Birnbacher, Dieter 1999: »Wofür ist der ›Ethik-Experte‹ Experte?« In: Rippe, Klaus Peter (Hg.), 267-283.

Borch, Cornelius (Hg.) 1996: Anatomien medizinischen Wissens. Frankfurt/M.

Bosk, Charles L./Frader, Joel 1998: »Institutional Ethics Committees: Sociological Oxymoron, Empirical Black Box«. In: DeVries, R./Subedi, J. (eds.), 94-116.

Braun, Kathrin 2000: *Menschenwürde und Biomedizin. Zum philosophischen Diskurs der Bioethik.* Frankfurt/M.

Breyer, Hiltrud 1998: *Gentech-Reader IV. Informationen zu Patentierung, Gentech-Food und Bioethik aus dem Europäischen Parlament.* Brüssel, 24. Februar 1998.

Brock, Dan W. 1987: »Truth or Consequences: The Role of Philosophers in Policy-Making«. In: *Ethics* 97, 786-791.

Brody, Baruch A. 1989: »The President's Commission: The Need To Be More Philosophical«. In: *Journal of Medicine and Philosophy* 14, 368-383.

Brody, Baruch A. 1990: »Quality of Scholarship in Bioethics«. In: *Journal of Medicine and Philosophy* 15, 161-178.

Brudermüller, Gerd 1999: »Ethikkommissionen und ethischer Diskurs«. In: Brudermüller, Gerd (Hg.): *Angewandte Ethik und Medizin.* Würzburg, 85-116.

Bulger, Ruth Allen et al. (Hg.) 1995: *Society's Choices. Social and Ethical Decision Making in Biomedicine.* Washington, D.C.

Bundesministerium der Justiz 1998: *Das Übereinkommen zum Schutz der Menschenrechte und der Menschenwürde im Hinblick auf die Anwendung von Biologie und Medizin – Übereinkommen über Menschenrechte und Biomedizin – des Europarates vom 4. April 1997. Informationen zu Entstehungsgeschichte, Zielsetzung und Inhalt.* (Ms.)

Burg, Wibren van der 1997: »Bioethics and Law: A Developmental Perspective.« In: *Bioethics* vol. 11, no. 2, 91-114.

Burgess, Michael et al. 1995: »Feeder Disciplines. The Education and Training of Health Care Ethics Consultants.« In: Baylis, F.E. (Hg.), 63-108.

Callahan, Daniel 1996: »Bioethics, Our Crowd, and Ideology«. In: *Hastings Center Report,* November-December 1996, S. 3f.

Campbell, Alastair V. 1989: »Committees and Commissions in the United Kingdom«. In: *Journal of Medicine and Philosophy* 14, 385-401.

Caplan, Arthur L. 1983: »Can Applied Ethics be Effective in Health Care and Should it Strive to Be?« In: *Ethics* 93.

Caplan, Arthur L. 1989: »Moral Experts and Moral Expertise. Do either exist?« In: Hoffmaster, B./Freedman, B./Fraser, G.: *Clinical Ethics – Theory and Practise.* Clifton, N.J., 59-87.

Carse, Alisa L. 1991: »The ›Voice of Care‹: Implications For Bioethical Education«. In: *The Journal of Medicine and Philosophy* 16, 5-28.

Catenhusen, Wolf-Michael 1999: »Kontroversen, Kompromisse, Erfolgspunkte. Von den Schwierigkeiten, die deutsche Rolle im internationalen Diskurs zu finden«. In: Eser (Hg.), 114-122.

Childress, James F. 1997: »The Normative Principles of Medical Ethics«. In: Veatch, Robert M. (Hg.): *Medical Ethics.* 2nd. ed. Boston, 29-55.

Christoph, F. 1990: *Tödlicher Zeitgeist. Notwehr gegen Euthanasie.* Köln.

Clouser, K. Danner/Gert, Bernard 1990: »A Critique of Priciplism«. In: *Journal of Medicine and Philosophy* 15, 219-236.

Clouser, K. Danner 1995: »Common Morality as an Alternative to Principlism.« In: *Kennedy Institute of Ethics Journal* Vol. 5, No. 3, 1995, 219-236.

Cook-Deegan, Robert M. 1988: »Bioethik und Politik«. In: Sass, H.-M. (Hg.), 141-168.

Crosthwaite, Jan 1995: »Moral Expertise: A Problem in the Professional Ethics of Professional Ethicists«. In: *Bioethics* vol. 9, no. 5, 361-379.

Daniels, Norman 1996: »Wild Reflective Equilibrium in Practice«. In: Sumner, L. W./Boyle, J. (Hg.), 96-114.

Davis, Dena S. 1991: »Rich Cases. The Ethics of Thick Description«. In: *Hastings Center Report,* July-August 1991, 12-17.

219

DeGrazia, David 1992: »Moving Forward in Bioethical Theory: Theories, Cases, and Specified Principlism«. In: *Journal of Medicine and Philosophy* 17, 511-539.

DeVries, R./Subedi, J. 1998 (eds.): *Bioethics and Society. Constructing the Ethical Enterprise.* New Jersey.

Doppelfeld, Elmar 1989: »Arbeitskreis medizinischer Ethik-Kommissionen in der Bundesrepublik Deutschland einschließlich Berlin (West).« In: *Ethik in der Medizin* 1, 47f.

Doppelfeld, Elmar 1999: »Biomedizinische Sachverhalte und ärztliches Ethos. Regelungsansätze aus der Ärzteschaft«. In: Eser (Hg.), 79-93.

Dörner, Klaus 1989: »Wenn Mitleid tödlich wird. Die 100jährige Tradition des Euthanasie-Gedankens«. In: *Der Spiegel* 34, 173-176

Dörner, Klaus 1999: »Die institutionelle Umwandlung von Menschen in Sachen. Behinderte und Behinderung in der Moderne«. In: Emmrich (Hg.), 15-44.

Dougherty, Charles J. 1988: »Mind, Money, and Morality: Ethical Dimensions of Economic Change in American Psychiatry«. In: *Hastings Center Report*, June-July, 15-20.

Dworkin, Ronald 1990: *Bürgerrechte ernstgenommen.* Frankfurt/M.

Edel, Abraham/Flower, Elizabeth/O'Connor, Finbarr W. 1994: *Critique of Applied Ethics. Reflections and Recommendations.* Philadelphia.

Eigler, Jochen 1994: »Ethik als Ausbildungsgegenstand im Studienfach Humanmedizin. Erfahrungen und Wünsche aus klinischer Sicht«. In: *Zeitschrift für medizinische Ethik* 40, 101-107.

Emanuel Ezekiel J. 1991: *The End of Human Life. Medical Ethics in a Liberal Policy.* Cambridge (Mass.).

Emmrich, Michael 1997: *Der vermessene Mensch. Aufbruch ins Gen-Zeitalter.* Berlin.

Emmrich, Michael (Hg.) 1999: *Im Zeitalter der Biomacht: 25 Jahre Gentechnik – eine kritische Bilanz.* Frankfurt/M.

Emmrich, Michael 1999b: »Forschung an nichteinwilligungsfähigen Menschen«. In: *Aus Politik und Zeitgeschichte*, B 6 / 99. 5. Februar, 12-21.

Engelhardt, Dietrich v. 1997: »Zur Systematik und Geschichte der Medizinischen Ethik«. In: Engelhardt, D. v. (Hg.): *Ethik im Alltag der Medizin: Spektrum der Disziplinen zwischen Forschung und Therapie.* 2. erw. Auflage. Basel/Boston/Berlin, 1-16.

Engelhardt Tristram H. Jr.1986: *The Foundations of Bioethics.* New York.

Engelhardt, Tristram H. Jr. 1989: »Can Ethics Take Pluralism Seriously? Pluralism and the Good«. In: *Hastings Center Report*, September-October, 33.

Engelhardt, Tristram H. Jr. 1996: »Ein skeptischer Nachtrag: Einige abschließende Reflexionen über Konsens«. In: Bayertz, K. (Hg.), 270-277.

Engelhardt, Tristram H. Jr. 1996: »Konsens: Auf wie viel können wir hoffen? Eine begriffliche Erkundung, veranschaulicht an neueren Debatten über die Verwendung von Reproduktionstechnologien beim Menschen«. In: Bayertz, K. (Hg.), 30-59.

Engelhardt, H. Tristram Jr. 1997: »Bioethics and the Philosophy of Medicine Reconsidered«. In: Carson, R.A./Burns, C.R. (Hg.): *Philosophy of Medicine and Bioethics.* Dordrecht, 85-103.

Enquete-Kommission Recht und Ethik der modernen Medizin 2002a: *Stammzellforschung und die Debatte des Deutschen Bundestages zum Import von menschlichen embryonalen Stammzellen.* Hg. vom Referat für Öffentlichkeitsarbeit, Deutscher Bundestag. Berlin.

Enquete-Kommission Recht und Ethik der modernen Medizin 2002b: *Schlussbericht.* Bundestags-drucksache 14/9020. Berlin.

Eser, Albin (Hg.) 1999: *Biomedizin und Menschenrechte. Die Menschenrechtskonvention des Europarates zur Biomedizin. Dokumentation und Kommentare.* Frankfurt/M.

Europarat 1997: *Convention for the protection of human rights and dignity of the human being with regard to the application of biology and medicine: Convention on human rights and biomedicine.* ETS no.: 164. Oviedo. 4. April 1998.

Faden, Ruth/Beauchamp, Tom L. 1986: *A History and Theory of Informed Consent.* New York/Oxford.

Farley, Margaret A. 1995: »North American Bioethics: A Feminist Critique«. In: Grodin, M.A. (ed.), 131-147.

Fletcher, John C./Boverman, Maxwell 1989: »The Evolution of the Role of an Applied Bioethicist in a Research Hospital«. In: Fletcher, John C./Quist, Norman/ Jonsen, Albert R. (Hg.):*Ethics Consultation in Health Care.* Ann Arbor (Michigan), 63-98.

Fletcher, Joseph 1954: *Morals and Medicine. The Moral Problems of: the Patient's Right to Know the Truth, Contraception, Artificial Insemination, Sterilization, Euthanasia.* Princeton.

Fletcher, Joseph 1979: *Humanhood: Essays in Biomedical Ethics.* Buffalo.

Foot, Phillippa 1978: *Virtues and Vices and Other Essays in Moral Philosophy.* Berkeley/Los Angeles.

Forsman, Birgitta/Welin Stellan 1995: *The Treatment of Ethics in a Swedish Government Commission on Gene Technology.* Göteborg (= Studies in Research Ethic No. 6).

Fox, Ellen 1996: »Concepts in Evaluation Applied to Ethics Consultation Research«. In: Journal of Clinical Ethics, vol. 7, no. 2, 116-121.

Freedman, Benjamin 1981: »One Philosopher's Experience on an Ethics Committee«. In:*Hastings Center Report*, (April), 20-22.

Frewer, Andreas 2000: *Medizin und Moral in Weimarer Republik und Nationalsozialismus. Die Zeitschrift »Ethik« unter Emil Abderhalden.* Frankfurt/M.

Frewer, Andreas/Neumann Josef N. (Hg.) 2001: *Medizingeschichte und Medizinethik. Kontroversen und Begründungsansätze 1900-1950.* Frankfurt/M.

Fritz-Vannahme, Joachim 1997: »Der Streit um das würdige Leben. Warum Deutschland sich weigert, die Europäische Konvention zur Bioethik zu unterschreiben«. In: Die Zeit, 4. April.

Fuchs, Ursula 1999: »Die Ethik der Bio-Macht. Bioethik oder: Tabubrüche hinter verschlossenen Türen«. In: Emmrich, M. (Hg.), 261-273.

Gaidt, Andreas/Ach, Johann S. 1993: »Bioethik als angewandte Ethik: Eine ganz kurze Einführung«. In: Ach, J.S./Gaidt, A. (Hg.), 9-15.

Gauthier, David 1986: *Morals by Agreement.* Oxford

Geisler, Linus 1999: »Wie viel Fortschritt verträgt der Mensch? Zukunftsaspekte der Medizin«. In: Emmrich, M. (Hg.), 55-68.

Gert, B./Culver, Ch. M./Clouser, K. D. 1997: *Bioethics: A Return to Fundamentals.* New York/Oxford.

Gillen, Erny: »Frag nur – ethische Reflexionen zu den Fragestellungen im Klinischen Ethik-Komitee«. In: Deutscher Evangelischer Krankenhausverband e.V./Katholischer Krankenhaus-verband Deutschlands e.V. (Hg.): Ethik-Komitee im Krankenhaus. Erfahrungsberichte zur Einrichtung von Klinischen Ethik-Komitees. Freiburg.

Gilligan, Carol 1984: *Die andere Stimme. Lebenskonflikte und Moral der Frau.* München.

Gracia, Diego 1993: »The Intellectual Basis of Bioethics in Southern European Countries.« In: *Bioethics.* Vol. 7, No. 3/4 1993, 97-107.

Gracia, Diego 1995: »Hard Times, Hard Choices: Founding Bioethics Today«. In: *Bioethics.* Vol. 9, 1995, 192-206.

Grewel, Hans 1998: »Behinderung und Philosophie: Ethik-Konzepte auf dem Prüfstand. In: Wunder, M./Neuer-Miebach, T. (Hg.): *Bio-Ethik und die Zukunft der Medizin.* Bonn, 87-105.

Grodin, Michael A. (Hg.) 1995: *Meta Medical Ethics. The Philosophical Foundations of Bioethics.* Dordrecht.

Gustafson, James M. 1990: »Moral Discourse About Medicine: A Variety of Forms«. In: *Journal of Medicine and Philosophy* 15, 125-142.

Hare, Richard M. 1977: »Medical Ethics: Can the Moral Philosopher Help?« In: Spicker, S./ Engelhardt, H. T. jr. (Hg.): *Philosophical Medical Ethics: Its Nature and Significance.* Dordrecht, 49-61.

Hare, Richard M. 1992: *Moralisches Denken.* Frankfurt/M.

Hare, Richard M.1993: *Essays on Bioethics.* Oxford.

Hare, Richard M. 1996: »Methods of Bioethics: Some Defective Proposals«. In: Sumner, L. W./ Boyle, J. (Hg.), 18-36.

Hastedt, Heiner 1991: *Aufklärung und Technik. Grundprobleme einer Ethik der Technik.* Frankfurt/M.

Hegselmann, Rainer/Merkel, Reinhard (Hg.) 1991: *Zur Debatte über Euthanasie. Beiträge und Stellungsnahmen.* Frankfurt/M.

Hegselmann, Rainer 1998: »What is Moral Philosophy and What is its Function?« In: Morscher, E. et al. (Hg.): *Applied Ethics in a Troubled World.* Dordrecht, 251-272.

Heim, Nikolaus 1998: »Leitideen und Menschenbilder in der Medizin«. In: *Zeitschrift für medizinische Ethik* 44, 231-246.

Heister, Elisabeth/Seidler, Eduard 1989: »Ethik in der ärztlichen Ausbildung an den Hochschulen der Bundesrepublik Deutschland«. In: *Ethik in der Medizin* 1, 13-23.

Hennen, Leonhard 1996: »Experten, Laien und Politik. Konsensuskonferenzen als neuer Weg der Entscheidung in strittigen Fragen medizin-ethischer Fragen?« In: Kolb, S. (Hg.): *Fürsorge oder Vorsorge? Die Ethik medizinischer Forschung.* Frankfurt/M., 158-174.

Höffe, Otfried 1998: »Aristoteles' universalistische Tugendethik«. In: Rippe, K.-P./Schaber, P. (Hg.): *Tugendethik.* Stuttgart, 42-68.

Hoffmaster, Barry 1993: »Can Ethnography Save the Life of Medical Ethics?« In: Winkler, E. R./ Coombs, J. R. (Hg.): *Applied Ethics.* Cambridge, 366-389.

Holmes, Helen B./Purdy, Laura M. (Hg.) 1992: *Feminist Perspectives in Medical Ethics.* Bloomington.

Holmes, Robert L. 1990: »The Limited Relevance of Analytical Ethics to the Problems of Bioethics«. In: *Journal of Medicine and Philosophy* 15, 143-159.

Honnefelder, Ludger/Rager, Günter 1994: *Ärztliches Urteilen und Handeln. Zur Grundlegung einer medizinischen Ethik.* Frankfurt/M.

Honnefelder, Ludger 1994b: »Die ethische Entscheidung im ärztlichen Handeln. Einführung in die Grundlagen der medizinischen Ethik.« In: Honnefelder, L./Rager, G., 135-190.

Honnefelder, Ludger 1996: »Konsensbildung in bioethischen Fragen«. In: Bayertz, K. (Hg.), 80-85.

Honnefelder, Ludger/Streffer, Christian (Hg.) 1998: *Jahrbuch für Wissenschaft und Ethik* Bd. 3/ 1998. Berlin/New York.

Honnefelder, Ludger 1998a: »Der Entwurf einer Menschenrechtskonvention zur Biomedizin des Europarats als Beispiel eines europaweiten Konsensbildungsprozesses«. In: Ammon, U./ Behrens, M. (Hg.): *Dialogische Technikfolgenabschätzung in der Gentechnik: Bewertung von ausgewählten Diskurs- und Beteiligungsverfahren.* Münster, 123-131.

Honnefelder, Ludger 1998b: »Stellungnahme aus ethischer Perspektive zur ›Allgemeinen Erklärung über das menschliche Genom und die Menschenrechte‹ der UNESCO«. In: Honnefelder, L./ Streffer, C. (Hg.), 225-230.

Honnefelder, Ludger 1999a: »Anwendung in der Ethik und angewandte Ethik«. In. Honnefelder, L./Streffer, C. (Hg.), 273-282.

Honnefelder, Ludger 1999b: »Biomedizinische Ethik und Globalisierung. Zur Problematik völkerrechtlicher Grenzziehungen am Beispiel des Menschenrechtskonvention zur Biomedizin des Europarates«. In: Eser (Hg.), 38-58.

Honneth, Axel (Hg.) 1993: *Kommunitarismus. Eine Debatte über die moralischen Grundlagen moderner Gesellschaften.* Frankfurt/New York.

Horster, Detlef (Hg.) 1998: *Weibliche Moral – ein Mythos?* Frankfurt/M.

Illhardt, Franz-Josef 1995: *Entscheidungsfindung«.* In: Kahlke, W./Reiter-Theil, S. (Hg.), 111-119.

Jamieson, Dale 1988: »Is Applied Ethics Worth Doing?« In: Rosenthal, David M./Shehadi, Fadlou (Hg.), 116-138.

Jennings, Bruce 1989: »Bioethics as Civic Discourse. Pluralism and the Good«. In: *Hastings Center Report*, September-October, 34f.

Jennings, Bruce 1990: »Grassroots Bioethics Revisited: Health Care Priorities and Community Values«. In: *Hastings Center Report.* September-October, 16-23.

Jennings, Bruce 1998: »Autonomy and Difference: The Travails of Liberalism in Bioethics«. DeVries, R./Subedi, J. (Hg.), 258-269.

Jennings, Bruce 2000: »Liberale Autonomie und bürgerliche Interdependenz: Politische Kontexte angewandter Ethik«. In: Kettner, M. (Hg.), 51-75.

Jonas, Hans 1974: *Philosophical Essays: From Ancient Creed to Technological Man.* Englewood Cliffs.

Jonas, Hans 1979: *Das Prinzip Verantwortung.* Frankfurt/M.

Jonsen, Albert R./Siegler, M./Winslade, W.J. 1982: *Clinical Ethics: A Practical Approach to Ethical Decisions in Clinical Medicine.* New York.

Jonsen, Albert R./Toulmin, Stephen 1988: *The Abuse of Casuistry: A History of Moral Reasoning.* Berkeley/Los Angeles..

Jonsen, Albert R. 1991: »American Moralism and the Origin of Bioethics in the United States«. In: *Journal of Medicine and Philosophy* 16, 113-130.

Jonsen, Albert R. 1993: »The Birth of Bioethics«. In: *Hastings Center Report* 23, Special Supplement, no. 6, S 1-S 4.

Jonsen, Albert R. 1994: »Theological Ethics, Moral Philosophy, and Public Moral Discourse. In: *Kennedy Institute of Ethics Journal* Vol. 4, No.1, 1994, 1-11.

Jonsen, Albert R. 1995: »Casuistry: An Alternative or Complement to Principles?« In: *Kennedy Institute of Ethics Journal*, vol. 5, no. 3, 237-251.

Jonsen, Albert R. 1996: »Morally Appreciated Circumstances: A Theoretical Problem for Casuistry«. In: Sumner, L. W./Boyle, J. (Hg.), 37-49.

Jonsen, Albert R. 1998: *The Birth of Bioethics*. New York/Oxford.

Kahlke, Winfried/Reiter-Theil, Stella 1995: *Ethik in der Medizin*. Stuttgart.

Kahlke, Winfried 1995: »Vermittlung von Ethik«. In: Kahlke, W./Reiter-Theil, S. (Hg.), 134-143.

Kahlke, Winfried 1996: »Ethik in der Medizin als Gegenstand von Lehre, Studium und Forschung«. In: Beckmann, J. P. (Hg.): *Fragen und Probleme einer medizinischen Ethik*. Berlin/New York, 118-141.

Kamm, Frances M. 1988: »Ethics, Applied Ethics, and Applying Applied Ethics«. In: Rosenthal, David M./Shehadi, Fadlou (Hg.), 162-187.

Kamm, Frances M. 1990: »The Philosopher as Insider and Outsider.« In: *Journal of Medicine and Philosophy* 15, 347-374.

Kant, Immanuel 1983: *Kritik der Urteilskraft* (1790). Kant-Werke in 10 Bänden, hgg. v. Wilhelm Weischedel, Band 8, Darmstadt.

Kasimba, Pascal/Singer, Peter 1989: »Australian Commissions and Committees on Issues in Bioethics«. In: *Journal of Medicine and Philosophy* 14, 403-424.

Kass, Leon R. 1990: »Practicing Ethics: Where's the Action?« In: *Hastings Center Report*, Jan.-Feb., 5-12.

Kettner, Matthias (Hg.) 2000: *Angewandte Ethik als Politikum*. Frankfurt/M.

Kettner, Matthias 1999: »Zur moralischen Qualität klinischer Ethik-Komitees. Eine diskursethische Perspektive«. In: Rippe, Klaus-Peter (Hg), 335-357.

Kettner, Matthias 2000: »Welchen normativen Rahmen braucht die angewandte Ethik?« In: Kettner, M. (Hg.): *Angewandte Ethik als Politikum*. Frankfurt/M., 388-407.

Klee, Ernst 1989: »Von Menschen und Tieren. Eine Kritik der praktischen Ethik. Ein Zeit-Gespräch mit dem Moralphilosophen Hans Jonas über Euthanasie und Ethik«. In: Die Zeit 35, 58.

Koch, Hans-Georg 1994: »Medizinrecht: Ersatz oder Pendant medizinischer Ethik?« In: *Ethik in der Medizin* 6, 2-12.

Komitee für Grundrechte und Demokratie 1997: *Die Menschenrechte werden gespalten, die Menschen werden sortiert. Zum Menschenrechtsübereinkommen des Europarates zur Biomedizin – Ein Memorandum*. Köln.

Kopelman, Loretta M. 1990: »What is Applied About ›Applied‹ Philosophy?« In: *Journal of Medicine and Philosophy* 15, 199-218.

Korff, Wilhelm 1998: »Einführung in das Projekt Bioethik«. In: *Lexikon der Bioethik*, hgg. von Wilhelm Korff, Lutwin Beck und Paul Mikat, Gütersloh, 7-16.

Krebs-Rüb, Renee 1997: »Mit der Bioethik auf dem Weg zum programmierten Menschen.« In: *Vorgänge* 139, 62-74.

Krieger, Verena 1989: »Das Lebensrecht Behinderter ist undiskutierbar«. In: Deutsche Volkszeitung vom 16. Juni.

Kuhse, Helga 1995: »Clinical Ethics and Nursing: ›Yes‹ to Caring, But ›No‹ to a Female Ethics of Care.« In: *Bioethics*. Vol. 9, 1995, 207-219.

Kuhse, Helga/Singer, Peter (Hg.) 1999: *Bioethics. An Anthology*. Oxford.

Kymlicka, Will 2000: »Moralphilosophie und Staatstätigkeit: das Beispiel der neuen Reproduktionstechnologien«. In: Kettner, Matthias (Hg.), 193-225.

Leist, Anton 1993a: »Herausforderungen der Bioethik. In: Ach, J.S./Gaidt, A. (Hg.), 19-44.

Leist, Anton 1993b: »Bioethics in a Low Key: A Report from Germany«. In: Bioethics. vol 7, Nr 2/3, 271-279.

Leist, Anton 1994: »Moralischer Streß und Probleme der Konsensbildung«. In: Ethik in der Medizin 6, 13-20.

Lenk, Christian 1999: »Institutionen der Wissenschaftsethik in Deutschland« In: Das Parlament, 49. Jg., Nr. 23, 5

Lilje, Christian 1995: Klinische »ethics consultation« in den USA. Hintergründe, Denkstile und Praxis.« Stuttgart.

Lindemann Nelson, Hilde (Hg.) 1997: Stories and Their Limits. Narrative Approaches to Bioethics. New York/London.

Loewy, Erich H.1995: Ethische Fragen in der Medizin. Wien/New York.

Louden, Robert B. 1998: »Einige Laster der Tugendethik.« In: Rippe, K.P./Schaber, P. (Hg): Tugendethik. Stuttgart, 185-212.

Lowenstein, Larry/De Brisay, Jeanne 1995: »Liability of health Care Consultation.« In: Baylis, F. E. (Hg.), 45-62.

Lynch, A. 1995: »»… Has knowledge of [Interpersonal] Facilitation Techniques and Theory; Has the Ability to Facilitate [Interpersonally]…‹ Facts or Fiction?« In: Baylis, F. E. (Hg.), 45-62.

MacIntyre, Alasdair 1987: Der Verlust der Tugend. Frankfurt/M.

MacIntyre, Alasdair 1997: »Theology, Ethics and the Ethics of Medicine and Helath Care«. In: Journal of Medicine and Philosophy 4, 435-443.

Macklin, Ruth 1988: Theoretical and Applied Ethics: A Reply to the Skeptics«. In: Rosenthal, David M./Shehadi, Fadlou (Hg.), 50-70.

McMormick, Richard A. 1973: Ambiguity in Moral Choice. Milwaukee.

McMormick, Richard A. 1985: »Theology and Bioethics: Christian Foundations«. In: Shep, Earl E. (Hg.): Theology and Bioethics. Dordrecht, 95-113.

McMormick, Richard A.1989: »Theology and Bioethics«. In: Hastings Center Report, March-April, 5-10.

Megone, Christopher 2000: »Demokratie, Liberalismus, Kommunitarismus: Bezüge zu lokalen forschungsethischen Komitees«. In: Kettner, M. (Hg.), 165-192.

Mieth, Dietmar 1997: »Gentechnik im öffentlichen Diskurs: Die Rolle der Ethikzentren und Beratergruppen«. In: Elstner, M. (Hg.): Gentechnik, Ethik und Gesellschaft. Berlin, 211-220.

Momeyer, Richard W. 1990: »Philosophers and the Public Process: Inside, Outside, Or Nowhere At All?« In: Journal of Medicine and Philosophy 15, 391-409.

Montello, Martha 1995: »Medical Stories: Narrative and Phenomenological Approaches«. In: Grodin, M. A. (Hg.), 109-123.

Moreno, Jonathan D. 1991: »Ethics Consultation as Moral Engagement«. In: Bioethics 5, 44-56.

Moreno, Jonathan D. 1996: »Konsens durch Kommissionen: Philosophische und soziale Aspekte von Ethik-Kommissionen«. In: Bayertz, K. (Hg),179-202.

Moreno, Jonathan D. 2001: Undue Risk. London.

Morgan, Kathryn Pauly 1996: »Gender Rites and Rights: The Biopolitics of Beauty and Fertility«. In: Sumner, L.W./Boyle, J. (Hg.), 210-243.

Morscher, Edgar/Neumaier, Otto/Simons, Peter 1998 »Introduction: Applying Ethics«. In: Morscher, E./Neumaier, O./Simons, P. (Hg.): *Applied Ethics in a Troubled World*. Dordrecht, ix-xxi.

National Commission for the Protection of Human Subjects of Biomedical and Behavioral Research 1978: *The Belmont Report*. Washington D.C.

Neuer-Miebach, T. 1999: »Zwang zur Normalität. Pränatale Diagnostik und genetische Beratung«. In: Emmrich, M. (Hg.), 69-104.

Nickel, James W. 1988: »Philosophy and Policy«. In: Rosenthal, D.M./Shehadi, F. (Hg.), 139-148.

Nida-Rümelin, Julian (Hg.) 1996: *Angewandte Ethik. Die Bereichsethiken und ihre theoretische Fundierung. Ein Handbuch*. Stuttgart.

Nida-Rümelin, Julian 1996: »Theoretische und angewandte Ethik: Paradigmen, Begründungen, Bereiche«. In: Nida-Rümelin, J. (Hg.), 2-85.

Nida-Rümelin, Julian 1999: »Zur Rolle ethischer Expertise in Projekten der Technikfolgenabschätzung«. In: Rippe, Klaus-Peter (Hg.), 245-266.

Noble, Cheryl N. 1982: »Ethics and Experts«. In: *Hastings Center Report*, XII, 3.

Nozick, Robert 1978: *Anarchie, Staat und Utopie*. München

Nunner-Winkler, Gertrud 1986: »Ein Plädoyer für einen eingeschränkten Universalismus«. In: Edelstein, W./Nunner-Winkler G. (Hg.): *Zur Bestimmung der Moral. Philosophische und sozialwissenschaftliche Beiträge zur Moralforschung*. Frankfurt/M., 126-144.

Nürnberger Kodex 1997: »Nürnberger Kodex zum 50. Jahrestag der Verkündung des Urteils im Nürnberger Ärzteprozeß und des Nürnberger Kodex«. In: *Zeitschrift für Medizinische Ethik* 43, 329-334.

Nussbaum, Martha 1998: »Nicht-relative Tugenden: Ein aristotelischer Ansatz«. In: Rippe, K.-P./ Schaber, P (Hg.): *Tugendethik*. Stuttgart, 114-165.

O'Neill, Onora 1988: »How Can We Individuate Moral Problems?« In: Rosenthal, David M./ Shehadi, Fadlou (Hg.), 84-99.

Oehmichen, Manfred (1997): »Die ethisch-rechtliche Basis der medizinischen Forschung am/mit Menschen: Ethik-Kommissionen.« In: Engelhardt, D. v. (Hg.) 1997: *Ethik im Alltag der Medizin. Spektrum der Disziplinen zwischen Forschung und Therapie*. Basel/Boston/Berlin, 41-60.

Pauer-Studer, Herlinde 1994: »Bioethik und Feminismus. Ein Blick auf neue Publikationen«. In: *Deutsche Zeitschrift für Philosophie* 42, 1, 155-166.

Paul, Jobst 1994: *Im Netz der Bioethik*. Duisburg.

Paul, Jobst 1994: »Das bio-ethische Netzwerk«. In: Wunder, M./Neuer- Miebach, T. (Hg.): *Bio-Ethik und die Zukunft der Medizin*. Bonn, 60-71.

Paul, Jobst 1994: »Ethik-Debatte und Fallstudien. Eine Anmerkung mit Blick auf die Entwicklungen im gymnasialen Ethik-Curriculum.« In: *Ethik in der Medizin* 6, 21-31.

Pellegrino, Edmund D./Thomasma, David C. 1988: *For the Patient's Good. The Restoration of Beneficence in Health Care*. New York/Oxford.

Pellegrino, Edmund D. 1993: »The Metamorphosis of Medical Ethics. A 30-Year Retrospective«. In: *Journal of the American Medical Association* vol. 269, no. 9, 1158-1162.

Poland, Susan Cartier 1997: »Landmark Legal Cases in Bioethics«. In: *Kennedy Institute of Ethics Journal* vol. 7, no. 2, 191-209.

Potter, Rensselaer van 1971: *Bioethics. Bridge To The Future*. New Jersey.

Radey, Charles 1990: »Telling Stories: Creative Literature and Ethics«. In: *Hastings Center Report*, November-December, 25.

Rager, Günter 1994: »Medizin und Wissenschaft als ärztliches Handeln«. In: Honnefelder, L./ Rager, G., 15-52.

Ramsey, Paul 1970: *The Patient as Person*. New Haven/London.

Rawls, John 1971: *A Theory of Justice*. Cambridge, Mass.

Rawls, John ⁷1993: *Eine Theorie der Gerechtigkeit*. Frankfurt/M.

Rehmann-Sutter, Christoph 1998: »Wer sind die Fachleute für ethische Orientierung? Zur Funktion medizinischer Ethikkommissionen«. In: Orsi, G. et al. (Hg.): *Medizin – Recht – Ethik*. Frankfurt/M. (= Rechtsphilosophische Hefte VIII), 17-36.

Reich, Warren T. 1995: *Encyclopedia of Bioethics*. (5 Bde.) New York.

Reich, Warren Thomas 1994: »The Word ›Bioethics‹: Its Birth and the Legacies of those Who Shaped it«. In: *Kennedy Institute of Ethics Journal* vol. 4, no. 4, 319-335.

Retzlaff, Ingeborg 1991: »Wünsche an die Ethiker aus der Sicht der Ärzte in Klinik und Praxis«. In: *Ethik in der Medizin* 3, 171-177.

Richter, Gerd 1992: »Autonomie und Paternalismus – zur Verantwortung des medizinischen Handelns«. In: *Ethik in der Medizin* 4, 27-36.

Richter, Gerd 1999: »Was man nur beim Forschen lernt«. In: *Das Parlament*. Nr. 23.

Rippe, Klaus Peter (Hg.) 1999: *Angewandte Ethik in der pluralistischen Gesellschaft*. Freiburg (Schweiz).

Rippe, Klaus Peter 2000: »Ethikkommissionen in der deliberativen Demokratie«. In: Kettner, M. (Hg.), 140-164.

Roberts, Dorothy E. 1996: »Reconstructing the Patient: Starting with Women of Color«. In: Wolf, S.M. (Hg.), 116-143.

Rosenthal, David M./Shehadi, Fadlou (Hg.) 1988: Applied Ethics and Ethical Theory. Salt Lake City.

Rothman, David J. 1991: *Strangers at the Bedside. A History of How Law and Bioethics Transformed Medical Decision Making*. o.O.

Rudloff-Schäfer, Cornelia 1999: »Entstehungsgründe und Entstehungsgeschichte der Konvention«. In: Eser, A. (Hg.), 26-37.

Sass, Hans-Martin (Hg.) 1988a: *Bioethik in den USA. Methoden – Themen – Positionen. Mit besonderer Berücksichtigung der Problemstellungen in der BRD*. Berlin u.a.

Sass, Hans-Martin 1988b: »A Critique of the Enquete Commission's Report on Gene Technology«. In: *Bioethics* vol. 2, no 3, 264-275.

Sass, Hans-Martin 1993: »Training in Differential Ethics and Moral Quality-Control«. In: Bayertz, K./Stolte, H./Zimmermann, U. (eds.): *Ethical Dimensions of Technology Transfer in Biomedicine*. Frankfurt/M. u.a., 145-169.

Schöne-Seiffert, Bettina/Rippe, Klaus-Peter: »Silencing the Singer: Antibioethics in Germany.« In: *Hastings Center Report* 21 (1991), 20-27

Schöne-Seifert, Bettina 1996: »Medizinethik«. In: Nida-Rümelin, J. (Hg.), 553-648.

Schweidtmann, Werner 1997: »Defizite berufsethischer Ausbildung im medizinischen Bereich«. In: *Ethik in der Medizin* 9, 120-133.

Shanner, Laura 1996: Bioethics through the Back Door: Phenomenology, Narratives, and Insights into Infertility«. In: Sumner, L. W./Boyle, J. (Hg.), 115-142.

Sherwin, Susan 1992: *No Longer Patient. Feminist Ethics and Health Care*. Philadelphia.

Sherwin, Susan 1995: »Certification of Health Care Ethics Consultants: Advantages and Disadvantages.« In: Baylis, F. E. (Hg.), 11-24.

Sherwin, Susan 1996: »Feminism and Bioethics«. In: Wolf, S.M. (Hg.), 47-66.

Sidgwick, Henry ⁷1909: *Methoden der Ethik*. Leipzig.

Siegler, Mark 1999: »Ethics Committees: Decisions by Bureaucracy«. In: Kuhse, H./Singer, P. (Hg.), 583-586.

Siep, Ludwig 1993: »Ethische Probleme der Gentechnologie«. In: Ach, J.S./Gaidt, A. (Hg.), 137-156.

Siep, Ludwig/Ach, Johann S. 1997: »Biomedizinische Forschung und ihre Kontrolle durch Ethik-Kommissionen«. In: Ach, J.S.,/Bedenbecker-Busch, M./Kayß, M. (Hg.): *Grenzen des Lebens – Grenzen der Medizin*. Münster, 153-161.

Simon, Alfred 2000: *Klinische Ethikberatung in Deutschland. Erfahrungen aus dem Krankenhaus Neu-Mariahilf in Göttingen*. Dortmund (= Berliner Medizinethische Schriften; Heft 36).

Singer, Peter 1972a: »Famine, Affluence, and Morality«. In: *Philosophy and Public Affairs* 1. 229-243

Singer, Peter 1972b: »Moral Experts«. In: *Analysis* 22, 115-117.

Singer, Peter 1979: *Practical Ethics*. Cambridge.

Singer, Peter 1982: »How Do We Decide?«. In: *Hastings Center Report*, June 1982, 9-11.

Singer, Peter 1994: *Praktische Ethik*. 2. erw. u. rev. Aufl. Stuttgart.

Singer, Peter/Kuhse, Helga 1985: *Should the Baby live?* Oxford.

Skeel, Joy D./Self, Donnie J. 1989. »Ethics in the Clinical Setting«. In: Fletcher, J.C. et al. (Hg.): *Ethics Consultation in Health Care*. Ann Arbor, 53-59.

Sponholz, Gerlinde et al. 1995: »›Ethik in der Medizin‹ in der neuen ÄAppo – was Studierende sich wünschen«. In: *Zeitschrift für medizinische Ethik* 41, 236-241.

Stellmach, Claudia 1999: »UNESCO-Biopolitik: Neue Technik – alte Eugenik. Kontext und Perspektiven der UNESCO-Deklaration ›Menschliches Genom und Menschenrecht‹.« In: Emmrich, M. (Hg.), 275-340.

Sumner, L.W./Boyle, Joseph 1996: »Introduction«. In: Sumner, L.W./Boyle, J. (Hg.), 3-8.

Sumner, L.W./Boyle, Joseph (Hg.) 1996: Philosophical Perspectives on Bioethics. Toronto.

Taupitz, Jochen/Schelling, Holger 1999: »Mindeststandards als realistische Möglichkeit. Rechtliche Gesichtspunkte in deutscher und internationaler Perspektive«. In: Eser (Hg.), 94-113.

Teel, Karen 1975: »The physician's dilemma: a doctor's view: what the law should be«. In: *Baylor Law Review* 27, (1975), 6-10.

ten Have, Henk A.M.J. 1996: »Konsens, Pluralismus und Verfahrensethik«. In: Bayertz, K. (Hg.), 86-97.

Thornton, Barbara C./Callahan, Daniel/Lindemann Nelson, James 1993: »Bioethics Education. Expanding the Circle of Participants«. In: *Hastings Center Report* 23, 1, 25-29.

Toellner, Richard (Hg.) 1990: *Die Ethik-Kommission in der Medizin. Problemgeschichte, Aufgabenstellung, Rechtsstellung und Organisationsform Medizinischer Ethik-Kommissionen*. Stuttgart.

Tong, Rosemarie 1989: *Feminist Thought: A Comprehensive Introduction*. Boulder, Col.

Tong, Rosemarie 1996: »Feminist Approaches to Bioethics«. In: Wolf, S.M. (ed.), 67-94.

Tooley, Michael 1983: *Abortion and Infanticide.* Oxford.

Toulmin, Stephen 1981: »The Tyranny of Principles«. In: *Hastings Center Report* 11, 31-39.

van den Daele, Wolfgang/Müller-Salomon 1990: *Die Kontrolle der Forschung am Menschen durch Ethikkommissionen.* Stuttgart.

Veatch, Robert M. 1984: »Autonomy's Temporary Triumph«. In: *Hastings Center Report* 14, no. 5, 38-40.

Veatch, Robert M. 1981: *A Theory of Medical Ethics.* Oxford.

Veatch, Robert M. 1995: »Abandoning Informed Consent«. In: *Hastings Center Report*, March-April, 5-12.

Veatch, Robert M. (Hg.) 1989: *Medical Ethics.* 2nd. ed. Boston et al.

Viefhues, M. 1989: »Medizinische Ethik in einer offenen Gesellschaft.« In: Sass, H.-M. (Hg.): *Medizin und Ethik.* Stuttgart.

Vollmann, Jochen 1995: »Der klinische Ethiker – ein Konzept mit Zukunft? Zur Integration von philosophischer Ethik in die praktische Medizin«. In: *Ethik in der Medizin* 7, 181-192.

Walters, Leroy 1989: »Commissions and Bioethics«. In. *Journal of Medicine and Philosophy* 14, 363-368.

Walzer, Michael 1990: *Kritik und Gemeinsinn.* Berlin.

Walzer, Michael 1990: »Die kommunitaristische Kritik am Liberalismus« In: Honneth, A. (Hg.), 157-180.

Warnock, Mary 1985: »Moral Thinking and Government Policy: The Warnock Committee on Human Embryology«. In: *Milbank Memorial Fund Quaterly/Health and Society*, vol. 63, no. 3, 504-522.

Weisbard, Alan J. 1987: »The Role of Philosophers in the Public Process: A View from the President's Commission«. In: *Ethics* 97, 776-785.

Wieland, Wolfgang 1986: *Strukturwandel der Medizin und ärztliche Ethik.* Heidelberg.

Wiesemann, Claudia 1993: »Eine Ethik des Nichtwissens. Können ethische Konflikte des Medizinstudenten für die medizinische Ethik Modellcharakter haben?« In: *Ethik in der Medizin* 5, 3-12.

Wiesing, Urban/Ach, Johann S. 1997: »Der ›Nürnberger Kodex 1997‹. Ein Kommentar«. In: *Zeitschrift für Medizinische Ethik* 43, 335-339.

Wiesing, Urban 1993: »Zur Geschichte der Ethik-Kommissionen in Deutschland«. In: Ach, J.S./Gaidt, A. (Hg.), 235-241.

Wiesing, Urban 1995: »Warum Verantwortung? Einige Anmerkungen zum allzuhäufigen Gebrauch eines Begriffes«. In: *Zeitschrift für medizinische Ethik* 41, 81-91.

Wikler, Daniel 1982: »Ethicists, Critics, and Expertise«. In: *Hastings Center Report*, June 1982, 12-13.

Wildfeuer, Armin 1994: »Medizin und Ethik unter den Bedingungen der modernen Wissenschaftsgesellschaften«. In: *Zeitschrift für medizinische Ethik* 40, 158-160.

Williams, John R. 1989: »Commissions and Biomedical Ethics: The Canadian Evidence«. In: *Journal of Medicine and Philosophy* 14, 425-444.

Willigenburg, Theodoor Van 1991: *Inside the Ethical Expert. Problem Solving in Applied Ethics.* Kampen.

Willigenburg, Theodoor Van 1999: »Soll ethische Fachberatung ›moralisch neutral‹ sein?« In: Rippe, Klaus Peter (Hg.), 285-305.

Winau, Rolf 1996: »Medizin und Menschenversuch. Zur Geschichte des ›informed consent‹«. In: Wiesemann, C./Frewer, A. (Hg.): *Medizin und Ethik im Zeichen von Auschwitz. 50 Jahre Nürnberger Ärzteprozeß.* Erlangen/Jena, 13-29.

Winkler, Earl 1996: »Moral Philosophy and Bioethics: Contextualism versus the Paradigm Theory«. In: Sumner, L. W./Boyle, J. (Hg.), 50-78.

Wolf, Susan 1994: »Shifting Paradigms in Bioethics and Health Law: The Rise of a New Pragmatism«. In: *American Journal of Law & Medicine.* vol. XX no. 4, 395-415.

Wolf, Susan M. (Hg.) 1996: *Feminism and Bioethics. Beyond Reproduction.*« New York.

Wolf, Susan M. 1996: »Introduction: Gender and Feminism in Bioetics«. In: Wolf, S. M. (Hg.), 3-43.

Wolpe, Paul Root 1998: »The Triumph of Autonomy in American Bioethics: A Sociological View«. In: DeVries, R. & Subedi, J. (Hg.), 38-59.

Personenregister

(Fett ausgedruckte Namen finden sich im Haupttext; nicht fett ausgedruckte Namen im Fußnotentext.)